四川师范大学巴蜀文化研究中心学术丛书

北宋蜀中三俊研究

李延芳　杨兴涓　著

西南交通大学出版社
·成都·

图书在版编目（CIP）数据

北宋蜀中三俊研究 / 李延芳，杨兴涓著. —成都：西南交通大学出版社，2020.11
ISBN 978-7-5643-7708-3

Ⅰ. ①北… Ⅱ. ①李… ②杨… Ⅲ. ①郑少微 – 人物研究②杨天惠 – 人物研究③李新 – 人物研究 Ⅳ. ①K825.6

中国版本图书馆 CIP 数据核字（2020）第 187978 号

Beisong Shuzhong Sanjun Yanjiu
北宋蜀中三俊研究

李延芳　杨兴涓　著

责 任 编 辑	居碧娟
助 理 编 辑	何宝华
封 面 设 计	原谋书装
出 版 发 行	西南交通大学出版社 （四川省成都市金牛区二环路北一段 111 号 西南交通大学创新大厦 21 楼）
发行部电话	028-87600564　028-87600533
邮 政 编 码	610031
网　　　址	http://www.xnjdcbs.com
印　　　刷	成都蜀通印务有限责任公司
成 品 尺 寸	170 mm×230 mm
印　　　张	13
字　　　数	210 千
版　　　次	2020 年 11 月第 1 版
印　　　次	2020 年 11 月第 1 次
书　　　号	ISBN 978-7-5643-7708-3
定　　　价	68.00 元

图书如有印装质量问题　本社负责退换
版权所有　盗版必究　举报电话：028-87600562

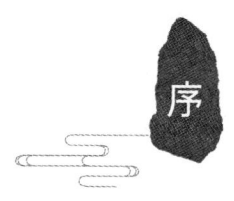

序

袁说友《成都文类序》称："天地之秘藏，发而为名山大川；山川之秀灵，敛而为文章华藻。二者相为颉颃而光明焉也。"巴蜀大地，既有富庶的成都平原，也有清幽的青城、秀丽的峨眉、雄伟的三峡、险峻的剑门……灵毓的巴山蜀水孕育了瑰丽多姿的巴蜀文化，也滋养了一代又一代文学人才。特别是文翁化蜀、开办郡学以后，儒学广泛传播，巴蜀大地从此文风大盛，天才迭出。汉有司马相如、王褒、扬雄，唐有陈子昂、李白，都是旷世奇才。但若要论古代巴蜀文学的高峰，当在两宋。两宋巴蜀文学的繁荣，不仅体现在出现了苏轼这样的文坛领袖、艺术全才，更在于一大批出类拔萃的作家蜂拥而起，创作了丰富的文学作品。许肇鼎《宋代蜀人著作存佚录》共著录巴蜀作家 1020 余人，各类著作 2500 余部，其中诗文别集约 320 部。傅增湘编《宋代蜀文辑存》收录约 450 人的 2600 篇作品，数量相当可观。

在宋代灿若星辰的巴蜀作家中，郑少微、杨天惠、李新三人时有"三俊"之称，作为同乡后进，他们都曾得到苏轼这位文坛巨匠的提携，郑少微是苏轼知贡举时及第的进士，杨天惠"文词有左氏西汉之风，苏轼见其古律，大称许之"，李新"早登进士第，刘泾尝荐于苏轼，命赋墨竹，口占一绝立就"。可惜的是，他们生活在北宋末期这样一个党争酷烈的时代，一生仕途不畅、久滞下僚。"三俊"存世作品颇为丰富，既表现了他们特殊的人生际遇、文学才华和思想状态，也向我们展现了那个时代巴蜀社会经济政治状况。友生杨兴涓及其夫人李延芳女士，入蜀二十余年，一直留意于巴蜀文化。近年来更是围绕"三俊",进行了较为细致深入的研究,日积月累,终成《北宋蜀中三俊研究》一书。全书从细处入手,爬罗剔抉,对"三俊"存世作品进行辨伪和辑佚,考证"三俊"的生平事迹,分析其作品的主要内容和艺术特色。复又能从大处着眼,联系时代,以"三俊"为代表,勾勒北宋巴蜀中下层文人生存状态和文化心理,探讨宋代蜀地茶叶贸易、都江堰灌区水利设施建设与修缮等。其对四库馆臣和钱锺书评价李新的对比分析,颇有见识。

虽然杨兴涓、李延芳夫妇从结构和内容上都反复斟酌,倾注了大量心血,历经数年而成此书,但谬误在所难免,切望关心巴蜀文化、关心此书的学界贤哲不吝赐教。

房 锐
2020 年 9 月

001　李新生平考

026　《容安馆札记》批评北宋作家李新发微

038　题材丰富　气格开朗
　　　——论李新诗的题材及艺术特征

059　以儒为本　切直俊迈
　　　——论李新散文的思想及艺术特征

076　杨天惠生平考

087　重质重实，以古朴之笔写四川百态
　　　——论杨天惠诗文创作

104　木雁居士郑少微生平交游考

118　褒博可奋麈　其心难冷然
　　　——论郑少微人格追求与作品思想的悖反

134　《全宋文》《全宋诗》收录蜀中"三俊"诗文辨伪与辑补

151　蜀中"三俊"眼中的司马相如
　　　——兼论北宋后期蜀地文人心态

166　从蜀中"三俊"作品看蜀茶禁榷
　　　在北宋后期治边中的作用及其局限性

182　从蜀中"三俊"作品看宋代都江堰灌区的治水活动

197　主要参考书目

200　后　记

李新生平考

  李新(1064—1138),字元应,号跨鳌居士,北宋仙井监(今四川仁寿)人,与同为蜀地作家的郑少微、杨天惠齐名,号称三俊[①],曾得到苏轼的提携,是北宋后期蜀地较有成就的作家之一。四库馆臣称"其诗气格开朗,无南渡后啁哳之音""他作亦多俊迈可诵。在北宋末年,可以称一作者"[②]。李新长期任职于蜀地,且品秩较低,《宋史》无传。其生平,《郡斋读书志》《建炎以来系年要录》《蜀中广记》《宋史翼》等有零星记载。四库馆臣对其生平有简略的考论,但对李新被谪置后的经历语焉不详,且错误地认为李新曾上书王安石。现代研究者对李新生平也有一定研究,2011年在四川仁寿发现的《永怀庙碑》引起了董华锋、钟建明的关注,他们撰文对作者李新的家族及历史观进行了粗略考证,认为碑文"为研究北宋诗人李新和书法家李时敏提供了可靠的资料"[③];《全宋诗》[④]《全宋文》[⑤]《全

---

① 曹学佺《蜀中广记》卷四十二:"是时苏轼知贡举,得(郑)少微,与古郫杨天惠、隆州李新,号为'三隽'(隽同'俊')。"见曹学佺《蜀中广记》,台湾商务印书馆影印文渊阁四库全书本。
② 纪昀. 四库全书总目[M]. 北京:中华书局,1980:1343.
③ 董华锋、钟建明. 四川仁寿北宋《永怀庙碑》的发现与研究[J]. 江汉考古,2016(5):93-99.
④ 傅璇琮等. 全宋诗:第21册[M]. 北京:北京大学出版社,1995:14147.
⑤ 曾枣庄等. 全宋文:第133册[M]. 上海:上海辞书出版社,合肥:安徽教育出版社,2006:215.

宋词》①及魏晓姝《李新诗歌研究》②、李雨桐《宋代文人李新及其〈跨鳌集〉研究》③两篇硕士论文，对李新生平都有所考证，但所得不多且间有舛误。李新有《跨鳌集》三十卷传世，乃四库馆臣从《永乐大典》辑得，另有部分诗文散见于《永乐大典》残卷（四库馆臣未辑）、《成都文类》《国朝二百家名贤文粹》《古今岁时杂咏》《舆地纪胜》《五百家播芳大全文粹》等总集、类书和地理志中，是北宋存世作品数量较多的作家之一。以其作品为基础，结合相关史料，我们可以对李新的生平事迹进行考查探究，大体勾勒出其人生轨迹，希望能对深入研究李新作品及宋代蜀地文学有所帮助。

一、家庭成员

李新的家世，其在《跨鳌集》卷二十九《世系略》一文中有详尽叙述：

> 襃生虔，即某之五世祖也，家于陵。生智，智生延嗣，生二子：长曰文贺，次曰文贵。文贵祀除，文贺生四子：曰思问，无子。曰思训，生揆，揆生君俞。曰思齐，生谷，先生旧名九功（祈）、九变（斤）、九章（昕）、九皋（沂）。曰思明，无子。……先君学儒道，通班固书，立身行事，殊有可纪，仆欲为传而未能。或曰李氏当有后于陵，则振而起之者，其在谷也。"④

李新认为"吾祖出陇西房"，自己是李广的后裔，在《跨鳌集》中，他常常自称"陇西李某""陇西末裔"。在这一段材料中，他详细交代了自其五世祖李虔之后的延续情况，从中可以看出李新父辈有兄弟四人，但这四人与李新的关系文中没有直接交代，需要我们做进一步分析。

据原文，李新的父辈中，思问、思明皆无子，思训生揆，揆又生君俞。

---

① 唐圭璋. 全宋词：第2册[M]. 北京：中华书局，1965：695.
② 魏晓姝. 李新诗歌研究[D]. 赣南师范学院，2013：5-8.
③ 李雨桐. 宋代文人李新及其《跨鳌集》研究[D]. 四川师范大学，2015：5-7.
④ 李新. 跨鳌集[M]//纪昀等编. 文渊阁四库全书. 台北：台湾商务印书馆，1986.（下文引用李新《跨鳌集》诗文均出于此，不再另注）

而其《小一侄字革先序》云:"伯兄之子君俞索命字,以革先字之。"由此可知,思训乃李新二伯父,揆即其堂兄,君俞即其堂侄。另据《侄革奇字谨先序》,李新还有一侄名革奇,应为君俞之弟。所以,排行第三的思齐即李新之父,李新称"先君学儒道,通班固书",则新父也是读书人,且于李新作此文前去世。父亲的去世在李新给宇文昌龄的两封书信中也曾提及,其《与宇文吏部干墓志书》云:"元祐初,其亟南郑,闻先君卧疾。"《与宇文吏部书》云:"某不幸,自先君捐馆舍十年,贫不克葬。"据此,新父亡于元祐初年,父亡十年后向宇文昌龄求墓志。据《开穴祭北斗文》,李新曾亲自为父母寻找墓穴,当友人告诉他"东南少阙则不利长子"时,他回答:"身已尔,福及昆弟,又何悲耶?"《与宇文吏部干墓志书》中也提到"某有弟四人",则李新兄弟五人,李新是家中长子。但奇怪的是,李新在《世系略》中并未提及自己及四名弟弟,仅说"思齐,生谷""振而起之者,其在谷也"。这存在两种可能,一是"思齐生"以下文字在《永乐大典》收录或四库馆臣抄录时,错将"新"录为"谷",并遗漏了李新四位弟弟的名讳;二是李新原名"谷",且有很多旧名,是兄弟五人中被视为能将家族"振而起之"的,而其四位弟弟的名讳则在抄录过程中被遗漏。

李新母亲的情况,在其作于政和三年(1113)的《再上漕使(三)》中说:"某沦胥十三年,不遑将母览西山之胜。"而作于同年的《哀词吊安康郡君词并序》却说当年八月,自己"伏在苫块","苫块"即"寝苫枕块"(古礼,居父母丧,子以草荐为席,土块为枕)。据此,李新母当亡于是年。新母逝后,李新请自己的好友、同为蜀中"三俊"之一的郑少微写了墓志铭,其《与郑明举》云:"某病狂易,敢以亡母铭志上累公。正以缔交有素,公之铭吾母宜也,不敢请之他人。他人不宜铭,亦不能铭,无易公之铭吾母宜也,是以有请。今迫葬期,石已礲矣,书者和墨,解衣磅礴以待,工治器,拱而俟之,越月矣。愿早见赐,当扶力诣谢。"①

---

① 明举乃郑少微字。据《蜀中广记》卷四十二:"是时苏轼知贡举,得(郑)少微,与古郫杨天惠、隆州李新,号为'三隽'(隽同'俊')。"见曹学佺.蜀中广记[M]//纪昀等编.文渊阁四库全书.台北:台湾商务印书馆,1986.

李新夫人王兰先于李新去世，其《亡室王夫人真赞》云："夫人姓王，名兰，字友芝。一年三百六十日病，一日不病，即清斋事金仙，愈于事鬼，读其书不知其已。贤哉若人，今已矣！"

李新弟元明，生平不详。李新与其弟情感深厚，在得官后，还未到家，在路途中就写诗寄给元明，让对方分享自己的欣喜之情，"陇西衣钵传无尽，熟看群儿现宰官（《还三嵎先寄舍弟》）"。在官场十一之后，他也会跟弟弟分享失意落寞的心情，如其《天池读书寄元明》云："绨葛皮冠萧隐居，溪山随我亦名愚。调和得所弟奶酪，丽泽不均兄瓠壶。晓雨莫偿双泪落，夜灯常照一心孤。阿松活计今多少，试问山前几木奴。"《戏书元明厅壁》云："涨急滩流随眼落，市忙乌合转头空。一年三百六十日，却有半年闲守穷。"

李新子女，见于《跨鳌集》的有二子一女。一子名时雨。其《时雨试步寄员子春》诗云："莫道汉家飞将种，那知天上石麟儿。"《岁尽行县归示时雨》诗云："乃翁活计真么么，欲挂冠缨犹未果。一岁山行今解火，百巧百穷无似我。"看得出，李新对时雨期望很高。李时雨相关事迹也见于史籍，《宋史·高宗本纪》载："（建炎三年秋七月）庚寅，仙井监乡贡进士李时雨上书，乞选立宗子，系属人心，帝怒，斥还乡里。"①《建炎以来系年要录》卷一百十七载："（绍兴七年十有一月）辛亥右迪功郎李时雨特循二资。时雨献《玉垒忠书》三十篇，论形势、选兵、任相、攻取等事，故有是命。"②据此，李时雨敢以卑微的乡贡进士身份上书言事，颇有乃父之风，可惜他的著述今已不存。另一子名奏雅，出生于大观年间，早夭。李新《纾情赋》序云："元应季年得子，字以奏雅，度曲已终而后奏雅。奏雅君整丽秀发，生八月而卒。"另外，李新《谢康朝议问婚启》称："某女子薄谐礼则，下堂畏保傅之严。"则其女可能嫁与康氏为妻。

在《上翟户部书》中，李新称其家族"三世儒其业不售"，也就是说，李新祖父也是读书人，祖父、父亲都没能考取功名。其《小一侄字革先序》称"予家三世十顷田……五亩宅，前有廊庑，后有堂奥"，又称"非富商大

---

① 脱脱. 宋史[M]. 北京：中华书局，1977：467.
② 李心传. 建炎以来系年要录[M]. 北京：中华书局，1985：1886-1887.

户,厩无驷马,廪无多藏",据此可知,李新出身于小康之家。

二、读书科考

李新生年,清以前无人提及,《全宋诗》《全宋文》、魏晓姝、李雨桐都认为是嘉祐七年(1062),李雨桐给出的理由是:

> 《甲子春趋太学过华山赋仙掌峰》一诗为李新早年赴太学过华山所写,卷二十七中《再与赵运使》一文中提及:"某元丰末居太学凡七年",可推断李新是在宋神宗元丰七年(1084年)即甲子年入学。又有《跨鳌集》卷二十一《与张君实书》一文中有"太学生李新振衣弹冠撰书再拜君实明公""某生二十有三年"等句子,可推断《与张君实书》一文应为李新初入太学时的拜谒之作,时年李新为23岁,古人年龄习惯算作虚岁,所以李新生年应大致为宋仁宗嘉祐七年(1062年)。①

李雨桐这段推论过于武断,其引诗文只能证明李新是在元丰末进入太学,做了七年的太学生,在写《与张君实书》时为23岁,当时仍在太学,并不能证明李新一定在23岁时初入太学。其实,李新在其《上刘运使书》说得很清楚:"自念有生九千三百日,无半口气向人出好音声,得一第。"九千三百日约26年,李新得第时当为26岁。又据其《吊安康郡君词序》云:"(元祐庚午)是年秋,某以书贡,春解褐衣,通籍士部。"知李新得第为元祐庚午,即元祐五年(1090)②。由此逆推,李新生年当为治平元年(1064),入太学在元丰七年(1084)春,创作《甲子春趋太学过华山赋仙

---

① 李雨桐. 宋代文人李新及其《跨鳌集》研究[D]. 四川师范大学,2015:8.
② 李新得第年份,晁公武《郡斋读书志》卷四下云"早登进士第",陆心源《宋史翼》《四库全书总目》《全宋诗》《全宋文》皆称"元祐五年进士"。唯《全宋词》称"登元祐三年(1088)进士第",然不知其所据。

掌峰》一诗的甲子年,其年李新虚岁21。《与张君实书》是其入太学两年后的干谒之作,在这封信的末尾,还有"索米长安者,尝再见秋"一句,即是明证。可惜李雨桐过于相信《全宋诗》《全宋文》的记载和魏晓姝的考证,未仔细阅读全文以核其正误。另据李新《送蒲彦龢序》称"予昔摄官成都"《上翟户部书》称"某愚无状,前在蜀校尉考满",则李新在入太学前的曾在成都任职,做过校尉这样的小官。

在读书应考期间,李新不止一次参加进士科考试,其《落解西归长安道中书所怀》云:"不平豪愤三年气,未死英雄万里心",据此,在入太学三年后的元祐二年(1087),李新有一次落榜经历,但从"未死英雄万里心"的豪情来看,这次落榜对他打击不大。年轻时的李新有着对光宗耀祖、报效朝廷、建功立业的强烈渴望,他往往"以仲舒、贾谊自许"(《代元武上新刺史书》),认为自己"虽不才,不得如王、杨,亦将如卢、骆而后止"(《谢张德翁书》),有"我欲上天扫玄云"(《中秋夜玄云蔽月行》)和"读书当许万户侯"(《冬夜有感》)的志向,有"一年所得能几许,一日散尽何所惜"(《醉中歌》)的豪气,也羡慕"苏氏兄弟一日过关而声驰四海"的际遇,认为苏轼、苏辙的成功关键是"是时有韩忠献公、欧文忠公为之后先"(《与张君实第二书》),因此,他也积极献诗文干谒权贵,以求举荐。如其《谢张德翁书》云:"某比写诗凡二十篇,浼献左右。"《答喻企先书》亦称:"退罗余稿,得一纸半编,迫不得已,通示足下。"《郡斋读书志》卷四下曾记载李新与苏轼交往事,云:"刘泾①尝荐(李新)于苏子瞻,命赋《墨竹》,口占一绝立就。"②。《墨竹》③一诗,今存《跨鳌集》卷十一,在李新绝句中,算不得是上乘之作,想来真正打动苏轼的可能是李新有捷才的特点。李新为苏轼赋《墨竹》事,当在其读书科考期间。

---

① 刘泾,字巨济,号前溪,简州阳安人,熙宁六年(1073)进士,《宋史》有传。《跨鳌集》卷一有《送刘前溪》诗。
② 晁公武撰,孙猛校证.郡斋读书志校证[M].上海:上海古籍出版社,1990:371.
③ 李新《墨竹》:"叶叶飞秋声自来,萧郎国有不羁才。西山昨夜虎风恶,大折一枝无处栽。"

三、初入仕途

自登进士第后,李新正式步入仕途。其所任何职,史书无明确记载。然《建炎以来系年要录》在记录其死后赠官一事时称:"(绍兴八年正月)己酉故承议郎李新特赠朝奉郎,新,元符末为南郑丞。"①据此,李新生前曾任承议郎及南郑县丞。南郑县丞一职,李新屡有提及,其《与宁文吏部干墓志书》称"元祐初,某丞南郑",《上皇帝万言书》称"元符三年五月十一日,兴元府南郑县丞李新谨昧死百拜……自臣结发读书,弹冠从仕,释负薪之忧,而索大官之廪者已十年矣",又据晁公武《郡斋读书志》,其"元符末上书夺官"②,则李新任南郑县丞时间截止元符三年(1100),起任时间往前推十年即李新进士及第的元祐五年(1090)。承议郎一职在现存李新诗文中并未明确提及,但其《贺王观察到任启》称"念昔提文衡于汉上,顾予执贽事于礼闱",《呈恩主户部郎中》称"某久叨下客",据此,李新曾在"礼闱"(即尚书省)户部任职,或即任承议郎一职。据《宋史·职官志》,承议郎属京官,从七品文散官①,李新自任南郑县丞后,再无到京城任职的机会,因此,承议郎这一寄禄官衔当在南郑县丞前,新任南郑县丞时仍挂朝籍。

任职南郑期间,李新虽遭丧父之悲,但总的说来,这是其一生中最悠游轻松的岁月。其《还三嵎先寄舍弟》云:"陇西衣钵传无尽,熟看群儿现宰官。"在还乡途中,他就迫不及待把得官的消息告诉弟弟,欣喜之情溢于言表。李新家族"三世业儒",到自己终于得官,他十分想再政治上有所作为,以实现自己"政成而后归"、还乡"以厚风俗"(《送陈公朝序》)的理想。他积极上书言事,畅论时政,指陈时弊,希望能到上司及皇帝的赏识。如其《上家提举书》抨击了负责举荐官员的使者常常"既下车,周流博访",首先考虑"仕某郡某之亲也,职某事故人之子也"的现象;《再上家提举手

---

① 李心传.建炎以来系年要录[M].北京:中华书局,1985:1902.
② 晁公武撰,孙猛校证.郡斋读书志校证[M].上海:上海古籍出版社,1990:371.

书》建议上司尽快解决"洋州录饥民,至三千人,尚未即止"的状况。真正让李新史上留名的是元符三年(1100)上奏哲宗皇帝的《万言书》,他"谨条当今急务",提出了权纲不在人主、责任不及宰相、朋党之风炽等十条社会弊病,论证缜密,言辞犀利,特别其中提到的朋党之风、西南边防等问题极具针对性,是很有见地、切中时政要害的。

四、因言获罪

可惜的是,上书给李新带来的不是上达帝听后的一步登天,而是一连串的厄运。

据《宋会要辑稿·职官六八·黜降官五》载:"崇宁元年九月十四日,诏开具元符三年臣僚章疏姓名。邪上尤甚:范柔中、邓考甫、封觉民、李新……"①,也就是说,上书两年后,李新因言获罪,被列入上书言事的"邪上尤甚"等,他出将入相的理想遭到毁灭性打击。

崇宁二年(1103),李新被羁置遂州。其《遗爱堂记》称"崇宁初,予济九节入遂宁境",《冯隐士碑阴文》又称"崇宁二年,跨鳌居士以言抵罪,羁于武信②",在《与冯德夫(其一)》中,李新还略显轻松地描述了解除羁管后再见到的羁管所时的情形:"敝庐依山,时时掖老母登高,指烟云明灭处,正前日羁管所,轩然一笑,如举梦中作幻相耳。"据此,李新在结束羁管后,还在遂州生活了一段时间,并将母亲接到遂州一起居住。李新在遂州的时间约为三年,其《与冯德夫(其一)》称:"三年游从,一日别去,岂无情耶?"文中的冯德夫即《冯隐士碑阴文》中的冯隐士,李新又有《题遂宁冯德夫隐士画像》诗,据此可知:冯乃遂州一隐士,李新自崇宁二年与其交往,三年后别去。在遂期间,李新曾在灵泉寺墙上留诗一首,有句云:"白发新迁客,黄云古战场。自然堪堕泪,何必更重阳。"(《张安化重

---

① 徐松. 宋会要辑稿[M]. 北京: 中华书局, 1957: 3926.
② 武信: 遂州为唐、前后蜀武信军节度治所。北宋武信军节度, 提举遂、合等七州兵甲兼梓、夔两路兵马钤辖。

阳日置酒，挽同官游灵泉寺，登高时，适有客占牧之诗一联，因缉成一首，书寺垣》）可以想见其被羁管时的抑郁。离开遂州时，李新也留下绝句《安居濒江小蓝留三小诗》，第一首自注称："自遂宁府解纤，五七友饯于排亭。乘醉登舟酣寝。"解除羁管之日，约好友酣饮醉寝，可以看出他被释放后的喜悦。

崇宁三年（1104），可能是由于与苏轼的关系，李新被刻入元祐党籍碑，据《资治通鉴后编》卷九十六载："（崇宁三年五月）戊午，诏重定祐、元符党人及上书邪等者合为一籍，通三百九人，刻石朝堂，余并出籍。……余官秦观等一百七十六人。"[1]李新就在"余官"之列。在入党籍四年后，李新获得了赦免。《资治通鉴后编》卷九十七称："（大观二年六月）戊戌，门下中书、后省左右司复依赦看详到韩维等九十五人，诏并出籍。"李新名列九十五人中。

五、再服官箴

历经十余年蹉跎，李新再也没有进士及第时的豪气。他感慨自己的怀才不遇，低吟"士不得志，故嗟叹之""物不得平，哀也无期"（《蛙赋》）。他曾想隐居山林，过"黄蓑老翁守钓车，卖鱼得钱还酒家"（《渔父曲》）的生活，甚至宣称"金印莫疗饥，珠玉难可肥"（《劝公乐》）。也许是对穷困潦倒现状的不满，也许是受北宋时代"达穷皆兼济天下"精神的影响，李新对功名仍念念不忘。但因言获罪事件也让他对官场环境的恶劣有了清晰的认识，他明白以自己"立朝无亲、居府无助"（《上赵龙图书》）的背景，不努力是不能成功的，他把希望寄托在那些与自己有一定渊源的蜀籍京官、蜀地官员身上，不断卑微而又屈辱地干谒。为此，他甚至检讨自己当初上书言事的行为，称自己"自庚辰之初得疾，迷罔怔忡瞽妄，谓白为黑"。值

---

[1] 徐乾学．资治通鉴后编[M]//纪昀等编．文渊阁四库全书．台北：台湾商务印书馆，1986．石刻元祐党籍碑，现仍存两块，其中一块在广西桂林龙隐岩，额有蔡京手书"元祐党籍"四字，序称"皇帝嗣位之五年"（徽宗皇帝即位第五年即崇宁四年）。

得一提的是，李新的《上王右丞书》，被四库馆臣用于证明李新"先受知苏轼……然一经挫折，即顿改初心""其操守殊不足道"的证据，认为是"颂王安石"①。以颂王安石来证明李新操守不足道，逻辑上是不错的，但李新该文所称"王右丞"非王安石，而另有其人。李新在文中明言"某居蜀四千里外，调官穷陬，凡三十年"，又称扬对方"人所宗仰，不减舒王、文忠公"，李新"调官穷陬"是自元祐五年（1090）左右作南郑丞始，三十年后即宣和二年（1120），而王安石亡于元祐元年（1086），且文中称扬对方"不减舒王"，舒王即王安石本人，是宋徽宗政和三年（1112）追封的封号②，该"王右丞"当然不可能是王安石，《跨鳌集》中也没有给王安石的上书。该文中"王右丞"实为王安中，据《宋史·宰辅表三》："（宣和元年十一月戊辰）王安中自翰林学士承旨、知制诰除中大夫、尚书右丞。""（宣和三年十一月丁丑）王安中自中大夫、尚书右丞迁尚书左丞。"③王安中任尚书右丞在宣和元年至三年（1119—1121），李新给王安中上书在宣和二年。王安中比李新小11岁，年轻时曾师事苏轼、晁说之，后又背叛师门，交结蔡攸、王黼等。相比王安石，其人品一直为人所不齿，四库馆臣更是称其"佻薄""奔竞无耻，更为小人之尤"④，李新颂这个"王右丞"的行为肯定比颂王安石更能证明其"操守殊不足道"，可惜四库馆臣没有认真阅读李新原文就妄下论断，失去了一个更有说服力的证据。

也许真是干谒起了作用，在"得罪流落，闲居八年"（《上许运使书》）后，李新有了再度出仕的机会。其《潼川二顾相公祠重画记》称"更大观岁号，某摄梓司寇"，《上赵龙图书》又称"岁在大渊献，某摄梓司寇"，大渊献是亥年的别称，更岁号的大观元年是丁亥年。则其再度出仕的时间是大观元年（1107），职位是梓州司寇参军。而《宋史翼》卷六认为："大观三年三月赦书，与韩维等九十五人同出党籍，并叙官。"⑤将李新出党籍时

---

① 纪昀等编. 四库全书总目[M]. 北京：中华书局，1980：1343.
② 据《宋史·礼志八》："政和三年诏封王安石舒王。"
③ 纪昀等编. 四库全书总目[M]. 北京：中华书局，1980：5526-5528.
④ 纪昀等编. 四库全书总目[M]. 北京：中华书局，1980：1315.
⑤ 陆心源. 宋史翼[M]. 北京：中华书局，1991：74.

间记为大观三年，误；认为李新于该年再度叙官，愈误。在出任梓州司寇之后的11年，李新又迎来仕履生涯中另一个重要机会——修建潼川城。据其《进潼川府修城图状》："臣等恭承政和八年五月日御笔，访问梓州城壁。"则此次修城是秉徽宗皇帝旨意，始于政和八年（1118）。李新记有《潼川府修城记》，详细描述了梓州新城形貌，是我们了解北宋梓州城池的重要文献，据该记，此次修城"役起于十月壬寅，休役于二月丙午"，则竣工时间为重和二年（1119）。修城完毕后，李新在其《上郑枢相书》中称："陆沈州县，三十许年，始以城役改官。"创作于宣和三年（1121）《上李承旨书》也说："去年春，始以潼川城赏改官。"据此可知，李新因修城有功，于宣和二年（1120）改官。改官后任何职，李新没有明说，但其《更生阁记》记录了自己参与平定静州之变的过程，政和丁酉年（1117）静涂诸羌发生叛乱，前去平叛的官军大败。绵、茂分屯后，李新随钤辖张永铎前往平叛，乘船过程中，同行的七人皆溺死亡，独李新逃脱，后又得瘟疫差点死去。文中李新称"予昔以书记从戎"，又称"宣和癸卯（宣和五年，1123）八月，误恩贰郡"。其《茂州到任谢启》亦云："溺深救至，蒙河伯之不收；病极更生，无扁鹊而小愈。"绵、茂分屯时间已不可考，但其"以书记从戎"当在政和七年（1117）至宣和五年（即癸卯年，1123）间，且在其到茂州任职之前。此处"书记"当为"节度掌书记"之省称，为方镇节度使府的幕僚，梓州在北宋末年为潼川府府治，因此，李新所任"书记"当为潼川府或梓州的掌书记，其所称"贰郡"即梓州、茂州，掌书记职就是改官后任职，而到茂州任职则是在宣和五年（1123）。除《茂州到任谢启》外，李新对推荐自己修城、举荐自己改官的徽猷阁待制席益、梓州路转运使赵遹等一一写了谢启，但均未明确提及在茂州所任何职，《历代名臣奏议》卷一百十一收录李新《乞戒饬郡守劝农不以其实札子》卷一百二十收录《乞州郡讲习五礼新仪》①，这些奏疏时皆称"徽宗时通判李新"，则李新在茂州所任为通判一职。此次改官茂州，李新称自己"郡守承宣，虽资辅佐"（《茂州到任谢

---

① 杨士奇等. 历代名臣奏议[M]//纪昀等编. 文渊阁四库全书. 台北：台湾商务印书馆，1986.

启》),也可作任职通判的佐证。在《茂州到任谢启》中,李新感慨:"雪山轻重,不系去来,越岷峨深入于不毛。"虽嫌弃其偏远,但期待已久的升迁仍让年近花甲的他感到振奋。此次升迁再度激起了对博取功名的强烈愿望,表示自己"愿引车而改辙,不忘终身;将洗心而事公,请自今日"《谢黄都大启》,甚至称自己"再服官箴,犹起功名之念"(《谢谢转运判官启》)。

据《全宋词》:"(李新)大观中为普州司法,宣和间为资州司录。"①李新在大观和宣和间还分别担任普州司法和资州司录。普州司法一职,李新在诗文中屡有提及。《跨鳌集》卷八有《和任普州冬至日作》诗,《再与赵运使(其六)》称:"至普初三日,已定割职事。"《与泸南安抚(其一)》又称:"某前月未到普,此月初已交职事。"这两处所说职事应该就是指普州司法参军。其《普州铁山福济庙记》云:"(大观)三年春,彻而新之,麇工徒,悦殿构。……会某从赵使者城纯兹来归,任公竟以西山之役,属某与安岳令马观。"则李新至普州任职在大观三年(1109)。另外,李新还有一篇《纾情赋》,是为纪念自己早夭的儿子奏雅所作,序中称"冬十月行县,宿乐至池","行县"即巡行所主之县,北宋时乐至隶属普州,因此,儿子奏雅夭折应该就在李新担任普州司法期间。资州司录一职,《全宋词》所据应是《方舆胜览》卷六十三的相关记载:"李新,字元应,隆州人,为资州司录,东坡命赋《墨竹》,常称赏之。"②同书卷五十三亦云:"李新,仁寿人,元符上书入党籍。"③②据《宋史·地理五》:"仙井监……宣和四年,改为仙井监。隆兴元年,改为隆州。"④祝穆是南宋人,仁寿在南宋时隶属隆州,所以李新既是隆州人也是仁寿人,两卷所说李新是同一人。查李新存世诗文,除一首《资州邓园》描写资州景物外,并无任何关于资州任职的记载。不过,祝穆生活的时代距李新较近,其说应有一定可信度。祝穆也没有提及李新任资州司录是何时,但不知为何,《全宋词》却将其定为"宣

---

① 唐圭璋.全宋词.第2册[M].北京:中华书局,1965:695.
② 祝穆撰,祝洙补订.方舆胜览[M].上海:上海古籍出版社,1986:954.
③ 祝穆撰,祝洙补订.方舆胜览[M].上海:上海古籍出版社,1986:1103.
④ 脱脱.宋史[M].北京:中华书局,1977:2215.

和间"。从李新的任职情况来推断，宣和间任资州司录不太可能。因为其大观年间担任梓州司寇、普州司法参军，政和八年（1118）至重和二年（1119，此年改年号宣和）参与梓州城的修缮，因修城有功，朝廷奖赏他，给他改官，既然是奖赏，不太可能让他继续担任与司法、司寇参军同级的录事参军①。所以，李新任资州录事一职应在大观元年（1107）至重和二年间。

罢官遂州至改官茂川期间，李新曾有两次进京的经历。其《上宇承旨书》云："某叨冒元祐第，闭伏东西蜀二十年，始再游京国，……遂束书以归，又十二年矣，复一来。"以元祐五年李新进士及第推断，其进京时间分别是大观四年（1110）和宣和四年（1122），两次进京，他都留下了大量的干谒诗文，可惜他再也没有得到进京做官的机会。

六、赠官与卒年

李新死后被朝廷赠官朝奉郎一事，除前已引及的《建炎以来系年要录》外，《宋会要辑稿》亦载其事："承议郎李新（绍兴）八年正月赠一官。……其子时雨有请故也。"②《筠溪集》卷五还记载了宋高宗对李新的评价："尔当元符之间，陈备防之策不顾时讳，力排巨奸，端亮有闻，久而益著，朕独不得与此人同时哉！"③李新不畏权势、忠诚敢谏之名由此大盛，南宋仁寿同乡员兴宗曾评价其为"忠谊不没者"，并作《紫云洞》赋赞曰："君不见茂州长史文章翁，生平姓字悬天东。英言撼帝帝不从，建隆以来无此忠。"④

李新卒年，据楼钥《攻媿集》卷七十八《跋舐书》："卒于宣和之末。"（《全宋词》《全宋诗》《全宋文》编者及傅增湘《宋代蜀文辑存》等均未

---

① 录事参军事掌府衙总务、户婚诉讼、通书六曹案牍等，唐开元初改三京府及凤翔、成都、河中、江陵、兴元、兴德六府的录事参军为司录参军，都督府及诸州仍为录事参军。宋承唐制，诸州称录事参军，诸府称司录参军（惟临安府称录事参军），因此，祝穆所云"司录"当为"录事"之误。

② 徐松. 宋会要辑稿[M]. 北京：中华书局，1957：3926.

③ 李弥逊. 筠溪集[M]//纪昀等编. 文渊阁四库全书. 台北：台湾商务印书馆，1986.

④ 员兴宗. 九华集[M]//纪昀等编. 文渊阁四库全书. 台北：台湾商务印书馆，1986.

采及此条，不知为何）①。宣和乃徽宗年号，凡七年（1118—1125），如前所述，李新于宣和五年改任茂州通判，则其卒年当在宣和六年至七年间（1124—1125）。据楼钥《跋舡书》，《舡书》之"舡"在南宋时曾误作"颫"，《宋史》误作"欲"，称其书五卷②。楼钥引用观物先生张行成《跋舡书》称李新《舡书》应当"以舡名，盖示其倦游不睎时用也"，而楼钥认为："然则此书之名音从剧，义则倦，跨鳌之意，不过此尔……舡从山谷之谷，弹丸之丸，则是钦宗庙讳嫌名第三十六字，止是亭名，别无义可取。跨鳌卒于宣和之末，故不以靖康之嫌名为避……跨鳌之书不应取踦颫之义，正用《方言》《上林赋》倦舡之意耳"。楼钥说李新"卒于宣和之末"不知其依据，但以楼钥所说情形推论，李新此书极有可能就是为了避钦宗庙讳嫌名改"舡"为"颫"，其并未卒于宣和之末。而且，《建炎以来系年要录》卷二十五在记载建炎三年七月李时雨上书建议立太子事时云："时雨，仁寿人，党人新之子，以其父上书入籍诉于朝，吏部拟将仕郎。钞未下，书奏诏前，降给还恩泽，指挥更不施行，日下押出国门。"③这段文字在提到李新时，并未称"已故"，也就是说，李时雨上诉朝廷为父申冤，是在李新生前，在"吏部拟将仕郎"时。因为时雨建言立储，惹怒了高宗皇帝，故他不但把任命压了下来，还将时雨赶出京城。据此，李新在建炎三年七月时仍在世。再考李新《跨鳌集》，卷十六《泗洲堂记》提到了自己一生遭受的劫难，"还士曩坐法席，首慭我是会下人，疾病堕溺，拂以杨枝，洒以香泉，从死籍中几夺其名"，他认为自己一生多病多难，却几次从死神手里夺回性命。李新还记录了檀越陈氏一家的事迹，称其"父兄子弟奉佛愈于奉父母、君师者，自广政到今二百余年，由周至谦凡七世"。广政是后蜀孟昶年号，自公元938年起，往后推200年，即绍兴八年（1138）。而李新被赠朝奉郎是绍兴八年正月己酉（农历二十二日），朝廷的封赠可能是在李新刚刚去世之时。据此可以推断，《泗洲堂记》就是李新绝笔，其逝世时间为绍兴八年正月。

---

① 楼钥. 攻媿集[M]//纪昀等编. 文渊阁四库全书. 台北：台湾商务印书馆，1986.
② 脱脱. 宋史[M]. 北京：中华书局，1977：5212.
③ 李心传. 建炎以来系年要录[M]. 北京：中华书局，1985：511.

据以上探究，我们可大体勾勒出李新的人生轨迹：李新（1064—1138），字元应，号跨鳌居士，仙井监（今四川仁寿）人。他出生在一个"三世业儒"的小康之家，年少时曾做过成都校尉，元丰七年（1084）春入太学，元祐二年（1087）参加进士科考落榜，元祐五年（1090）登进士第，官承议郎、南郑县丞，元符三年（1100）因在南郑丞任上给哲宗皇帝上《万言书》指陈时弊被罢官，崇宁元年（1102）被列入上书言事的"邪上尤甚"等，崇宁二年（1103）被羁置遂州，崇宁三年（1104）被刻入元祐党籍碑，大观二年（1108）被赦出籍，大观元年（1107）至重和二年（1119）间任梓州司寇参军、普州司法参军、资州录事参军，政和八年至重和二年（1118）参与修缮潼川府城，宣和二年（1122）因修城有功改官掌书记，宣和五年（1125）改任茂州通判，绍兴八年（1138）正月卒、被追赠朝奉郎。

附：李新生平资料汇编

1.《跨鳌集》三十卷（永乐大典本），宋李新撰。晁公武《读书志》曰："李新字元应，仙井人。早登进士第。刘泾尝荐于苏轼，命赋墨竹。口占一绝立就。元符末上书夺官，谪置遂州，流落终身。"今考集中《上李承旨书》，称"某叨冒元祐第"。《吊安康郡君词序》称"解褐通籍，在元祐庚午"。与公武早登进士之说合。《上皇帝万言书》首称"元符三年五月十一日兴元府南郑县丞李新"云云。《上吴户部书》称"庚辰之初"云云。元符纪元凡三年，止于庚辰。与公武元符末上书之说合。《谢循资启》称"妄投北阙之书，久作南冠之絷"。与公武谪置之说亦合。惟《冯隐士碑阴文》称："崇宁二年跨鳌居士以言抵罪，羁于武信。"《遗爱碑记》亦称："崇宁初入遂宁境。"则其谪置在上书后三年。又《与冯德夫手简》称"归来山谷几半岁""时时掖老母登高，指烟云明灭处，正前日羁管所"，则未尝终于谪置。《再与泸南安抚手简》称"祗役新疆，苟摄支邑"，《上郑枢相书》称"陆沈州县三十许年，始以城役改官"，其他转资到任诸谢启，虽不能定在何时，而《更生阁记》称"宣和癸卯八月误恩二郡"，复有《谢茂州到任启》，正在是岁。则新斥废以后，仍官至丞倅，亦未尝流落终身。均与公武所记不合，岂宋人重内而轻外，不挂朝籍，即谓之流落耶？新受知苏轼，初自附于元祐之局。故其所上书，词极切直。然一经挫折，即顿改初心，作《三瑞堂记》以颂蔡京，《上王右丞书》以颂王安石，《上吴户部书》至自咎"前日所言，得疾迷罔，谓白为黑"，其操守殊不足道。且所作《韩长孺论》，讥其马邑之役，沮前日之议，败今日之功，所以阴解灭辽之失也；作《武侯论》，谓其当结魏以图存，所以阴解和金之辱也。无非趋附新局，以冀迁除。公武但记其上书得罪，而不详其后事，亦未免考之未审也。惟其诗气格开朗，无南渡后啁哳之音。其文序记诸篇，忽排忽散，虽似不合格，而他作亦多俊迈可诵。在北宋末年，可以称一作者，固不必定以其人废之矣。《集》本五十卷。今散见《永乐大典》者，裒合编次，尚得三十卷。集中《更生阁记》，述政和丁酉剿茂州叛羌旺烈事，所述宋兵怯弱之状，殆可笑噱。核其

地理，即今之金川土司。而诸书言蜀事者，未尝举是篇，则是集亦罕觏之笈矣。(《纪昀等《四库全书总目》卷一百五十五》)

2. 李新《塾训》十三卷，又《欲书》五卷。(脱脱《宋史》卷二百五)《李新集》四十卷。(脱脱《宋史》卷二百八)

(建炎三年)庚寅，仙井监乡贡进士李时雨上书，乞选立宗子，系属人心，帝怒，斥还乡里。(脱脱《宋史》卷二十五)

3. (绍兴八年)己酉故承议郎李新特赠朝奉郎(新已见建炎三年七月)新，元符末为南郑丞，上书论方今之弊，权纲不在人主，责任不及宰相，朋党之风炽，台谏之职轻，士不素虑而出，土木之役兴，财利之臣进，西南亡备以虞仓卒之变，内外相蒙而有衰微之渐，坐是入邪上尤甚籍，停官羁管，至是始录之。(李心传《建炎以来系年要录》卷一百十八)

4. 李新，仁寿人，元符上书入党籍。(祝穆《方舆胜览》卷五十三)

李新，字元应，隆州人，为资州司录。东坡命赋墨竹，常称赏之。(祝穆《方舆胜览》卷六十三)

5.《山海经》云："岷山神，马首龙身。祠用雄鸡，瘗用黍，则风雨可致焉。"《郡国志》："岷山俗谓之铁豹岭"，陵阳李新诗："在昔岷峨神，龙文而马首。"即铁豹之形也。

……

又云鸡宗山在州西四十里，扼羌人出入之路。熙宁元年置，镇羌寨。按《宋史》：熙宁九年，静州杨文绪导番董阿丹作乱，声援俱绝，至书木牌投于江以告急。朝廷遣内使王中正将兵，旁出鸡宗山击之，文绪等伏诛。《碑目》云："政和丁酉，倅贰跨鳌先生李新目击静州之变，记载其事甚详。"名更生碑，今在更生阁。(曹学佺《蜀中广记》卷七)

郑少微，华阳人，字明举，元祐中进士。是时苏轼知贡举，得少微与古郫杨天惠、隆州李新，号为三隽。

李新，字元应。为资州司录，尝作《墨竹》赋为东坡所赏。(曹学佺《蜀中广记》卷四十二)

6. 李元应《跨鳌集》五十卷。右皇朝李新，字元应，仙井人。早登进士第。刘泾尝荐于苏子瞻，命赋《墨竹》，口占一绝立就。坐元符末上书夺官，谪置遂州，流落终身。跨鳌，仙井山名也。（晁公武《郡斋读书志》卷四下）

国朝二百家名臣文粹三百卷……所谓二百家者赵普……马涓、李新。（晁公武《郡斋读书志》卷五下）

7. 李新《跨鳌集》。（尤袤《遂初堂书目》）

8. 李新，字元应，隆州人。东坡命赋《墨竹》，元应立成，东坡称赏，自此名籍甚。宣和间为本州（资州）司录。（王象之《舆地纪胜》卷一五七）

9.《更生阁记》："政和丁酉，倅贰跨鳌先生李新目击静州之变，记载其事甚详。"（倪涛《六艺之一录》卷一百七）

10. 李新《跨鳌集》。（陶宗仪《说郛》卷十下）

11. 承议郎李新，元符中上书论政事阙失陈备防十事，言辞切直，特赠一官。（范青《筠溪集》卷五）

12. 李新。新字元应，仙井监人。第进士。元符末上书夺官，谪遂州。有《跨鳌集》。（厉鹗《宋诗纪事》卷二十六）

13.《声画集》八卷，宋孙绍远编……所录如折中古、夏均父、徐师川、陈子高、王子思、刘叔赣、僧士珪、刘王孟、林子来、李商老、李元应……其集皆不传，且有不知其名字者，颇赖是书存其一二，则非惟有资于画，且有资于诗矣。（永瑢等《四库全书总目》卷一百八十七）

14. 李元应《跨鳌集》五十卷。晁氏曰："李新，字元应。仙井监人。早登进士第。刘泾尝荐于苏子瞻，令赋《墨竹》，口占一绝立就。坐元符末上书夺官，谪置遂州，流落终身。跨鳌，仙井山名也。"（马端临《文献通考》卷二百三十七）

15.《答合守程元老书》："某顿首，李元应到泸，出示所赐书，伏承暑中，动止万福，眷聚无他，良慰。某处田野间，亦复自适，不足垂念，但泸南前日小旱，二麦已不偿种，今又甚雨，复忧麻豆矣。仕进如此，退耕又如此，岂但人力耶，妇稚病肺，比老益甚，五月中垂死复活，今幸无事，然以此都不成家计，闲居既无过从，而衰晚亦不耐烦，逃虚既久，已自成趣，闻人足音，乃更不喜，九月间送女到丹棱，因放脚一到峨眉、瓦屋、雾中、青城诸山，至春末可归，向示漆器，今纳二十字：'闻此宽相忆，为邦复好音。人生五马贵，莫受二毛侵。'伏幸检收，合阳过客绝少，公帑有余，日生事想见不多，多亦不劳余刃。政当薰衣理鬓，努力行乐。自厚，不宣。某顿首再拜。"（唐庚《眉山文集》卷十一）

16.《跨鳌书》：蜀隆州有山名跨鳌，郡人李公新号跨鳌先生，有书一编，名《觔书》，观物先生张公行成跋云："《方言》曰：'觔，倦也。'丁度谓字或作觓。故司马相如云：'穷极倦觔'。而释者亦云：'倦、觔：疲惫也。'先生之书以觔名，盖示其倦游不睎时用也。"余考之《集韵·二十陌》有"觔"字，与"剧"同音。注引《方言》"倦也"。然则此书之名音从剧，义则倦，跨鳌之意，不过此尔。然《说文解字》无觔而有觓。

《集韵》："觔：胡官切。馒觔亭名，在上谷。馒：谟官切。"《说文解字》："觓：其虐切，相踦觓也。"二字若不类，而俗书足以相乱，觔从山谷之谷，弹丸之丸，则是钦宗庙讳嫌名第三十六字，止是亭名，别无义可取。跨鳌卒于宣和之末，故不以靖康之嫌名为避。觓从谷，亦其虐切，口上阿也。从口上，象其理。郤、硌皆从此。俗书与山谷之谷无别。虱：已逆切，持也。象手也。《集韵》云："隶变为丸。"执、孰等之丸，凡、恐、筑之凡当从虱。俗书与丸、凡无别。司马相如《上林赋》曰："徼觔受诎曰：'穷极倦觔。'"俱音剧，倦觔：疲惫也。而《说文》觓字徐错。《通释》亦引《上林赋》"徼觔受屈"，谓以力相踦角，徼要极而受屈也。觔：竭戟切，觓其虐切，声亦相近。疑即觓字也。跨鳌之书不应取踦觓之义，正用《方言》《上林赋》倦觔之意耳。区区虽若辞费，详考及此，因并见之，以俟好古者。癸未申同年锡赴宏词多用奇字，已在选中，正用倦觔字。而有司以为犯庙讳嫌名而罢之，过矣。（楼钥《攻媿集》卷七十八）

17.《紫云洞》：府判李文于先大夫祠堂之侧，因紫云盘其上，乃作洞焉，诸公赋诗皆瑞紫云，多以列仙之异言之愚，谓跨鳌先生忠谊不没者也。有以瑞其后，紫云盖有托乎，府判又能世其家，且大之吾儒之喜，颂者也。即为赋此：

君不见茂州长史文章翁，生平姓字悬天东。英言撼帝帝不从，建隆以来无此忠。今焉栖神寓玄躬，道在嶐嘶峰外之高峰。是间真趣排天胸，指顾可了荆岱嵩。迩年秋练春光融，离离渡汉舒溪蒙。状殊宋车非越龙（原注：《兵志》："宋云如车，越云如龙。"），亦非石壁浮青红。望之云远讨其踪，类风飘烟欺雾浓（原注：梁简文《赋紫云诗》云："金风飘素烟。"）。直排阊阖贯紫宫，父老语我昭我聋。疑是先生不掩之精雄，自尔支拄琼崖中。要把英爽飞摩空，有如韩王结襦腾腾化异气（原注：魏公试进士，是日，五色成云），亦如卫生食昂叠叠欺长虹。诚于斯民有愿力，此假奇特将无同。先生英名无有尽，乃云无心洞无穷。或云砉凿发天秘，不知的的胜事符。阿戎劝君不必昆闻，通五云之祥由李宗（原注：尹喜望紫云下得李耳）。君家种义昭玄穹，可隶黄字驱青童。扫洒愿勿俗子 容，斗酒为嗔王无功（原注：仆自拟绩）。（员兴宗《九华集》卷二）

18. 李新《跨鳌集》，四十四卷。（焦竑《国史经籍志》卷五）

19. 李新《塾训》十三卷。（柯维骐《宋史新编》卷五十一）
《李新集》，四十卷。（柯维骐《宋史新编》卷五十三）

20.《跨鳌集》十三册，全，宋哲宗朝李新著，凡四十四卷，又《遗集》一卷，《别集》一卷。（孙能传《内阁藏书目录》卷三）

21. 李新《跨鳌集》三十卷。李新，字元应。仙井（四川）人。宋元祐三年（一〇八八）进士。崇宁二年以言抵罪夺官。四库馆臣自《永乐大典》辑《跨鳌集》三十卷。现存《永乐大典》录李新诗一条，李跨鳌集一条，李跨鳌先生集二十三条，以上共二十五条，馆臣漏辑者十条。（栾贵明《四库辑本别集拾遗》）

22. 李新《跨鳌集》三十卷。元应生平，《四库提要》考论详确，足补晁公武《读书志》之未及。所作文胜于诗，古诗胜近体。其文笔力尚健，而欲求精丽，因于散体中堆垛之词类词赋，排比之调类经义，对偶之句类四六，拉杂诘屈，殊为格律气机之累。诗则出语快而率，使事多而驳。《提要》称其"开朗俊迈,北宋末一作者",乃过情之誉也。

卷一《瘿赋》自注:"世诗有'妻怜为枕枕,儿戏作胞抛'之句。"

《元次山作友丐予乃谚之》:"只今趋权门,伪不如尔真""摩足拂粒须,猥辱以为申"。按,此用本朝故事。

卷四《送菜徐安叟》:"分似庾郎而无二十七种菜。"

卷五《不寐》:"灯明将续昼,鼓急欲移更。"

卷七《徐安叟郊居》:"旋补疏篱短短遮,郊居初似厌纷华。邻灯林腹几萤小,市路山腰一线斜。衰草缀珠看晓露,暮天飞墨数归鸦。怜君近岁头浑白,两泪临风数祭拿。"

卷十七《移癖亭记》:"山居而癖山,水居而癖水,近市朝将又有癖。"

卷二十三《上许运使书》:"某少学书,谓古人削柎裹粮,盗囊海之虚名;临池柿叶,费汗青之余力。毫童十年,碑下三宿。勤则有之,拙亦甚矣。婉若银钩,飘如惊鸿。微浓疏瘦,自我作古。使为之不已,则今日造米元章、李致尧之列。学书不成去学画,操瓤舐墨,解衣盘磲。十日一水,五日一石。丹青雨露,化洛阳之春;江湖平远,发潇湘之兴。若为之不已,则今日突过贺真、张颜之右。少也多病,九折成医,味黄帝之《灵枢》,绎岐伯之《素问》。于是订浮沉滑涩以分阴阳,迹阴阳以较虚实。琅玕榆叶,指下有自得之状;张弓操带,意外无可传之法。若为之不已,则今日秦介、曹应端是流辈。少也不羁,意习音声。夜月一笛,有牛渚之风流;胡床三弄,得晋人之襟韵。方且求阴山之黍,嶰谷之管,以起黄钟之律,以考子声之妙。使澌钟牛铎尽入制作,仪凤舞兽行书简编。若为之不已,则今日司乐协律,正堪备员"云云。录此以见元应之多能,亦可征其文体之俳也。卷十八《送张潜夫入道序》第一句云:"天下事固有如此者!"其好奇崛、作张致有如是者。(钱锺书《钱锺书手稿集·容安馆札记》三百九十)

23. 李新(1062—?)字元应,号跨鳌先生,仙井(今四川仁寿)人。神宗元丰七年(1084)入太学,时年二十三。哲宗元祐五年(1090)进士,官南郑县丞。元符三年(1100),在南郑应诏上万言书,夺官贬遂州。徽宗崇宁元年(1102)入党籍,大观元年(1107)遇赦,摄梓州参军。宣和五年（1123）为茂州通判。高宗绍兴八年（1138）应其子时雨请，追赠一官（《宋会要辑稿》仪制一一三一二）。有《跨鳌集》五十卷，已佚。清四库馆臣辑为三十卷（其中诗十一卷）。以上事迹均依本集有关诗文。

李新诗原集十一卷，以影印文渊阁四库全书《跨鳌集》为底本。新辑外诗另编一卷。（傅璇琮等《全宋诗》卷一二五二）

24. 李新（1062—？）字元应，号跨鳌先生，仙井（今四川仁寿）人。元丰七年二十三岁入太学。元祐五年登进士第，南郑丞。元符三年上书论时政之弊，崇宁初入党籍为邪尤上，编管（当为贬官）遂州。大观间遇赦还叙官，宣和中累官郡佐，卒。绍兴八年追赠朝奉郎。著有文集五十卷（《宋史》作四十卷）、《塾训》十三卷、《欲书》五卷。见本集有关诗文及《郡斋读书志》卷一九、《建炎以来系年要录》卷二三五·一一八、《宋史》卷二〇五《艺文志》四、卷二〇八《艺文志》七、《宋史翼》卷六。

据《郡斋读书志》著录李新有《跨鳌集》五十卷，原书已佚。清四库馆臣自《永乐大典》辑出诗文，编为三十卷。本书所收李新文以文渊阁四库全书本为底本。今辑得佚文四篇，厘为十七卷。（曾枣庄等《全宋文》卷二八八一）

25. 李新，字元应，四川仙井人，号跨鳌先生。元祐五年进士，刘泾尝荐于苏轼，命赋《墨竹》，口占一绝立就，累官承议郎、南郑县丞。元符三年五月十一日上书曰："……"崇宁初入党籍为邪等尤甚，羁官遂州。大观三年三月赦书与韩维等九十五人同出党籍，并叙官。宣和癸卯累官贰郡，流落以终。建炎三年，以其子时雨诉于朝，累官朝奉郎。《郡斋读书志》《九朝编年备要》《通鉴》《长编》《纪事本末》《系年要录》二十五卷、《跨鳌集》。（陆心源《宋史翼》卷六）

26. 新字元应，仙井（今四川仁寿）人。登元祐三年（一〇八八）进士第。元符末，为南郑丞。崇宁元年（一一〇二）坐元符上书入邪上尤甚籍，夺官，谪居遂州。大观中为普州司法，宣和间为资州司录。今有《钓鳌集》，从《永乐大典》辑出。（唐圭璋《全宋词》二）

27.（甲申崇宁三年六月）甲辰，诏元符末奸党并通入元祐籍，更不分三等。应系籍奸党,已责降人并各依旧除,今来入籍人数外,余并出籍。今后臣僚更不得弹劾奏陈,令学士院降诏:元祐奸党,文臣曾任宰臣执政官司马光……曾任待制已上官苏轼……余官秦观……李新、衡钧、兖公适。(不著撰人《宋史全文》卷十四)

28. 时苏轼知贡举,得少微及郫邑杨天惠、三嵎李新,时人称为三俊。(黄廷桂等修雍正《四川通志》卷八)

《更生阁记》:政和丁酉,倅贰跨鳌先生李新目击静州之变,记载其事甚详。(黄廷桂等编雍正《四川通志》卷二十七)

王时雍、李新,俱仁寿县人。(黄廷桂等编雍正《四川通志》卷二十七)

29. 元祐三年戊辰科李常宁榜。李新,仙井监人。(常明修、杨芳灿纂嘉庆《四川通志》卷百二十二选举)

30. 崇宁元年九月十四日,诏开具元符三年臣僚章疏姓名。邪上尤甚:范柔中、邓考甫、封觉民、李新……(徐松《宋会要辑稿·职官六八·黜降官五》)

绍兴七年十一月二十三日,诏右迪功郎李时雨上《玉艾忠书》,文采议论,俱有可采,可循一资①。(徐松《宋会要辑稿·崇儒五》)

(绍兴八年)承议郎李新八年正月赠一官。元符三年任南郑县丞日,上书论事卒,其子时雨有请故也。(徐松《宋会要辑稿·仪制一一》)

绍兴三十二年六月二十三日、十月二十八日,诏知池州范漴、知黎州李时雨并放罢,新知兴国军汪汝嘉、新知吉州王昺并罢新任。皆以殿中侍御史张震论列故也。(徐松《宋会要辑稿·职官七一·黜降官八》

31.(崇宁三年五月)戊午,诏复位元祐、元符党人及上书邪等者合为一籍,通三百九人,刻石朝堂,余并出籍。……余官秦观等一百七十六人:秦观黄庭坚、晁补之……李新②……

(崇宁五年春正月)庚戌,三省同奉旨,叙复元祐党籍。曾任宰臣执政

---

① 一资:《建炎要录》卷一一七该年作"二资"。
② 注:宋代摩崖石刻元祐党籍碑,现存广西桂林龙隐岩,额有蔡京手书"元祐党籍"四字,序称"皇帝嗣位之五年",徽宗皇帝即位第五年即崇宁四年。

官刘挚等十一人……待制以上官苏轼等十九人……文臣余官任伯 等五十五人……选人吕谅卿等六十七人。轻第二等吕谅卿……李新、冯百药……（徐乾学《资治通鉴后编》卷九十六）

（大观二年六月）戊戌，门下中书后省左右司复依赦看详到韩维等九十五人，诏并出籍。韩维、杨康国……李新……（徐乾学《资治通鉴后编》卷九十七）

（建炎三年）庚寅，仙井监乡贡进士李时雨上书，乞选立宗子，系属人心。帝怒，斥还乡里。（徐乾学《资治通鉴后编》卷一百七）

32. 李新，字元应，四川仙井人，号跨鳌先生。元祐五年进士，累官承议郎、南郑县丞。元符三年以日蚀上书直陈。崇宁初入党籍，羁管遂州。大观三年三月赦书与韩维等九十五人同出党籍，并叙官。宣和癸卯累官貳郡，流落以终。建炎三年，以其子时雨诉于朝。绍兴五年赠朝奉郎。著有《跨鳌集》。《宋史翼》卷六，参《郡斋读书志》《系年要录》《跨鳌集》。（傅增湘《宋代蜀文辑存·作者考》）

33.（建炎三年秋七月）庚寅乡贡进士李时雨上书曰："臣窃闻皇太子服药不痊，仰惟陛下丁艰难困厄之会，方兹尝胆，又致辍朝，此天祸之于陛下，亦已极矣。然事之既往，夫复何言，而承嗣之道，理不可后，又况国家当忧勤危急之际，宗庙社稷之所继统，生灵之所系属，敌国之所观望，不于此时权时制宜为之谋画，臣恐天下之心未有安也。为今之计，欲乞暂择宗室之贤者一人，使视皇太子事，以系属四海，增重朝廷。俟陛下皇太子长成，畀之东宫，则以一王封视皇子，亦不为嫌也。伏望陛下断以不疑而力行之，远惟仁宗皇帝，在位四十二年，无所继统，晚年听言，遂进英庙于濮安懿王之宫，盖不以一己为私，而以天下为念。可谓万世之贤君矣，陛下法此前规，使社稷有所统属，天下幸甚。若以为陛下春秋鼎盛，未可以拟仁庙继立之事，则是大误国计也。"时雨，仁寿人，党人新之子，以其父上书入籍诉于朝，吏部拟将仕郎。钞未下，书奏，诏前降给还恩泽指挥，更不施行，日下押出国门。久之，时雨以策干张浚于阆州，遂以为忠州文

学,建炎以来,言储嗣者,盖自时雨始。①(李心传《建炎以来系年要录》卷二十五)

(绍兴七年十有一月)辛亥右迪功郎李时雨②特循二资。时雨献《玉垒忠书》三十篇,论形势、选兵、任相、攻取等事,故有是命。其间有《盐铁论》,欲罢四川官卖盐引,而征民间盐货三分之一,又欲尽榷天下铜铁而输之官云。(李心传《建炎以来系年要录》卷一百十七)

34.(建炎三年)五月,幸江宁。七月丁亥,太子薨,谥元懿。殡治成之铁塔寺。后三日,仙井监乡贡进士李时雨上书,乞择宗室之贤者,使视皇太子事,俟皇嗣之生,退居藩服。时雨,党人亲子也。以父入籍,当补官,吏部拟将士郎。抄未下,书奏,诏前降级还恩泽指挥,更不施行,日下押出国门③……(绍兴元年)五月,遂命李时雨知南外,宗正事。(李心传《建炎以来朝野杂记》乙集卷一)

35. 关耆孙《瞿唐关行记》:乾道庚寅中元日,关耆孙约李时雨、陈彦、岳建寿、宋嵩、李晋、张徽之、雍大椿饮于三峡堂。晚携余觚下瞿唐关,访夔刺史旧治。(周复俊《全蜀艺文志》卷六十四)

36. 李时雨上书可采转一官

朕辟忠谠之门以来,踔绝之士庶资群策,用济多艰。尔驰誉儒林,游心兵略。皂囊来上,陈义甚高。已收堂上之奇,何虑目中之敌。肆增秩序,用示宠光。勉行所闻,嗣有休命。(李弥逊《筠溪集》卷五)

37. 承议郎李新元符中上书,论政事阙失,陈备防十事,言辞切直,特赠一官。

朕辟公正之门,延忠谠之士。一言之善,无远不褒。尔当元符之间,陈备防之策。不顾时讳,力排巨奸。端亮有闻,久而益著。朕独不得与此人同时哉,一官之宠,九泉之荣,尚其有知,歆此明命。(李弥逊《筠溪集》卷五)

---

① 原注:时雨补官在绍兴元年,今并书之。
② 原注:时雨初见建炎元年七月。
③ 原注:时雨事迹,开禧元年被旨宣付史馆。

《容安馆札记》
批评北宋作家李新发微

《钱锺书手稿集·容安馆札记》(以下简称《札记》)是一部带有一定个人性、私密性的"半成品的学术著作"①,其中论及宋诗的约55万字。在《札记》中,钱先生采取总评加摘录的方式对300多名宋代诗人进行了点评,断语、摘录以及引证都极具钱氏风格。钱先生评宋诗,流传最广的是其《宋诗选注》,但在1988香港版前言中,他说:"它既没有鲜明地反映当时学术界的'正确'指导思想,也不爽朗地显露我个人在诗歌里的衷心嗜好。"②《札记》本不打算公开发表,应该能比《宋诗选注》更能显露钱先生的个性特点。与《宋诗选注》相较,《札记》对一些大家如欧阳修、苏轼等未进行点评,对一些名家的批评也普遍比《宋诗选注》严苛。尤为值得注意的是,《札记》对一些文学史著作常常"打包"概述甚至根本不会提及的小作家进行了挖掘,显示了钱先生独到的文学见解,北宋末年蜀地作家李新就是这些被挖掘的小作家中的一位,通过对钱先生点评的阐发,再与《四库全书总目提要》(以下简称《提要》)对李新的批评进行比较,或许能对我们了解

---

① 王水照.《钱锺书手稿集·容安馆札记》与南宋诗歌发展观[J]. 文学评论,2012(1):55
② 钱锺书. 香港版《宋诗选注》前言[M]//钱锺书. 宋诗选注. 北京:生活·读书·新知三联书店,2002:477

李新的文学创作及进一步开展李新作品研究有所帮助，还能对我们深入理解钱先生"在诗歌里的衷心嗜好"有所启发。

一、《札记》批语试释

《札记》对李新的总评全文如下：

> 李新《跨鳌集》三十卷。元应生平，《四库提要》考论详确，足补晁公武《读书志》之未及。所作文胜于诗，古诗胜近体。其文笔力尚健，而欲求精丽，因于散体中堆垛之词类词赋，排比之调类经义，对偶之句类四六，拉杂诘屈，殊为格律气机之累。诗则出语快而率，使事多而驳。《提要》称其"开朗""俊迈""北宋末一作者"，乃过情之誉也。①

鉴于目前学界对李新其人其作不太熟悉，我们先介绍李新的相关情况，再结合其作品，对这段评语进行阐释和发挥。

李新（1064—1138），字元应，号跨鳌居士，仙井监（今四川仁寿）人。出生在一个"三世业儒"的小康之家，年少时曾做过成都校尉，元丰七年（1084）入太学，在太学期间，曾得到苏轼提携，"刘泾尝荐于苏子瞻，命赋《墨竹》，口占一绝立就"②。元祐五年（1090）登进士第，官承议郎、南郑县丞，元符三年（1100）因给哲宗皇帝上《万言书》指陈时弊被罢官，崇宁二年（1103）被羁置遂州，大观元年（1107）至重和二年（1119）间任梓州司寇参军、普州司法参军、资州录事参军，宣和二年（1120）因修潼川府城有功改官掌书记，宣和五年（1123）改任茂州通判，绍兴八年（1138）被追赠朝奉郎。李新著述颇丰，有《跨鳌集》五十卷、《孰训》十三卷、《瓠

---

① 钱锺书. 钱锺书手稿集：容安馆札记[M]. 北京：商务印书馆，2003：607.
② 晁公武撰，孙猛校证. 郡斋读书志校证[M]. 上海：上海古籍出版社，1990：3718.

书》五卷。今仅《跨鳌集》三十卷传世,乃四库馆臣从《永乐大典》辑得①。

先来看《札记》对李新散文的批评。钱先生称其"笔力尚健",先肯定了其散文"健"的特点,但并未深入展开,亦未举例说明。我们试着以李新散文为例来说明其"健"的特点。李新散文,特别是史论,确有刚健雄浑之特征。如其《唐治不过两汉论》先提出史臣们"以为唐治不能过两汉"的观点,接着从创业之难易、君臣之贤否、制治之得失、历数之长短四个方面对汉唐两代进行了比较,认为两代在这四方面"固相近也",但如果将汉、唐与三代相比,则汉不如三代,唐则"与夏、商、周同风",至此,李新鲜明地亮出了自己的观点:"夫与三代同风,则其过两汉也明矣。"为了证明自己的观点,李新从国家治理、君臣关系、对外征战等角度对唐太宗与汉代"七制之主"进行了对比,比较唐太宗和汉高祖时称:"高祖新造,区夏兵无完刃,士无坚气,伤痛未瘳,遽有平城之役,其不死而免者幸也。使陈平不运奇,阏氏不解围,索为泗上亭长不可得。殆非爱民重己之意,是可与言治耶?"一段中连用七个"是可与言治耶",得出了汉之高祖、孝文、孝武、孝宣、光武、明帝、章帝七帝皆不及唐太宗的结论,而"唐治不能过两汉"的观点"不攻而遂破矣"。整篇文章一气呵成,散句中偶用骈语,行文流畅,用语峻整,论证严谨,气势恢宏,有西汉散文的刚健之美。其《孙武论》,先驳斥了孙武"无故而斩二妇人"只为彰显自己勇武的观点,再以张良谏刘邦、咎犯谏重耳事与孙武杀爱姬谏吴王相类比,认为孙武在尚未得到吴王信任的情况下,如果一味劝谏,只是徒事口舌之争,正因为其"临机适变"、杀吴王爱姬,才为其赢得吴王重用,坚定了吴王称雄诸侯的意志。文章结尾,李新言在此而意在彼,称"如欲为圣天子扫除小人之恶者,吾愿以孙武试兵之术告之"。文章生动表现了孙武有谋有识、机智过人的特点,铺张扬厉,气势纵横,体现了李新散文善辩的特点,极类《战

---

① 《四库全书总目》云:"《集》本五十卷。今散见《永乐大典》者,裒合编次,尚得三十卷。"除《跨鳌集》三十卷外,据笔者所见,李新作品今散见于《永乐大典》残卷四库未辑者及《成都文类》《国朝二百家名贤文粹》《古今岁时杂咏》《舆地纪胜》《五百家播芳大全文粹》等总集、类书、地理志的尚有诗23首、文6篇、残句6句。

国策》。李新的一些叙事、写景、记人的抒情散文，也有雄浑刚健的特征。如其《引素轩记》：

> 日出而临，朝氛四开，波光万顷，筇橹未摇，断绺绊已有解意，舟中之忧，耿然犹在。午漏乍交，墙阴初转，荒芜嘉墅，隐隐落眉睫间。浪华激而顽鳣舞，蛟风起而孤鸟没，惊滩鸣碛，自有嘉致。至若残照半竿，向晦而夕，渔火百星，方易曲移，湾以济之，人俯首掉臂而不顾，重峰青嶂，咫尺遗恨耳。

文中写一日四时之江景，从早晨朝阳下的波光万顷，到午时雨中的惊涛拍岸，到傍晚的残照半竿，再到夜晚的万点渔火，一路写来，雍容不迫，画面壮阔，意境高远，气势宏大，有汪洋雄浑之感。

钱先生提出了李新散文"拉杂诘屈"的弊病。其"拉杂"的具体表现是"于散体中堆垛之词类词赋，排比之调类经义，对偶之句类四六"。这种"欲求精丽"而在文中讲究辞藻和铺陈的习惯，的确是苏轼以后北宋作家的一大弊病，李新也未能免俗。李新散文喜用赋体作结，尤以其记序诸篇为甚，如其《普州铁山福济庙记》先用散体记录了他大观三年作普州司法参军、参与修建福济庙的过程，最后"伐鼓兮鼕鼕，风雨时兮岁丰。刲羊炰羔兮，旨酒清洁，相与答神兮，继日以月"这样的赋体作结；《卧云亭记》用散体描写南山喻公的隐居生活，末段却是"幽人居真兮山之阴，愿言孔招兮山云深。闲庭除兮驯禽，垂湘箔兮幽沉沉。既觉兮复梦，酌樽酒兮鸣琴"这样的赋体语。李新也喜欢在文中大量使用排比，前举《唐治不过两汉论》连用七句排比，确能给人气势恢宏之感，但有时使用过滥，为了修辞而修辞，就有些喧宾夺主的味道，如其《上许运使书》本是干谒之文，在自己"得罪流落，闲居八年"、又再度出仕之际，希望对方能对自己有所提携。文中先用了一大段文字，用排比手法讲述了自己少年时学书、学画、学医、学音皆无所成的经历，最后再羞羞答答地表示自己已有"自新之志""欲涤肠于清，无有滓秽"后重新为官，虽然很符合干谒文章含蓄的特征，但一味夸耀自己之多才不仅惹人厌烦，也模糊了文章的主旨。钱先生摘录此文时，也特别指出："录此以见元应之多能，亦可征其文体之俳也。"①受西汉散文的影响，李新散文讲究辞藻的华丽，喜用骈散结合的对偶句式，但有时过于追求句法结构，反而走向整饬呆板，如其《九华禅寺记》描写陵州风光："群山逶迤，卧龙蹲彪，右揖左朝，前列如几，石矗矗若墉。行至水穷，坐观云起，兹古人植锡处。用意不凡，自眉往，举武九千，涉大江。自陵往，凡两舍。间蹊若丝，獶愁鸟悲，高者去天一握，下者及地九泉。"全段以四字句为主，间以三字、六字句，的确极类"骈四俪六、锦心绣口"的四六文。李新散文的"诘屈"，主要表现在好用僻典、奇句。如其《上赵龙图书》开头即点明时间"岁在大渊献，某摄梓司寇"，用大渊献代亥年，除了借指年代，再无别的意思，不如直接说"元祐丁亥"来得直接；再如其《谢谢转运判官启》云"岂期跃冶之不祥，遂失寿陵之故步。多言贾傅，自取间疏；挑战李陵，竟成囚虏。狂图至此，薄命奈何？丹阙春风，未信淄川之对；山城夜月，来观梅尉之碑。"先用燕国寿陵邯郸学步、贾谊、李陵之典，再用"丹阙"以指朝廷，以"梅福"指代自己县丞的身份，短短两句话，用典如此密集，让人不堪卒读。钱先生也专门摘录了其《跨鳌集》卷十七《移癖亭记》"山居而癖山，水居而癖水，近市朝将又有癖"②一句及卷十八《送张潜夫入道序》第一句"天下事固有如此者"，评曰："其好奇崛、作张致有如是者。"③这或许跟李新依附于苏轼门下，受黄庭坚等人奇崛文风影响，固守"陈言务去""词必已出""点铁成金"之教，有很大关系。

《札记》对李新诗歌的批评集中在两点，一是"所作文胜于诗，古诗胜近体"，一是"出语快而率，使事多而驳"。李新是以诗成名的，曾经在苏轼面前当场赋《墨竹》诗，其《墨竹》诗云："叶叶飞秋声自来，萧郎国有不羁才。西山昨夜虎风恶，大折一枝无处栽。"诗歌用象征手法表达了自己

---

① 钱锺书. 钱锺书手稿集：容安馆札记[M]. 北京：商务印书馆，2003：608.
② 原文为"子山居而癖山，水居而癖水，以山水病我者再矣。子近市朝，将又有癖"。钱先生摘录时少了"以山水病我者再矣。子"八字。
③ 钱锺书. 钱锺书手稿集：容安馆札记[M]. 北京：商务印书馆，2003：608.

的怀才不遇以及希望能得到对方提携的愿望，即使在李新并不擅长的近体诗中，也算不得上乘之作，想来真正打动苏轼的可能是李新的文思敏捷。从李新存世作品来看，诗的数量远多于文（除去札子、贺表等实用文后），但其在散文上的成就的确胜过了诗歌。李新诗歌，如钱先生所言，最有特色的是古体诗，如其《山居》：

> 绿树初浮光，嘉禽自行乐。厨烟续云根，涧水断冰脚。徜徉一樽酒，坐看山花落。日暮归去来，嫣香裹罗幕。

绿树、野鸟、炊烟、溪水、饮酒的隐居客、飘落的山花，动静得宜，野趣盎然，了无烟尘气。语言平淡清新，不事藻绘，表达了人与自然相得其乐的欢愉之情。再如《古兴》：

> 春采中洲兰，秋采芙蓉芳。芙蓉以为衣，春兰佩其香。晓织比目鱼，暮织双鸳鸯。裁成合欢被，副之君子堂。粲粲桃李姿，过时空自伤。汉官专使至，罗搜穷洞房。长虹直轩辕，秘艳不可藏。平时同闺子，坐看铅华光。共解明月珠，私结罗襦裆。出门驱车去，富贵无相忘。

虽属刻意拟古，模仿民歌，也大量运用了闺怨诗中常见的"比目鱼""鸳鸯""明月珠""罗襦裆"等意象，但以极富江南气息的"芙蓉""春兰"意象起兴，以女子的相思、担忧作为贯穿全诗的线索，读来并不觉得如何华丽绮靡，整首诗格调清新明快，很有南朝民歌的风味。李新也注意炼字，其《苦寒歌》卷三"孤城日落星斗稀，一寸清霜压寒梦"一联，祝尚书先生称："这是何等佳句！……置之唐人诗中，怕也未必多让。"①虽有出自乡曲之私的称誉，但李新此诗放在北宋后期诗作中，的确算得上佳制。李新诗歌也确实存在用语直率、用典过多过杂的弊病，钱先生已举例说明，姑再举数例。如其《岁尽行县归示时雨》：

---

① 祝尚书. 宋代巴蜀文学通论[M]. 成都：巴蜀书社，2005：195.

五府辟书如啮铁，八关炙手能令热。山梅何苦要先春，清艳更多终欠叶。贵游结欢过美酒，不问贤愚皆可口。秕糠簸扬在米前，鸡口差池落牛后。乃翁活计真么么，欲挂冠缨犹未果。一岁山行今解火，百巧百穷无似我。

　　不断告诫儿子要学会隐藏锋芒，要"宁为鸡口、无为牛后"，不要学山梅一样争春，不要像自己一样"百巧百穷"，以致到现在还"欲挂冠缨犹未果"，虽可看出其良苦用心，但絮絮叨叨，语言乏味，几乎就是将一段饭后的训子语录翻成韵文，面目可憎。再如《谢王司户惠纸被》诗中有"小儿恶寐惊踏裂，村妻手线自缝密"句，几乎就是想都没想直接从杜诗中拿来的。李新诗用典之密远胜其文，如其《喜孙伯远王周彦远访》"连骑莫忧原叔病，食鲑谁谓庾郎贫"句连用姬原叔、庾信的典故，《过冯十夜饮见烛花有作》"贾谊长才空赋鹏，东陵余地欲栽瓜"句连用贾谊、邵平的典故，《催李祖申赏莲会》"何事却妨彭泽醉，几时聊发次公狂"句连用陶渊明、盖宽饶的典故。有些用典，甚至需要作者专门做注，否则会看不懂，如《送知府王大夫》"啼莺未与春先去，归骑犹呼雨自随"一联下，李新自注："往岁久旱，公入境，祷于鸡翁神，约十日而雨，下车数日而雨，岁以有年。""干禄且优垂老姊"句下又注："宋庚彦达为益州，携姊之镇，西土称焉。今公亦侍郡君远来。"若不看注，诗都没法读了，写诗变成了作笺注，专注于注，诗味也就淡了。

二、《札记》与《提要》对李新批评的比较

　　钱先生《札记》总评末尾特别提出，《提要》对李新的评价"乃过情之誉也"。先将《提要》相关批评摘录如下：

　　　　新受知苏轼，初自附于元祐之局。故其所上书，词极切直。然一经挫折，即顿改初心。作《三瑞堂记》以颂蔡京，《上王右丞

书》以颂王安石。《上吴户部书》至自咎"前日所言，得疾迷罔，谓白为黑"，其操守殊不足道。且所作《韩长孺论》，讥其马邑之役，沮前日之议，败今日之功，所以阴解灭辽之失也。作《武侯论》，谓其当结魏以图存，所以阴解和金之辱也。无非趋附新局，以冀迁除。……惟其诗气格开朗，无南渡后啁哳之音。其文序记诸篇，忽排忽散，虽似不合格，而他作亦多俊迈可诵。在北宋末年，可以称一作者，固不必定以其人废之矣。①

我们发现，《札记》与《提要》在评价李新时有很多相似的地方，如《札记》称其文"健"，《提要》称"切直""俊迈"；《札记》称"于散体中堆垛之词类词赋，排比之调类经义，对偶之句类四六"，《提要》称"忽排忽散，虽似不合格"；虽然表述不一样，但双方的评论实际都点出了李新散文刚健雄浑的特点和喜欢在散文中掺入骈语的弊病。而双方的分歧主要体现在三个方面：

一是评论时要不要以作家人格操行来推论其作品主旨的问题。《提要》先用一大段文字考证李新登进士第、与苏轼、蔡京、王安石②的交往、上书夺官等生平事迹，得出"其操守殊不足道"的结论，在此基础上，具体对李新《韩长孺论》和《武侯论》展开批评，认为其创作的目的不过是"趋附新局，以冀迁除"。这种"知人论世、以意逆志"的方法是文学批评中常用的方法，但《提要》受到当时"正确"指导思想的影响，得出的结论却是错误的。就拿《提要》论及的两篇史论来说，《韩长孺论》开篇就是"士各有才，顾所驰如何耳……悲夫，士之不能骋其才，适至是耶"，接着论述韩长孺有"内史"之才，擅长内政，善于调解朝廷纠纷，但武帝却派他指挥马邑之役以抗击匈奴，导致其在失利后"郁郁无聊，继之以死"，文章最

---

① 纪昀. 四库全书总目提要[M]. 石家庄：河北人民出版社，2000：4024.
② 李新《上王右丞书》创作于宣和二年（1120），此时王安石已故，该"王右丞"实为宣和元年至宣和三年任尚书右丞的王安中，李新在文中称颂其"人所宗仰，不减舒王、文忠公"，安中人品一直为人所不齿，四库馆臣称其"奔竞无耻，更为小人之尤"。李新颂王安中的行为肯定比颂王安石更能证明其"操守殊不足道"。

后感慨："长孺固多才,特用长孺者非是"。实际上,这是一篇论述人才不被正确使用的文章,李新只是一个小小的南郑县丞,作此文,无非是想表达自己怀才不遇、没被朝廷重用而已,与所谓"阴解灭辽之失"简直风马牛不相及。《武侯论》一文分析了魏蜀吴三国形势,认为诸葛亮"拙于用权",其制定的联吴抗魏国策是刘备"所以不可图天下"的重要原因,正确的做法应该是与挟天子以令诸侯的曹操结盟,使曹操"欲绝我而不能,伐我而不可",而刘备一方就"外无犯汉之名,阴有谋魏之实",然后对内休养生息,对外离间汉献帝与曹操的关系,"假之数年,可以得志矣"。其立论确与传统不同,如果用它来说明李新"尊蜀抑魏"的历史观,或者证明李新崇尚权谋、有纵横习气,是很恰当的,但称其文为"阴解和金之辱"而作,则离题万里。再用这样的文章反过来证明李新"无非趋附新局,以冀迁除",就更加荒唐了。相反,《札记》在评论李新作品前,只提及《提要》对李新生平"考论详确",对其人格品行与文章的关系不置一词。

二是更看重李新的诗歌还是散文。《提要》认为在不以人废文的前提下,李新的作品还是值得一提的。在李新作品中,《提要》更看重诗,认为其诗"气格开朗,无南渡后啁哳之音"。李新的一些诗歌的确有爽朗之气,显得乐观、豪迈,而不阴郁低沉。如其拟太白所作的《醉中歌》:"骆夫子,逢恶客,酒食未阑客呼索。烛花销铄不肯起,口纵长歌手弹拍。一年所得能几许,一日散尽何所惜。囊无千黄金,亦无双白璧。"虽无李太白的狂放与愤慨,艺术上也没什么创新,但其中自有一股豪侠之气。再如《晚宿江涨桥》前两联:"鸟径青山外,人家苦竹边。江城悬夜锁,鱼市散空船。"描写羁旅之情,景致空旷而又渺茫,也算得上是"开朗"之作。四库馆臣们是不大看得上南宋那些晚唐体诗的,认为其有"啁哳之音",如《提要》评永嘉四灵称:"虽镂心钵肾,刻意雕琢,而取径太狭,终不免破碎尖酸之病。"[①]与《提要》相比,《札记》则更看重李新的散文,称其"文胜于诗"。

三是对李新在北宋文学中地位的认识。《提要》称李新"在北宋末年,

---

① 纪昀. 四库全书总目提要[M]. 石家庄:河北人民出版社,2000:4154.

可以称一作者",而《札记》则认为这个评价"乃过情之誉也"。这本身是一个见仁见智的问题。如以神宗熙宁年间为界,北宋后期是整个宋代文学最为繁荣的阶段,以苏轼为代表的欧阳修门客或弟子们将散文发展推到了空前高峰,苏黄的诗歌也是宋代诗歌的巅峰。即使到徽宗朝晚期,苏轼、黄庭坚、苏辙先后辞世后,仍有陈与义、晁补之、李廌、周邦彦、贺铸、李清照等一大批作家活跃在文坛上,与这些名家相比,即使仅以诗歌方面的成就来论,李新也还是有一定差距的。也许正是从这个角度,《札记》认为《提要》的评价是过誉之词。

总的看来,《提要》采用的是"瑕瑜互见"的评论模式,《札记》则贬多于褒,如果抛开《提要》对史论的误读不计,双方对李新的评价都是平允而又切中肯綮的,对我们了解李新这一北宋后期蜀地作家以及进一步开展李新作品研究都有较强的指导意义。

三、从《札记》对李新的批评看钱锺书对宋诗的批评方法

从上述《提要》和《札记》对李新批评来看,双方的侧重点各有不同。《提要》更加重视对人的分析,以人定文。《札记》则主要关注文体、词法、句法、语境等具体问题,没有涉及作家身份。导致分歧的主要原因是双方批评方法的不同,《提要》采用的是"知人论世"的社会历史批评,《札记》采用的则是具体的审美批评,是伴随大量摘录、引证的"钱氏批评法"。这种方法,用钱先生自己的话来说叫"具体的文艺鉴赏和评判"[①]。王先霈认为,"钱氏批评法"主要源自欧美新批评派的细读法,其《文学批评原理》云:"他(钱锺书)对其中的一些字句的推敲、玩味和旁征博引,对于比喻中的两柄和多边的含义的阐释,都可以看到新批评的'细读法'的痕迹。"[②]而甘建民则认为:"钱锺书的微观批评与新批评的细读法仍有着重要的区别。

---

① 钱先生曾在《中国诗与中国画》中说:"我有兴趣的是具体的文艺鉴赏和评判。"见钱锺书. 旧文四篇[M]. 上海:上海古籍出版社,1979:7.
② 王先霈. 文学批评原理[M]. 武汉:华中师范大学出版社,2003:154.

细读法……把文学作品同作者的创作心理和读者的接受心理完全割裂开来了,它对作品仅作纯语义学和结构主义的批评,它的表现形态是体系性的、逻辑性的。钱锺书的微观批评则正好与之相反,它的表现形态基本上是中国传统的评点式。"① "钱氏批评法"与新批评的细读法确实有着重要的区别,是一种由中国传统评点式批评发展而来的批评方法,虽然称之为"微观批评"也未免过于笼统,不能恰当体现其特点,但为了便于叙述,我们还是暂时借用一下微观批评法这个说法。

如前所述,钱先生曾提到《宋诗选注》并没有真正显露其"在诗歌里的衷心嗜好",从《札记》和《提要》对李新批评的对比来看,这个"衷心嗜好"就是对文章字、句、文体等细节的关注,就是微观批评。在《宋诗选注》中,钱先生曾提出了"六不选"的标准,即:押韵的文件不选、学问的展览和典故成语的把戏不选、大模大样的仿照前人的假古董不选、把前人的词意改头换面而绝无增进的旧货充新不选、有佳句而全篇太不匀称的不选、当时传诵而现在看不出好处的不选②,"六不选"标准实际上就是钱先生对文学本质的认识,对宋代诗歌的认识,这个认识是审美意义上的而不是历史意义上的,他强调的是文学的审美、独创及其永久的魅力。钱先生深受中国古代文论的影响,他的《札记》《宋诗选注》《管锥编》等采取的都是传统的评点式,但他并不赞成《提要》那样简单的以人定文或以文定人的方法,认为:"学者如醉人,不东倒则西欹,或视文章如罪犯直认之招状,取供定案,或视文章为间谍密递之暗号,射覆索引;一以其为实言身世,乃一己之本行集经,一以其为曲传时事,乃一代之皮里阳秋。楚齐均失,臧谷两亡,妄言而姑妄听可矣。"③他也不赞成简单地以历史方法来评价文学作品,认为:"夫以疑乎考史之法,施于嘲戏文章,胶柱鼓瑟,煮鹤焚琴,贻讥腾笑。"④但由于《宋诗选注》编选与于1955至1957年,

---

① 甘建民. 细读法与钱锺书的微观批评[J]. 苏州科技学院学报:社会科学版,1990(4):29.
② 钱锺书. 宋诗选注[M]. 北京:生活·读书·新知三联书店,2002:20.
③ 钱锺书. 管锥编[M]. 北京:中华书局,1986:1389.
④ 钱锺书. 管锥编[M]. 北京:中华书局,1986:1019.

受当时"正确"指导思想的束缚，他不能完全按照自己的标准评点，而在本不打算公开发表《札记》中，他就可以随心所欲地显露自己的"衷心嗜好"了。如《宋诗选注》中评苏舜钦："他跟梅尧臣齐名，创作目标也大致相同。他的观察力没有梅尧臣那样细密，情感比较激昂，语言比较畅达，只是修辞上也常犯粗糙生硬的毛病。陆游诗的一个主题——愤慨国势削弱、异族侵凌而愿意'破敌立功'那种英雄抱负的主题 在宋诗里恐怕最早见于苏舜钦的作品。"①《宋诗选注》本没选苏舜钦表现英雄抱负的诗，但在评论其诗歌特征后，偏偏又要小心翼翼地绕到破敌立功的这样一个话题，可见钱先生在点评时的左右为难。而在《札记》中，就简单得多，钱先生只关注苏舜钦诗的风格特点及各体的优劣，认为苏舜钦"近体虽较圣俞为逸宕""七绝尤胜""古体则语笨意滞"。

所以，从《札记》对李新的批评以及上文所举的事例来看，钱先生"在诗歌里的衷心嗜好"就是以审美的眼光来打量宋诗，对风格、文体、句法等进行"具体的文艺鉴赏和评判"，而不去抽象地说理。这种方法需要脚踏实地地读书，需要锲而不舍的精神。方法本身无所谓好坏，但在文学批评深受商业文化影响的今天，很多批评家急功近利，为了迎合市场需求而违背批评原则，甚至只管"大胆立论"而不"小心求证"。也许他们应该回过头来，多读读钱先生的批评文章，多学习学习他那种在倾箱倒柜式的引证中小心求证的微观批评法。

---

① 钱锺书. 宋诗选注[M]. 北京：生活·读书·新知三联书店，2002：34.

题材丰富 气格开朗
——论李新诗的题材及艺术特征

李新（1064—1138），字元应，号跨鳌居士，仙井监（今四川仁寿）人。现存《跨鳌集》三十卷，乃清四库馆臣从《永乐大典》存本中析出，三十卷中，有诗十一卷，近 500 首。这些诗歌不仅数量可观，而且较有特色。无论古体还是近体，都"特色鲜明，在北宋独树一帜"[1]。李新诗大抵来自其亲身经历的日常生活，饱含自己一生久滞下僚、颠沛流离的人生感悟，题材内容丰富，形式上着意于字句上的锤炼，喜用典，善于化用前人诗句，以议论为诗，具有典型的宋调特征。整体风格俊朗刚健，四库馆臣称其"气格开朗，无南渡后啁哳之音"[2]，但也存在"出语快而率，使事多而驳"[3]的缺点。

---

[1] 祝尚书. 宋代巴蜀文学通论[M]. 成都：巴蜀书社，2005：194.
[2] 纪昀. 四库全书总目提要[M]. 石家庄：河北人民出版社，2000：4024.
[3] 钱锺书. 钱锺书手稿集：容安馆札记[M]. 北京：商务印书馆，2003：607.

一、李新诗的题材特征

李新诗不论是表现理趣、亲情、友情,还是羁旅行役、唱和赠答、写景抒怀、体物言志、咏史怀古,都饶有新意,韵味浓郁,在题材上也有所开拓。

(一)理趣诗

宋人重理趣,理趣诗是宋代诗歌一道亮丽的风景线。从诗歌的发展历史来看,理趣诗并不是到宋代才出现,东晋陶渊明、唐代刘禹锡等都留下了理趣佳作。但是,理趣成为自觉的审美追求,是到宋代才形成风气的。宋代诗人们或登高赋诗、或对物沉思,探索事物之间的关系,他们将自己的切身体验通过形象表达出来,就成了引人深思、给人愉悦、境界浑融,给人留下了无限思考空间的诗歌。

李新诗也有浓厚的理性精神,他常常在对琐细事物的描绘中展现社会、人生、自然的哲理,透过自然现象揭示人生、社会之至理。如其《桃花》:

  年少刘郎初见时,似笑东风三两枝。刘郎白发欲再见,前溪落尽迷佳期。

这首诗化用刘禹锡《玄都观桃花》"前度刘郎今又来"的诗意,写刘郎在少年、年老两度见桃花,桃花由笑东风到落尽,刘郎由少年而白发,以自然物的由盛而衰类比年华的逝去,表现了诗人对人生的理性思考。在永恒的自然面前,李新常常会感叹人生的短暂和虚无,如《题北岩定林院方丈》二绝句,前有小序:"戊戌正月二十四日,携诸童稚来游,藉草而饮,既醉,书方丈小垣以去。"诗云:

  松岭晴烟明冉冉,石桥融水暖涓涓。老翁百事无心计,只有寻春似去年。

  东风桃李年年在,化国光阴日日长。试数开元到今夕,几经繁盛几凄凉。

先写定林院周边的景物，春日和煦，松岭、轻烟、石桥、流水在春天的晴空下，显得祥和而宁静，李新携幼童来游，在草地上畅饮，醉后题诗。东风年年都会来，桃李年年都会开，面对定林院的美景，他回忆自己一生，不禁发出"试数开元到今夕，几经繁盛几凄凉"的慨叹，在感慨中领悟到个体生命的短暂。在历史长河中，人的一生也不过转瞬即逝而已，历史的车轮总会不停地运转，所以人生只能尽心地享受当下，得失就显得不那么重要了。李新有时也会感叹 "黄金六印岂关身，宝藏盈居亦诉贫"（卷十一《过廉水渡二首》其一），其实功名富贵与生命的质量、与幸福并没有直接的关系，还有："世事从来错经意，一生几误转船头。"（卷十一《安居濒江小蓝留三小诗》其一）这些诗歌都饱含了李新对人生世事的理性思考。

既然人生短暂，那人生应当如何度过呢？李新在《题月山亭》中写道：

山如偃月江如玦，我歌骊驹与公别。出门大路礲砥平，何得却言新径捷。新径无人可问迷，荆棘勾衣马蹄折。急行先到决不疑，大路知公笑人拙。巾车和銮长中节，缓绥脂毂循安辙。此身逸乐无疏虞，五里少休十里歇。一迟一速勿复论，只将大路指儿孙。

这是一首赠别友人的诗，但诗歌主要阐述诗人的人生体悟。"新径无人可问迷"，又满是荆棘；"大路知公笑人拙"，但是可以"五里少休十里歇"。新径虽短，但恐怕未必先到；大路虽长，恐怕未必就迟到。通过 "新径" 与"大路"的对比，作者表明自己选择大路的立场和理由。诗中的"大路"其实是一种守拙归诚的人生道路的象征。诗歌以象征和比喻的手法，表现出独特的哲思，把享受人生作为实现人生意义的途径。

（二）亲情、友情诗

李新诗极少表现重大的历史、政治题材，而是转向平凡生活，转向自己的内心世界，寻求一种贴近生活、贴近人情的表现空间，体现出重要的日常交际功能。他在诗歌中抒写对家人、朋友真挚的情谊。也时常表现出一种深刻的痛苦之感。如《卢舍那僧舍留别》之二：

> 筠尖侧侧度朝晖，别泪潸潸渍客衣。儿女殷勤怜我老，登山临水送将归。

这是一首留别亲友的诗。前两句写将要离别的自己，用白描的手法点明离别场景——"筠尖侧侧度朝晖"，竹梢在早晨的太阳光下影子慢慢变化，时间在慢慢流逝，这从侧面反映出了诗人的不舍，因此，诗人忍不住"别泪潸潸"，以至于客衣尽湿。三、四句转向送别之人——他的儿女们，他们对年老的父亲放心不下，登山临水送了一程又一程。看似极平常的一次离别，却牵动着诗人与亲人的心绪，表现出别情的沉重和他们之间难舍的亲情。

李新有一些家书性质的亲情诗，如《寄舍弟》《贻家弟》等，诗人在诗中吐露自己对弟弟的关切与思念，倾诉自己只身在外的苦楚与烦恼，言语间较少忌讳，感情真挚。《岁尽行县归宁示时雨》是李新写给儿子李时雨的一首劝诫诗：

> 五府辟书如啮铁，八关炙手能令热。山梅何苦要先春，清艳更多终欠叶。贵游结欢过美酒，不问贤愚皆可口。秕糠簸扬在米前，鸡口差池落牛后。乃翁活计真么，欲挂冠缨犹未果。一岁山行今解火，百巧百穷无似我。

李新早及进士第，又有刘泾推荐给苏轼，步入官场后，他希望有一番作为，积极上书言事建言献策，但事与愿违，接下来他遭受的是一系列的打击。诗人以亲身经历劝诫儿子千万不要像自己一样"百巧百穷"，诗中运用梅花、秕糠、鸡口等意象作比喻，向儿子说明隐藏锋芒、远祸自保的道理，句句是肺腑之言，字字包含着对儿子的关切，也道出了诗人自己满腹的辛酸。

李新的送别诗中也不乏清新开朗、充满乐观气息的作品。如其《送刘金部》其三：

> 七里亭中酒满樽，野梅疏淡月黄昏。可怜白屋西南士，占得

青春雨露恩。千载誓言飞将种，一生归报蓁龙孙。年来佩剑人相
笑，宁立孤风昼掩门。

诗写得慷慨激昂。首联依然是典型的送别场景，驿亭中置酒饯别。颔联说友人此去是蒙受皇恩，表达诗人对友人的祝贺、激励。颈联则是鼓励友人像飞将军李广那样回报皇恩、建立千载功勋。尾联以一个随时佩剑准备上阵杀敌的形象，委婉地赞颂刘金部英勇忠义的品格。

李新还常常以幽默的语言善意地戏谑友人。如《送茶徐秀才》之二：

食荠已甘予口，送荼聊苦君肠。见说舐砧无分，借令辗釜
何妨。

荠菜和荼菜都是野菜，荼菜味微苦。诗人说"送荼聊苦君肠"，送给徐秀才荼菜，是要让徐秀才的肠子吃到苦味，而自己已经把味道甘甜的荠菜吃了，已有戏谑意味。而接下来的假设和建议则极尽戏谑调侃之能事。"舐砧"就是舔砧板，"辗釜"就是用勺子刮锅底。意思是说如果错过了舔砧板，不妨拿起勺子刮锅底。诗中塑造出一个饿到极点的友人的形象，给友人提出的建议也显得滑稽可笑，调侃之余，也不难发现诗人对徐秀才善意的鼓励和劝慰。

（三）赠答诗

李新的交游唱和诗更多的是向友人表现自己对身世命运、理想志趣的感怀，在诗中描摹世路的艰辛、抒发壮志难酬的苦闷之情，这些情感的抒发常常能引起与自己一样经历过挫折的诗友的共鸣，拉近与朋友间的距离。如其《和李卿新轩》：

宦情鲁酒薄，自意能久醒。穷年太常斋，那得有凤醒。将身
侣记室，碧鹨趋华楹。误倒名卿艇，目光如许青。中台独称妙，
九棘旧飞英。徊翔舜岩廊，饱见重瞳明。苦营便蕃归，尚顾昔管
宁。人言犹龙孙，去就一羽轻。新轩事隐几，大胜安期生。绿筱
静娟娟，徙倚惊流莺。翠荷乱田田，小盎摇清泠。欲留妫召节，

趣起料繁缨。

李新在诗中大发宦情浇薄、怀才不遇之叹。

李新酬唱赠答诗也常表现与朋友日常交游的一些生活细节或是相处的情形,甚至是写一些极琐碎的事情:有时是与友人相约赏花游玩,有时是送菜、送水果、送衣服给友人,有时是与友人探讨新诗等,在题材上有所开拓。如《简任安中》:

> 边公春梦昼悠扬,借有新嘲不汝妨。杖屦未经桃李树,棹歌空忆水云乡。子规啼去花应好,燕子归来日渐长。稍学渊明惜名酒,扫除斋阁待君尝。

诗人郑重其事地准备好美酒、打扫干净屋子焦急地等待任安中来一同探讨新诗,积极的准备表明他对朋友的欢迎和他迫不及待的心情。特别是其中"不汝妨"三个字说明了李新与任安中亲密融洽的关系,因为他不在乎自己新诗的不足之处被友人看到。诗人热切地盼友人到来、焦急地等待,他时刻关注着周围的动静,希望能在第一时间知道友人已经到了,甚至觉得时间也变得漫长了。最后诗人还拿出珍藏的好酒等待友人共饮,可见诗人对这位朋友的珍视。

(四)羁旅行役诗

李新早年怀着出将入相的热忱进入官场,可惜好景不长,卷入党争旋涡,被罢免官职,贬谪边区,长期沉沦州县,有志难舒。长期漂泊异乡的经历使得李新诗在表现身世飘零之感方面十分具有感染力。他的诗歌总是蕴含着浓郁的愁情,特别是每逢中秋、重阳这样的节日,诗人的思乡之愁就更加浓烈。独在异乡,身处萧寺、孤馆、孤舟之中,或偶遇他乡故知之时,诗人的笔端就会流露出浓郁的羁旅愁情。如《晚宿江涨桥》:

> 鸟径青山外,人家苦竹边。江城悬夜镖,鱼市散空船。岸静涵秋月,林昏宿水烟。又寻僧榻卧,夜冷欲无眠。

诗人在江涨桥下暂宿，看到的是鸟径、青山、人家、苦竹，江城寒夜，江边唯余空船，江林昏暗，秋月孤寂，诗人孤零零一人借宿于僧舍。通过江景的凄迷渺茫和人群散去后江涨桥的空旷，表达了诗人被遗落的渺小、孤独、飘零之感。诗人身在异乡无时无刻不在思念故乡，《醉乡》一诗写诗人醉后梦回故乡，然而梦毕竟虚幻，回到现实的诗人更加惆怅失落。《中秋夜宿穆棱关》蕴含着深情缱绻的思乡之情和浓郁深沉的漂泊之感，表现出月圆人不圆的惆怅和背井离乡的伤感。

李新诗歌在反映行旅的艰辛时，也融入了一种感伤情调。年老多病的诗人亲历旅途的艰难跋涉，一路风尘。试看其《过长滩》：

> 尾札泥涂贱此笛，手提鸡肋恋虚名。芦花伴我头俱白，山色迎秋意转清。沙软马留金袭印，雁归滩列水犀兵。尚能趁得黄花酒，听取东篱笑语声。

诗人描写了一次艰难的旅程，表现出浓郁的羁旅之愁。诗中写出了过长滩的艰辛：沙软难行，诗人又年老体衰，还要牵着马，芦苇丛遮挡住视线，可以想见诗人深一脚浅一脚艰难前行的样子。诗人过滩极其费力，泥沙涂满衣衫，芦苇没过身子，一缕蓬乱的白发飘散在白色的芦花中无法分辨。诗人早就狼狈不堪，艰难的旅途如何不令诗人发愁呢？这种劳顿奔波的人生体验，将思乡之情和漂泊之感联系在了一起。诗人拖着疲惫的病躯艰难行旅，自觉孤独感伤。再如《中秋夜宿穆陵关》：

> 羁旅情怀不自禁，清霜歧路马骎骎。一年明月最圆夜，千里故人常别心。幸有酒沽除是醉，更无人赏又如阴。寒蛩似识风骚意，伴我凄凄到晓吟。

首句便点明羁旅愁怀，心中苦不自禁，秋天早晨寒冷霜重，在这合家团圆的日子里，自己却身处异地，漫漫长夜除了饮酒打发时间别无他法。深秋的蟋蟀似乎了解诗人的孤独，一声一声陪伴着诗人到天亮。

经历了宦海沉浮之后，诗人希望与亲人团聚，结束这种奔忙。于是思乡怀远，以至于"引睡恁君一樽酒，欲将归梦过鳌峰"（卷六《冯秀才宅晚饮》）。身心疲惫的诗人更想过一种恬淡自适的生活，把退隐江湖归耕田园作为人生的归宿。其《锦江思》：

  独咏沧浪古岸边，牵风柳带绿凝烟。得鱼且斫金丝鲙，醉折桃花倚钓船。

诗中句句都含有归老江湖之意。虽然归隐的理想最终未能实现，依旧身处忧患之中，但诗人也能坦然接受现实，在人生失意之时也不忘以平淡自适的心境看待万事万物，保持一种超然豁达的态度。

（五）写景抒怀诗

在李新笔下，萧寺孤馆、亭台楼阁、宦途中所见的茂林修竹、山川河湖，都会勾起他的孤寂之感、羁旅之愁，也融入了他对于人生的深沉思索。如绝句《题赖盘法云院》之二：

  石壁冷磨闲日月，松棂平觉远山川。便将小纽双龟印，试换禅床一觉眠。

石壁、磨从质感上给人一种冷的感觉，它们在岁月中兀自立于某处，孤独而凄清。从院中的松窗望去，山川邈远。法云院显得独立无依，更何况诗人只是一个身处院中的过客。诗人借这样的景色传达出自己内心的孤独之感。这里没有世俗的繁华，却有一份静谧清幽，远离尘嚣的宁静，也正是这种宁静让身心疲倦的诗人得到片刻的休息。再如《秋日登楼》之二：

  洗遍山光暮雨收，落霞孤鹜点清秋。蜀天地暖知无雁，不怕愁声稳上楼。

一二句描写的登楼所见：暮雨初歇，山光空明澄澈，落霞孤鹜，秋意甚浓。三四句写登楼前的心理，诗人之所以能放心地登楼，是因为他知道此处见不到从温暖的蜀地飞来的大雁，也就不会因听到雁鸣而触发乡愁了。诗人的自我宽慰，却恰恰反映出其内心一触即发的乡愁。

李新曾通判茂州，此处在当时极荒僻。其《又出差还茂州》描写边州生活，特色鲜明：

> 深入不毛何所负，不妨老子解痴顽。九峰自积十年雪，八国犹遗六诏蛮。楸带绿垂蚯蚓直，苔衣翠滴鹧鸪斑。山前人事如麻麦，却忆孤城日日闲。

诗人将茂州称为"不毛"，可见其荒凉。茂州之山山势高峻，山上终年积雪，眼中看到的植物只有楸树、苔藓。诗歌生动地表现出了当时茂州的偏僻和环境的恶劣，也表现出诗人为官边地的失落感。李新还有不少诗如《九支池》《羌俗》等，多表现边州风光与边民风俗，描写边州景色的荒凉。

李新还善于体察细物，发现生活之趣。他长期任职于地方，作为一个下层地方官吏，有机会接触到广阔的农村生活天地。他的田园诗，视角与陶渊明、王维、孟浩然等传统田园诗人不同，完全是从普通农人的视角落笔，使人感觉真实可感而绝不空泛，对后来的范成大、杨万里等人有导夫先路的作用。如《铜鼓道中所见诗》：

> 麦秋场圃面颜光，蚕月丝车茧水黄。豆饭饷田薅鼓住，田塍收水妇翁忙。明沙粲粲流泉慢，绿竹猗猗苦笋香。趋日不黔形自黑，剩收斗粉傅何郎。

诗中展现出一派忙碌的丰收景象。人们忙着收割秋麦、缫丝、饷田、收水，在火热的太阳下晒黑了面庞。诗人看到了农人丰收的喜悦和辛勤的汗水，"一派忙碌丰收的景象，如果没有农村生活的亲身体验，是难以置喙的"①。李新笔下的田园景色、村居生活多显得安宁祥和，乡民多淳朴而乐观。如《宿青城板桥寺》"村落萧萧烟雨收，鹑衣寒竖挽归牛"一联，写出了远处村落在烟雨初歇后的迷蒙景象，描绘出了穿着破旧衣衫的农人牵着

---

① 祝尚书. 宋代巴蜀文学通论[M]. 成都：巴蜀书社，2005：196.

牛晚归的图景，画面宁静而祥和，独具美感。《过汾郊归蜀》："摩笄绿玉笋抽芽，卷地兜罗柳放花。蛱蝶团空飞锦绣，葡萄上架走龙蛇。河源曲曲无千仞，土室层层有几家，脱得身归银汉近，云津却拟问仙槎。"此诗描述了自汾郊归家途中所见，诗人仅仅是一个过客，但他却迅速地抓住了汾地民居的特色。绿笋、兜罗、柳树、蛱蝶、葡萄架，简单的几个物象组合在一起，不但散发出夏日的清凉气息，也勾勒出了一幅独特的北方村居图。

（六）体物言志诗

李新的咏物诗歌多吟咏松、梅、竹、菊等象征高洁品格和坚贞节操的植物。如其《冬》中"北风多雪霜，严冬无劲草。独有青青松，岁寒能自保"四句，赞扬青松凌寒不凋的品质。竹是"君子""高士""贤才"的象征，历来是文人墨客吟咏的对象，李新咏竹诗很多，其受知于苏轼，就是以口占《墨竹》诗起。还有其《洗竹十八韵》：

> 谁仿王郎子，庭前种修竹。清阴生晓云，远意近幽谷。岁久太昏翳，客来为湔沐。掠地芟蒙茸，挥空除朴樕。碧筱恶微琐，孤根赏幽独。惟防高节伤，不厌冗材秃。露枝借蝉附，风干贻凤宿。筠消蝼蚁惊，影浅虬蚋哭。减裁终瘦骨，潇洒自空腹。初劳拣择手，终入穷淡目。月浪细摇金，秋声寒戛玉。差肩存挺直，乱眼憎拳曲。洞然大夫心，卓尔高士躅。春风雨零红，林木霜换绿。长久此君操，正可起颓俗。山阴牛羊侵，渭滨斤斧辱。持君易金钱，伐尽犹不足。是中主人贤，不作薪藁束。

作者从竹的生长环境、情态、形貌、声响等各个方面展现竹的特点，以竹喻人，赞美竹的各种"君子"品性。竹成了"贤才"的象征，诗中处处强调其象征意义。竹本身为高士所种，生长地清幽绝俗，自然地与高士联系起来。"碧筱恶微琐，孤根赏幽独"，以萧疏的竹枝和"孤根"象征孤高自赏、遗世独立的个性。"惟防高节伤，不厌冗材秃"，象征着君子高士爱护名节不妥协的品质。"高节"一词一语双关，以竹节比喻"高士"的名节。"露枝借蝉附,风干贻凤宿",蝉非清露不饮,凤非梧桐不栖,蝉和凤是高洁品行的象征,蝉栖凤宿,再次衬托了竹的高洁品质。竹主干形貌的挺直,也象征了君子正直的品格。诗歌结尾写到竹遭受"牛羊侵、斤斧辱"的厄运,也喻示了贤才高士在现实中遭受打压和摧残的不幸命运。

　　李新的咏物之作常常自出心裁,不沿袭前人旧论。如菊因其凌霜不败的高洁姿态,在前人的咏物诗中,多作为一种隐逸的形象,而李新《桃花菊》一诗所咏的是桃花菊的清香烂漫的形态,并由菊花香虽飘远而总有源头引出诗人的思归之主旨。李新一些咏牡丹、梨花、莲花、葡萄、荞麦等的诗也极具特点,如其《分葡萄遗苏必强》吟咏葡萄晶莹剔透的色泽和美好的形态,表现出诗人对葡萄的喜爱之情。《催李祖甲赏莲会》描写莲叶、莲花随风摇曳,荷叶上的露珠晶莹美丽和滴落时的晶莹剔透之状,荷池环境的清新怡人,带给读者一种清新脱俗的审美享受。《荞麦》一诗描写了荞麦春播秋收、开花结果并被加工成佳肴送上餐桌的全过程,表现了荞麦色香味俱佳的特点。

　　李新还继承了楚辞香草美人的传统,通过咏物来表达某种政治讽喻。比如诗人常常以浓雾、阴云遮蔽阳光等比喻某种黑暗力量蒙蔽了圣聪,而以"长风""葵藿"等象征忠臣义士和正义力量。如《打剥牡丹》一诗中"昔人立朝恶党盛,改群杂莠何可知"一联,以同一株牡丹中的花朵花芽有肥瘦优劣之分,需要将那些不良的部分剔除来作类比,暗示君王必须在党派复杂的朝廷上分清贤臣和小人。再如其《晓雾行》"山川蒸空气充塞,宇宙冥冥昼昏黑。九州四海安在哉,出门寸步迷南北"四句,描写了遮空蔽日的晨雾令万里无光,诗人不甘宇宙昏沉,挥刀断雾却挥之不去、断之不开。这里的浓雾象征着顽固的黑暗势力,所以诗人说:"我欲奋袂挥霜刀,恨身无翼愁天高。茫然一身不可断,力微援寡诚徒劳。"诗人在这股黑暗势力之前孤立无援、势单力薄,他希望长风扫开浓雾,重见青天:"安得长风生海边,扫阴氛秽开青天。"长风象征着一种正义力量,它可以使"葵藿倾心知所向,共看白日当空悬"。晓雾暗喻着蒙蔽圣聪的奸佞小人,而"葵藿"则是对自己的忠心的表达。李新的这一类诗,多用象征、隐喻,用意深远,托物言志，讽喻主旨十分鲜明。

（七）咏史怀古诗

李新咏史怀古诗，有明显的宋调特征，常常逞才使气，以才学为根底，以理趣为本色，呈现出议论化的倾向。在描写某一史事时，诗人通常并不对历史人物、历史事件本身做过多的评论和分析，而是抓住某一个方面发表自己的见解。他既关注人物的命运，具有鲜明的主体意识；也关注历史细节，立意新颖，出语常发人深省。如其《赵壹读书台》：

> 台上看书千载客，故基青草白芊绵。那由府橼平平起，除到柴车特特贤。土俗更无堪计吏，古风空解惜囊钱。五行俱下何人见，独有高名伴汉川。

由赵壹生前读书之地的荒芜表现出他身后的冷落，进而引发出诗人对人生意义的思考。李新并不因见读书台的荒凉而悲哀，他随即想到赵壹虽然在历史长河中生命已经消亡，但他的贤名是不会被磨灭的，千古同然。诗人从中找到了一种生命实现永恒的密码。再如《前古美人图》：

> 璧月尘昏琼树秋，无从百媚一回眸。荼蘼香度梅妆冷，鹦鹉声低玉笛幽。唾背但能知祸水，逢春且莫上迷楼。归来安守无盐女，不宠无惊共白头。

此诗一改前人将亡国的责任推卸给红颜祸水、将矛头指向女人的做法，诗人面对前代美人的画像，感喟历史上唐明皇因宠爱杨妃以至于荒废朝政、生发叛乱的史事，但并没有对谁做出批评。诗的颈联和尾联中诗人提出自己的看法是人君或者是普通人应当远离诱惑，注重自身的德行。他提醒人们，明知诱惑会带你走向深渊，就不应当继续靠近它，真正应该做的是守拙归诚摒弃浮华。这不完全是针对君王的劝谏，更是一种处世态度，从而使诗歌具有了一种普世的思想意义。

李新的咏史诗多借古人之际遇，伤己之情怀，体现出强烈的抒情意识，集述史与抒情于一体。如其《筹笔驿》一诗，叙述了诸葛亮一生的卓著功勋和非凡的气度以及最终功败垂成的史实，以悲伤的论调收束全篇。有时比照历史人物生前的风光和身后的冷落，传达出一种人生虚幻之感。其中"笔端隐语飞英略，潜拉秦原老鲵角。天心不肯续金刀，渭桥水急妖星落"四句，在感怀史事的同时，又将其与自身的际遇、命运、思想情感联系起来，由古转向今，由人转向己。其《飞将》一诗咏叹历史人物李广：

老翁望封竟无有，自是翁骨生来丑。猿臂悬知不入相，且有杀降聊借口。翁今远孙骨虽瘦，不解射雕能饮酒。自汉至今太寂寥，何得遥遥纪华胄。尚方侯印只方寸，岂有铸金大于斗。为翁力取置肘间，令翁千岁无恨颜。

虽是咏历史人物，却将大量笔墨转向对自我状况的描写和主观情感的抒发，将自己与先祖李广相比，同情李广空怀将才而封侯无望，寂寥以终，而诗人自己因上《万言书》而被贬，后半生一直郁郁不得志，也遭受到了李广一样的挫折与冷遇。此诗不但是为李广鸣不平，也寄寓了自己宦途失意的抑郁之情。但李新并未因此而消沉下去，在表达愤慨之情的同时，他表示，自己要"为翁力取置肘间，令翁千岁无恨颜"，想象要替李广取得尚方侯印，足见诗人之志向之远大。

李新的咏史诗也常常借谈古论今来探究世事兴衰之理。这类诗既有深重的历史感，又体现着某种深刻的现实意义。诗人在臧否历史人物、议论政治得失中表现自己对现实的认识。如《项羽庙》一诗中，诗人认为项羽未能建立起王霸之业是因为他缺乏远见卓识，过分注重表面风光，感叹"空使秦人笑沐猴，锦衣东去更何求。可怜了了重瞳子，不见山河红雍州"，论述了项羽一心想衣锦还乡，导致坐失良机，讽刺项羽此举华而不实，只顾表面风光。诗中对项羽的空负壮志有惋惜之意，但更多的是对其迂腐顽固、贪慕虚荣的批评与讽刺。再如《读五代史》：

瓜割沟分几战场，坎蛙穴蚁自侯王。铁枪妄谓千人敌，溺器犹须七宝妆。诸国岂能臣癞子，九龙那得贮归郎。堪悲五十年来事，荼毒蒸民倍感伤。

诗中描述了五代时诸侯割据称雄天下大乱的局面，并由此展开议论，写得跌宕起伏，表达出冷峻的历史思考，语气强烈。句中的用典使得诗歌具有了深刻的反讽意味，特别尾联以"堪悲五十年来事，荼毒蒸民倍感伤"作结，表现了诗人对五代十国那段荼毒蒸民的混乱的历史的悲哀之情。然而诗人真正感到悲哀的不是五代的历史，反观当时的北宋，妥协退让的外交政策、频繁的战争、繁重的徭役、统治者的荒淫无度……这首诗的影射意义是不言而喻的。

二、李新诗的艺术特征

李新诗不但题材内容丰富，而且古风、乐府、律、绝诸体兼擅，诗风古朴平实、婉转流畅而又清新健朗，在艺术上有自己的特色。总体看来，李新常常以才学为诗，善于锤炼字句，也善于吸收前代诗人的成果，在诗中用典使事，化用前人诗句。同时，受时代风气影响，李新的诗歌也呈现议论化的倾向。

（一）气格开朗

四库馆臣称李新诗"气格开朗"，李新一些抒发怀抱的诗歌写得苍凉悲慨，跌宕起伏，表现出一种奋发昂扬的理想精神，颇类唐音。如他在《冬夜有感》中感慨："本是壮夫志，几成儿女曹。平生重恩义，聊为寄风骚。"表达了自己坚持人格理想的壮怀。作为蜀地文人，李新对李白诗歌艺术手法有很多借鉴，也喜欢大胆运用比喻、夸张等手法，使诗歌自具磅礴之气。如其乐府诗《将进酒》：

> 君不见青青河畔草，秋死严霜春满道。又不见天边日，薄暮入虞泉，晓来复更出。匆匆年光不相待，桑海由来有迁改。人生荏苒百年间，世上谁能驻光彩。秦皇汉武希长生，区区烟雾求蓬瀛。骊山茂陵皆蔓草，悠悠千载空含情。荣枯自有主，富贵不可

求。正值百花飞似雪，如何不饮令心忧。

李新这首诗，与李白《将进酒》一样，都是写豪饮高歌，借酒消愁，抒发了忧愤深广的人生感慨。诗中交织着失望与自信、悲愤与抗争的情怀，全诗情感饱满。与李白诗比，有相似的地方，他们都是表面上看穿了名利，骨子里却依然放不下多年念念不忘的功业，正因想表现自己看穿了，所以才说"钟鼓馔玉不足贵""只有饮者留其名"，才说"骊山茂陵皆蔓草""悠悠千载空含情"；也正因放不下，才会想起陈留王，才会念叨"荣枯自有主，富贵不可求"，才会去借酒浇愁。只是李新诗少了些太白潇洒出尘的狂傲与豪放，多了些沉僚下层的世故与悲酸。这是李新不及太白处，也是宋诗格调不如唐诗处。

在写景时，李新也常运用类似李白的奇特想象和大胆夸张。如其《梦游仙》：

飘飘夜半身凌云，梦与群仙游玉京。龙虎腾骧争引导，侍童罗络甘逢迎。绛幡羽扇前驱列，宝盖华旗助旌节。钧天九奏毕笙竽，飙驭数行响环玦。初朝太一何所为，次历紫微心自知。青虬吐烟满琼殿，白鹤起舞临丹墀。更过十洲寻旧友，旋返瑶池燕王母。文章已作人间游，功业却从天上走。朝霞乍吸心耳清，沆瀣忽餐肌骨莹。九门不掩阊阖静，玉女下诏驰名姓。始惊造作玉楼记，白马诗囊空委地。又疑本是谪仙人，锦绶纱巾初涴尘。凤箫一声轻哽咽，雾卷云收天水彻。葛洪伯乔两无知，送下九霄不言别。时人学仙不得仙，未能白日升青天。无心却向梦中见，千万人中何处传。

诗中所写的梦游天宫的经历和梦中所见之景都充满奇特的想象，龙虎开道引路、侍童络绎往来、旌旗羽扇环绕着华丽的天宫銮舆……将天宫的奢华、热闹与神奇表现得淋漓尽致，但诗歌末尾却道出一切都只是虚幻。与李白的《梦游天姥吟留别》相比，在语言风格和结构安排上都颇为相似。

李新写景诗也常因奇特想象和大胆夸张而显得气象壮阔。如《甲子春赴太学过华山赋仙掌峰》：

> 一掌巍然占碧巅，分明高举欲擎天。升沉尽待招携力，指点都归造化权。好与清霄扶日月，莫留寒嶂弄云烟。不知千古兴亡事，屈指而今是几年。

以"巍然""擎天"写出了仙掌峰高耸入云的雄壮气势，并由眼前的仙掌峰联想到大自然造就沧海桑田的变化的巨大能力，表现出诗人勇敢无畏地追求理想的精神，诗歌气象宏大，充满壮志豪情。

在李新的一些乐府诗中，也常常能看到李白的影子。如《醉中歌》：

> 骆夫子，逢恶客，酒食未阑客呼索。烛花销铄不肯起，口纵长歌手弹拍。一年所得能几许，一日散尽何所惜。囊无千黄金，亦无双白璧。负郭二顷田，敛税三四石。十九种秋谷，以助糟丘癖。家酿意次道，狗窦招光逸。何物骆夫子，乃尔太旷生。始知张翰一杯酒，愈於身后名。骆夫子，听歌声，为君留好语，伴月照江城。

诗中的"恶客"这一形象塑造得十分生动鲜明，他与骆夫子对饮至深夜，烛花燃尽了还不肯离席，口中还高唱"功名富贵能几许，一日散尽何所惜"，其鄙弃富贵的狂傲和追求生命自由的形象跃然纸上。诗人以昔时狂放旷达的西晋文学家张翰自比，进一步显出一种狂傲姿态。这首诗语言流畅，饱含激情。从诗歌狂恣的语气、"恶客"鄙弃世俗奔放自适的情怀上，都能看到李白《将进酒》的影响。

（二）善于锤炼字句

李新十分注意炼字锻句，努力追求诗歌语言的凝练。他曾在《书梁山杨氏亭壁》一诗中表达过他炼字炼句的体会："心肝呕出无空处，一宿相酬不废诗。"字斟句酌、挑灯夜战、呕出心肝，其作诗之苦吟可见一斑。他在一首未题名的诗序中还写了自己炼字的具体事例："甲辰正月二十三日夕壬申,梦坐一江楼上,见雪月辉映,汀洲高下,澄流金碧,林野疏迥,景物清华,绝非人间世所有,因赋数诗,既觉,止记一首。""风卷寒云雪压船,楼台隐约隔明烟。黄庭掩映桃红篆,静看双鹅一水天。"又在诗下自注:"楼下有一道士云:'水一天。'予云:'不如一水天。'"据李新所记,诗为梦中所作,其注文还交代了梦中作诗时与一道士推敲诗句的情形,这正说明了诗人平常作诗时喜字斟句酌。就其整首诗的诗意来看,李新想要描绘的是所见到的雪月江天浑茫辽远又互相辉映的景象。"水一天"表现出江水漫天,但在视觉上又彼此分明,"一水天"将表示数字的"一"放在"水""天"之前,"一"字词性动词化,更能体现水天相接而又浑融一体的浩茫之象。

在具体的创作实践上,李新也注重炼字炼句。如其《宝岩寺》"秋云浮古树,山石削长城"一联,动词"浮"和"削"用得都极妙。"浮"字十分生动形象地表现了秋日暮云在空中轻盈飘动的情形,"削"字极大地增强了诗歌的画面感,使整个画面给人孤寂萧索、遗世独立之感。又如《从辟泸南道中晓征三首》中"山衔落月金盘缺,马踏青霜玉佩寒"一联,上句一"衔"字写出一轮西沉的晓月刚好夹在两山之间,好像被衔着,生动地表现出了清晨落月的清寒之感;下句一"寒"字既是说玉佩,又是指清晨的寒凉、月落日出前的寒冷,加上玉佩给人心理感受上的冰凉,都通过一个"寒"字表现得淋漓尽致。在清霜时节的清晨,诗人不说自己寒冷,而说"玉佩寒",传达出的是内心无尽的寒意。"玉佩寒"三个字,足见其炼字炼句的造诣。再如《登牛溪岭》首句"岷峨润眼常可人",一个"润"字就十分生动地表现出了岷峨山色的青翠润朗,山仿佛被柔化了,令人感到分外的舒心和亲切。再如《苦寒歌》:

> 北风吹窗琴自动,拥炉不觉毡裘重。孤城日落星斗稀,一寸清霜压寒梦。河冰岭雪随高深,山鸡啄土鹤在林。西楼歌舞隔珠幄,独有春风人不觉。

其中"一枕清霜压寒梦"一句,祝尚书评曰:"这是何等佳句!"又评该诗"而'西楼歌舞'舞起来的'春风',又令人感到'苦寒'中的不公平。这些诗，置之唐人集中，怕也未必多让"[1]。李新诗中，这样的佳句还有一些，如《蓬溪道中所见》中"山馆花繁蜂蜜重，溪桥雨润燕泥香"一联，通过"重""香"两字的提炼，传神地将雨后山馆繁花盛开、芳香四溢、蜂蝶成群的景象写活了。再如《湖上招故人》诗中"柳影依窗过，荷香拂枕浮"一联，其中"过"和"浮"字不但把本没有生气的柳影给写活了，也把无形的荷香给写实了，在虚虚实实之间，给人无尽的联想。再如其《折杨柳》：

> 东风来何时（一作迟），百花已飘零。独余堤上柳，惨淡含春荣。扁舟复何适，延客江上亭。顾无青玉案，何以送子行。攀条欲相赠，上有双流莺。流莺正求友，奈此别离情。[2]

此诗表现暮春时节的风物，百花凋谢，只有河堤上的柳树，郁郁葱葱。在这里，李新用了"惨淡"一词来形容柳树，把春光已逝的伤感一下就写出来了。而在这样惨淡的春光中，又要与好友江上作别，没有什么可以送友人的，只有伸手就可摘到的这枝杨柳。可惜的是连这枝杨柳也没摘成，因为此时，柳树上一对流莺正在鸣叫，流莺求友，自己不愿意打扰他们，不忍心他们也像自己一样面临别离。

（三）以才学为诗

宋人"以才学为诗"，喜用典，李新也未能免俗。如《筹笔驿》：

> 恶潮翻海真龙泣，未央庭露秋蓬湿。崧云无意招不来，旌旗日月随山入。茅屋主人长卧揖，盛气虬髯横槊立。汉陵白骨生春光，半夜平怀听呼吸。笔端隐语飞英略，潜拉秦原老鲫角。天心不肯续金刀，渭桥水急妖星落。

诗中多处用典，如"崧云"用齐高祖招隐士陶弘景而不得的典故，用这一隐逸的象征表明隐者高洁的志趣，这里用来赞颂诸葛亮遗世独立的高尚人

---

[1] 祝尚书.宋代巴蜀文学通论[M].成都：巴蜀书社，2005：195.
[2] 钱起.前贤小集拾遗[M]//纪昀等编.文渊阁四库全书.台北：台湾商务印书馆，1986.

格。"横槊"用曹操横槊赋诗的典故，比喻能文能武的豪迈英雄气概，这里取其乐极生悲的意思，对曹操进行讽刺。"天心不肯续金刀，渭桥水急妖星落"用诸葛亮魂飞五丈原的历史传说，寄寓了诗人对诸葛亮悲剧命运的同情和惋惜。如此频繁用典，展现了诗人才学的广博，但也正如钱锺书所说，有"使事多而驳"的缺陷。

李新用典常常不拘常格，用得很灵活。有时还借助比喻、借代、双关等途径，从典故的原意引申开去。如《乘兴可以访戴》"入门篝火拨新醅，相对此君殊不恶"一联，"此君"这一典故本义是以之作为竹的代称，李新在诗中将其引申为酒的意思。李新有时还会"断章取义"，有意将典故只作字面的理解，如《和李卿新轩》中"宦情鲁酒薄"一句，用了"鲁酒薄"的典故，这个典故本指无端蒙祸或莫名其妙地受到牵连，但李新只是取这三个字的字面意思，以鲁酒的味薄比喻仕宦人情之浇薄，只强调一个"薄"字。

受到黄庭坚的影响，李新也常常"夺胎换骨"，化用前人诗句。有时甚至就在原句基础上修改数字成诗，如《打剥牡丹》"寄根王谢自得地，燕子归来汝莫疑"一联，化用自刘禹锡的诗句"旧时王谢堂前燕，飞入寻常百姓家"，但李新反其意而用之，表明只要在王谢士族大家的地盘上寄根，燕子总是会飞来的，讽刺当时存在的只要拥有门第、出身，不论贤愚都能获得高官厚禄的社会现象。李新有时也会归纳前人诗句，将数句的句意重新进行整合，使之成为一句，如《秋日登楼》中"落霞孤鹜点清秋"一句，显然是化用了初唐诗人王勃名句"落霞与孤鹜齐飞，秋水共长天一色"，浓缩后显得洗练而又意蕴丰赡。《夜坐有感并简与讷教授》中"青灯微火照寒更，不信儒冠误此生"一联，化用杜甫诗句"纨绔不饿死，儒冠多误身"，李诗虽言"不信"，但诗中前一句"青灯微火照寒更"道出了诗人彻夜难眠，感叹自己身被儒冠所误的不幸命运，诗人换了一种说法，而意旨却与杜诗相一致。《游南水陆院》中"蜀国山河在，梁原草树深"一联，化用杜甫诗句"国破山河在，城春草木深"。

（四）以议论为诗

由于唐诗已经达到相当的高度，宋人选择另辟蹊径，以突破唐诗的束缚，再加上宋代文人有着较高的社会地位和较强的社会责任感，议论就成了宋诗突破唐诗藩篱的手段，也成了宋诗的重要特色。李新的诗歌多渗透着诗人对人生、社会、政治、历史的思考，诗人常常展开议论，表现出鲜明的主观情感和意向，凸现出强烈的主体意识。

李新诗常常通过议论表达自己的人生感悟，思考生命存在的价值和意义。如《古兴》之四：

> 谓言冥飞鸿，四郊绝纲罟。生命法朝菌，义骖莫停组。山中岂久留，迅反无自苦。

诗人以飞鸿在天空翱翔没有阻碍来比喻宇宙之大，又以"朝菌"比喻生命之短暂，进而提出自己的观点，即人生苦短，不应长留山中苦了自己。再如《有酒歌》："何必持身苦苦愁，但愿有酒长长醉。"诗中表达了及时行乐的生命观。人生聚散无常、命运难以把握的生命感受，醉成为诗人排遣愁闷的唯一方法。这虽然是一种人生价值虚无主义，也表现出诗人对人生、自然的思考。

李新还经常以诗来表现自己守拙归诚、避祸全身的处世之道。如前引《题月山亭》，诗中一直在讨论走大路还是走捷径的问题，将"大路"与"新径"进行对比，大路绕远较晚才能到达终点但十分稳妥，而新径虽便捷但易出差错，充满变数和危险。"大路"和"新径"都各有其象征意义，通过议论，诗人倾向于"大路"，诗人看重的是"此身逸乐无疏虞"，这是一种在社会生活中苟且求全的处世方式。李新以一个生活中浅显的例子，通过议论来说明复杂的人生哲理，充满理趣。李新曾因言招祸，他的人生观转向保守或许也由于此。明哲保身不仅是李新自己遵循的处世之道，他还以此来教育儿子："山梅何苦要先春，清艳更多终欠叶""秕糠簸扬在米前，鸡口差池落牛后"（《岁尽行县归示时雨》），诗人认为那些先露头、处处争先的人和物往往更容易遭受打击，会被抛弃或毁灭。从表达上来看，李新诗中的议论多大多委婉曲折、深沉隐晦，这与诗人身不由己，裹挟于酷烈的党争中，不得不委曲求全、处处小心、时时在意，有相当大的关系。

总的说来，李新诗歌不但数量可观，题材内容丰富，而且诸体兼擅，在形式上强调遣词造句，典型体现出了"以才学为诗、以议论为诗"的宋调特征，风格俊朗，"在《跨鳌集》十一卷诗中，如果说大多可诵，并不算夸张……不仅有佳句，而且饶佳篇"①。

---

① 祝尚书. 宋代巴蜀文学通论[M]. 成都：巴蜀书社，2005：195.

以儒为本 切直俊迈
——论李新散文的思想及艺术特征

  李新（1064—1138），字元应，号跨鳌居士，仙井监（今四川仁寿）人，是北宋后期蜀地较有名的一位作家。李新存世作品有《跨鳌集》三十卷，乃清四库馆臣从《永乐大典》中析出，称"集本五十卷，今散见《永乐大典》者，裒合编次，尚得三十卷"①。三十卷中，有文十九卷。另有八篇散存于《国朝二百家名贤文粹》《五百家播芳大全文粹》中②。李新散文，四库馆臣称："故其所上书，词极切直……其文序记诸篇，忽排忽散，虽似不合格，而他作亦多俊迈可诵。在北宋末年，可以称一作者。"③钱锺书则云："其文笔力尚健，而欲求精丽，因于散体中堆垛之词类词赋，排比之调类经义，对偶之句类四六，拉杂诘屈，殊为格律气机之累。"④两条评价有很多相似的地方，钱锺书认为李新文"健"，四库馆臣称"切直""俊迈"；钱锺书认为"于散体中堆垛"，《提要》称"忽排忽散"。虽然表述不一样，但双

---

① 李新. 跨鳌集[M]//纪昀等编. 文渊阁四库全书. 台北：台湾商务印书馆，1986.
② 曾枣庄等《全宋文》在《跨鳌集》外补辑《霍光论》《汲黯论》《招星阁记》《跋颜鲁公书后》四篇；《谢盐提举荐举启》《生日设醮亭午青词》《请普老住太平疏》《请正老住广孝疏》四篇仍未收入《全宋文》。
③ 纪昀. 四库全书总目提要[M]. 石家庄：河北人民出版社，2000：4024.
④ 钱锺书. 钱钟书手稿集：容安馆札记[M]. 北京：商务印书馆，2003：607.

方的评论实际都点出了李新散文刚健雄浑的特点和喜欢在散文中掺入骈语的弊病。李新散文数量众多，政论、简、启、书、札、序、跋乃至碑记、诔、墓志等，众体皆备。从中不但可以了解李新不同时期的思想变化，也可以深入探究四库馆臣和钱锺书提到的风格特征。

一、从李新散文看李新的思想变化

李新的人生经历，大致可以以崇宁二年（1103）被羁置遂州为界分为两个阶段。早期怀揣出将入相的梦想，积极参与政治；后期小心翼翼，通过卑微的干谒，虽获得再度出仕的机会，但已然没有早期的雄心壮志。李新出生于三世业儒的家庭，家庭环境对李新影响很大，其早期热衷功名，有浓重的纵横心态及对建功立业的渴望，兼具儒家、纵横家的精神气质；而在后期，他久滞下僚，又受党争影响被罢官，再度启用后也一直流落边地，郁郁不得志，为抒发内心的苦闷，李新也以佛教、道家思想作为减压的方式，其思想有一定的复杂性，但终其一生，儒家思想都是其主导思想。

（一）儒家思想与纵横心态

李新散文以政论文居多，在一定程度上体现出李新对政治的热衷。李新"平居以贾生自许"，"走半天下，南经江淮，往来陕雒之郊"①，这样的抱负和游历，成为李新表现自己建功立业的壮志豪情的推动力。李新在进入太学后，积极干谒，希望"日造俚语以求售于世俗"（卷二十二《上孙运使书》），这种意图在其散文中有直接的表现。刘泾将他引荐给苏轼，他也因口占《墨竹》诗受到苏轼的赏识。

李新自知自己出身低微，不通权贵，但儒家的经世致用的思想已经深深地影响了他，再加上受到当时文豪苏轼的赏识，这让他更加积极地表现自己，并希望能在政治上有一番作为。李新写了很多抨击政治垢弊的札子

---

① 见李新《跨鳌集》卷二十一《与张君实书》。

以及政论文。元符三年，在南郑县丞任上的李新给哲宗皇帝写了《上皇帝万言书》，提出并逐条论述了当时国家政治上存在的"权纲不在人主，责任不及宰相，朋党之风炽，台谏之职轻，士不素养而用，师不素虑而出，土木之役兴，财利之臣进，西南亡备以虞仓卒之变，内外相蒙而有衰微之渐"等十条弊病。以前两条为例，李新认为，当时宰相专权骄纵，随意欺压百姓，违背了做臣子的本分，而这样尧属下击的后果便是人民揭竿而起，这是每一个统治者都不愿看到的。这种观点是儒家民本思想的体现。李新认为皇帝也要对人民负责，他必须亲贤远小，施行仁政。一方面皇帝要从宰相等大臣那里收回权纲，总揽朝政；另一方面皇帝应当勤政爱民，亲贤臣远小人。君主还必须以有力的措施与手腕改变衰颓的国运和弊政。这十条建议，每条都有很强的针对性。总的说来，李新政论文章言辞犀利，深刻地表现出他对当时社会时政的关心及敏感的洞察力。虽然李新因此得罪朝廷，以至被羁值遂州，但这篇文章却成为李新表达政治理想的代表作，充分表现了李新的忠君思想。后来，李新在绍兴八年（1138）被宋高宗朝追授承议郎时，高宗还感慨："一言之善，无远不褒。尔当元符之间，陈备防之策。不顾时讳，力排巨奸。端亮有闻，久而益著。朕独不得与此人同时哉！"①这是对李新不畏权贵的诤臣风范的高度赞扬。

　　李新因长期在地方任职，有大量关于地方管理问题的奏议文，涉及各个方面，这足以证明李新对地方事务和黎民百姓的关心，也说明了他对文章载道功能的重视。如其《乞戒饬郡守劝农不以其时札子》：

　　　　臣窃闻陛下孟春之月亲屈玉趾，行幸南郊，躬耕籍田，以先天下。行一墢三推之礼，举百年之坠典，示万世之礼容。穜稑之种，出自深宫，鸾辂之音，乃光原野，父老动色，中外欢呼。夫以一人之尊，而俯为大农之事，则劝农之官，其将何以顺承圣意？又闻昔者郡守春秋行县，观风俗，课农桑，而暴吏乘时，风俗未尝观，农桑未尝课，千骑五马，重扰属邑，饬厨传，载宾客，携

---

① 李弥逊. 筠溪集：卷五[M]//纪昀等编. 文渊阁四库全书. 台北：台湾商务印书馆，1986.

> 妓效东山之游,游山寺如潘孟阳之作。所以先朝废罢郡守行县,正为此也。今虽带劝农之名,而无劝农之实。臣欲乞知州每春行县劝农,量带人从,所至不得再宿,及取索供帐,令人除道,约束戒严,厉色悚动,辄受馈送。从人丐乞钱物,其赃先坐知州,不许以失觉察原免。则劝农之官知所畏,农知所劝,岁约有年,此富庶之本原也。

文章指出当地郡守打着"劝农"旗号,滋扰百姓,"虽带劝农之名,而无劝农之实"。文中将官员恶劣的行径如实记录下来,他们"千骑五马,重扰属邑,饬厨传,载宾客",声势浩大地携妓出行,不顾官声,随意到百姓家吃喝,还勒索百姓钱财。这些描写极具画面感。在这篇文章中,李新犀利地揭示了地方官员"劝农"的实质就是"压农",他认为"劝农"的政策没有落到实处,还让有些官员趁机,搅扰百姓务农,根本没有促进生产。所以李新在文中建议严惩那些装腔作势、敲诈勒索的"劝农者",让"知州每春行县劝农",而且只能"量带人从,所至不得再宿,及取索供帐,令人除道,约束戒严",如果有"从人丐乞钱物"的情况,那就"其赃先坐知州,不许以失觉察原免",这样,"劝农之官知所畏,农知所劝",这才是劝农富民的根本。文章中体现出浓重的"民本"思想,是李新儒家思想的重要表现。

李新政论文章多是他在地方任职时所写,对当时的地方弊病极有针对性。其《进潼川府修城图状》记录了潼川府(今四川三台)修城的经过及重要的防御作用;《上扬提举》陈述方田制的利弊;《与家中孺提举论优恤户绝书》提及宋代对待绝户的优抚制度,是现代研究宋代绝户管理制度的宝贵资料;《上漕使书》论及盐税、漕运税收的弊病;《言科举书》逐条陈诉了当时的地方科考舞弊之处,指出了宋代温卷之风盛行的弊病;《乞禁州县学滥进之弊》描述了州学、县学的入学混乱情况以及入学不公正的歪风邪气。这类文章大多都讲如何解决州县地方出现的某些问题,对研究北宋地方政治,颇具史料价值。

《乞诏州郡置架阁军器库札子》是李新针对西南边陲防护的一篇政论文

章,文中不仅指出了边陲地区落后的军备情况,还提出了防患于未然的改革方案。李新认为"天下承平日久,州郡军器因循不修治",再加上"蜀地卑湿,天多沉阴",兵器易坏,这样不但"枉费官物",还会导致"缓急警严,殊无犀利可用之器"。这是李新针对西南边陲防护散漫的恳切进言。其实,李新早在《上皇帝万言书》中就提到了"西南亡备以虞仓卒之变"的建议。而文中提到西南边防疏忽的问题,在他后来写的《更生阁记》中也得到了应验。政和七年(1117),"静涂诸羌叛,火折博市,杀居民千,掠妇数百,屠汶山聚落殆尽,羌媪竞掠财货,辇负而归",当时守城的杜掌手下戍兵百余人、土丁三百余人,并且已得知"贼纵饮,至漏泽园昭惠祠,朋醉莫能兴",守城士兵纷纷主动请缨,但杜掌却不许他们出战,后来朝廷从成都派兵四千余名,与"羌贼六百迎战",结果却是"王师皆陷,凡偏裨将十一人不战而死,无一骑一卒逃者"。兵败之时,主将丘永寿"犹卧营中,不知师败。比闻报,乃行至故州基,导以胡部乐,谓之奏凯而还,士皆窃笑"。而另一位将领张永铎"居帐中,股栗不能言"。在这次平叛的过程中,北宋投入兵力 4400 余名,而叛乱诸人仅 600 余名,"其胜兵者才七八十人耳",却如此惨败,以至造成"凡费国用四百万缗,两蜀由是困矣"的后果。更让李新惋惜的是,后来孙羲叟带兵平叛后,并没有一鼓作气打垮对方,反而是"即受旺烈等降,反慰安之。奏诸朝,赐守领官月给茶彩"。从北宋军队在平定这些叛乱中的表现,的确能看出军队的孱弱和对地方控制的无力,也让我们不得不感慨李新高度的政治敏锐度和前瞻性。李新在文中直击地方防备薄弱这一社会弊病,是其积极进取的政治思想的一种体现,也是他希望能在政治上有所作为的直接行动。

李新的论说文也有纵横家的雄辩之气,将其崇尚权谋的政治思想表露无遗。《钟会论》一文以钟会伐蜀这一历史事件为基础,阐述了统治者要善于用人的观点。李新认为:"盖会之为人,有俊迈之机,有经营指顾之略,而其诡谲变诈,亦足以荧惑愚众,倾败国家而险危夫人。"钟会这样的人,就像乌头、堇蝎一类的毒药一样,用得好了可以治"濒死危殆"者,用得不好就无异于杀人。而文王(司马昭)能用人不疑,"委之以西略,付之以十万之众"，是"知其足以任之而度其足以制之也"。等到后来钟会有异志，铲除邓艾，起兵反叛，忽然接到司马昭写给他的信，这信"以出其不意，而会亦震惧失其本谋"。李新的结论是司马昭用钟会很像之前汉高祖之用韩信，"非会不足以定蜀，而非文王有不足以用会"。这样的观点和《上皇帝万言书》中对待朝中朋党之争的建议是一脉相承的，在李新的政治主张中统治者或统帅就应当"举杀伐之威，诸暴讨奸"，而臣子应当为安守本分，为国主建言献策。《孙武论》用孙武练兵的事例证明了"有为之君必资乎有为之臣"的论点：

> 观其斩二队长之事，窃以谓非直严号令，申约束而已。嗟乎！无故而斩二妇人，此岂足以显将军之勇乎？武之心，其必有说也。盖武始以兵法见，固知阖庐可共功名也。然武之意，岂不以有为之君，不患其无志，而患物有以昏其志耶？……今夫妖艳之嬖，自非上智，鲜能不惑。阖庐勇而无断，非刚者也。观其速入郢，久留而不决归，推此考之，则其天资勇而无断，固可知也。勇则不虑后，不断则牵制于所役。盖有是者，易为敌之所乘，此武所以洞见吴王之为人而斩二姬于进见之初也。如曰不然，复敢以汉高祖、晋重耳之事明之。高帝起亭长，朝夕思奋以取天下；重耳以亡公子流落于四方，其心固未尝一日忘晋也。然则所谓忧伤感慨之事备尝之矣。然方高祖之入咸阳，则遂无出舍之意；当重耳在齐，乃曰人生安乐，孰知其他。以樊哙、赵衰之徒，皆平生握手之旧，其诚之相通，又非孙武比也。而苦言切谏，犹且不从，文公至以戈击咎犯，然则武于立谈一见之间，使其不假试兵之术以诛之，而徒事口舌之争，得乎？吾未见其有济也。

孙武练兵斩吴王爱妃的故事广为流传，古人都把它当作孙武治军严谨、军法严明的例证。但李新认为这不只是"严号令，申约束而已"，还是孙武向勇而无断的吴王阖闾进谏，为其铲除身边"妖艳之嬖"的一种高明手段。他以樊哙谏高祖、赵衰谏重耳为例证，证明了与阖庐关系不深的孙武如果用常规方式进谏将无法被接受。最后,他感叹道:"呜呼!君侧之小人,其为祸亦女子之比也。"高呼:"如欲为圣天子扫除小人之恶者,吾愿以孙武试兵之术告之。"对于曾经因为进谏而遭受贬谪的李新来说,这样的史论,恐怕也是别有深意的,是指向当时北宋恶劣的政治环境的。

北宋后期,内部时局动荡,外部又面临外族欺压。在《武侯论》一文中,李新一反前人对诸葛亮有功于蜀、辅佐刘备成就帝业的观点,提出了"先主之用亮,此其所以不可图天下也"的论点。他先分析了当时情势:魏国强大,蜀国衰微。他认为,在这样的局势下,蜀国是不能正面与魏国抗衡的。但兵不厌诈,蜀国可以假意投诚在暗处积蓄力量,然后在时机成熟时一举反攻,这种假设如果实施成功或可以改变历史:

> 方是时,为之始谋者孔明而已。汉中、巴蜀,此高祖所以因而王天下也。足食、足兵于西南之隅,然后徐起而图之,则其谋固然矣。孰谓孔明而不善于守正者乎?惟先主之才高,故听其言而能用,惟先主之志大,故决行其言而不疑。然而不知屏弱之草,不依托于盘根高干之木,则不能伸其身,此古今之常理也。况先主孤奋于东汉之末,欲有为于天下,则曹、孙之势最可假以为托。惜乎亮之拙于用权,而不能借资于人也。亮虽知曹公挟天子以令诸侯,难与之争锋,乃欲结好于权以为援,而曾不知事吴不若事魏之为利也。亮之不知事魏之为利者,窃意其心徒以玄德汉室之胄,可区区慕汤武之名,以正征伐之由。而不知汤武之先世惟积德取信于天下,以无心得之,此术不可施于汉末离散之际也。惟孔明昧其名而失其实,此所以不能事魏也。惟先主听用其言,复不知审其是非,行之不疑,亦不能远观却顾于成败未然之际,此其虑短,机不足致然也。
>
> 然则事魏之策奈何?噫!岂不见孙仲谋之能臣魏背蜀而保其国乎?事魏之势,在仲谋可以谋国,在备可以取天下。仲谋之势在外,备之势在内,而亮卒不之悟也。然仲谋虽知所以事魏,而

不知资魏以事汉，至乃奉书称臣以媚于操。此所谓得其一而未得其二者也。方操胁帝以制下，先主以帝室之英，势有汉蜀，武侯曷不为先主谋，使尽夫尊事献帝之礼，仍通好于操，无暴其罪，伪推其勋，明告天下曰吾今与孟德戮力除凶以奉汉宗庙，操虽欲不吾从，不可得矣。吾屈身卑节以奉于操，正朔号令以禀于操，子女玉帛以归于操，使操欲绝我而不能，伐我而不可，汉天子将赖我以为固，操将若之何？于是修仁行义、休息衣食乎汉蜀之民，捐数十万金，奉口舌之士，以乘操猜忌多疑之间，疏隔其君臣之欢，且吾迹就内附则凡谋皆易行，假之数年，可以得志。是我外无犯汉之名，阴有谋魏之实，此为蜀之上计也。亮既不能出此矣，虽外结于权，又不能终事之，至于失荆州，蜀之形势不具。嗟乎！使先主曩事魏，则岂得有曹仁、于禁、吕蒙、陆逊之徒，腹背以困吾云长乎？

他认为诸葛亮只是一个辅臣，而不是一个谋臣，在刘备想要一统天下的时候，诸葛亮应为"拙于用权"，在明明知道难于跟挟天子以令诸侯的曹操争锋的情况下，选择与孙权联合抗曹，这是不明智的。还不如选择臣服于曹操，"无暴其罪，伪推其勋"，通告天下与曹操一起供奉汉室，让曹操受制于号令，不能攻打刘备，然后在蜀地休养生息，悄悄除掉曹操，这样就可以"外无犯汉之名，阴有谋魏之实"，然后就可以成功了。在文章的最后，李新感叹道："噫！安得谋臣如张良者，以佐先主之谋，而使亮优处萧何之任，庶乎当其才也。人才之难，创业守成之君念之哉。"文中"结魏以图存"的观点备受后人指责，四库馆臣认为："（李新）作《武侯论》，谓其当结魏以图存，所以阴解和金之辱也。无非趋附新局，以冀迁除。"[①]其实，李新只不过是对蜀国的政治谋略提出自己的建议，并不是为北宋"和金之辱"开脱罪责，影射宋代和金之事，更不能以此证明李新趋炎附势。但是，在以儒为尊的宋代，李新立论的大胆，也从一个侧面反映出了他鲜明的纵横

---

① 纪昀. 四库全书总目提要[M]. 石家庄：河北人民出版社，2000：4024.

气质。

（二）佛、道与隐逸思想

可惜的是，上书皇帝给李新带来的不是上达帝听后的一步登天，而是一连串的厄运。据《宋会要辑稿·职官六八·黜降官五》："崇宁元年九月十四日，诏开具元符三年臣僚章疏姓名。邪上尤甚：范柔中、邓考甫、封觉民、李新……"①也就是说，上书两年后，李新因言获罪，被列入上书言事的"邪上尤甚"等，出将入相的理想遭到毁灭性打击。崇宁二年（1103），李新被羁置遂州。此时的李新才明白，自己犹如"沙粒入苍溟，其相知无几耳"（卷二十三《上胡运使书》），但李新在刚被贬的时候，并没有陷入绝望，他还是积极奔走于权贵之间，不断干谒，或许是政治斗争使得文人对彼此之间的交往十分谨慎，李新一直被冷淡对待。于是，他开始为自己的遭际悲鸣。其《蛙赋》云：

> 逃虚西山兮，徜徉乎叔皮之方池。冥师濯原隰之光兮，少女静林樾之枝。偶万籁之初阒兮，问淫蛙之奚为。悲耶乐耶，曷汨汨而无时？鸣其类以为才耶，或其处之非宜；岂疾痛而呼天兮，抑怀忧而增悲。涨其腹以怒兮，腾眦目以俱裂。将引吭而效鼓吹兮，复隶官而隶私。居士曰："兴《考盘》之歌，赋《衡门》之诗，引《泽畔》之吟，咏《北门》之薇。士不得志，故嗟叹之。鸟鸣常山，孤雉朝飞；杜宇亡国，秋猿号儿。物不得平，哀也无期。

在赋中，李新塑造的蛙的形象，不同于历来文学中蛙的负面形象。它虽然聒噪，但却不以此感到惭愧，蛙鸣是在寂静之中为自己的才情得不到重视而发出的悲鸣，为四周没有自己同类，自己被周遭排挤发出的愤怒之音。这样不顾世俗眼光而坚持自我的蛙，这样因为不得志、不平而嗟叹、而悲鸣的蛙的形象，正是李新自己的象征。

李新虽然努力奔走却没有得到再次重用，不断的干谒让他尝尽人情冷

---

① 徐松. 宋会要辑稿[M]. 北京：中华书局，1957：3926.

暖，政治上的打压让他流落边远地区，仕途一片黯淡。得不到朝廷重视，中年丧子的打击，再加上长年在外奔波的羁旅生涯，李新渐渐有一种想要逃脱世事纷扰的欲望。李新后期作品中的人生感慨与他的仕宦经历有关，是他遭逢巨变的心声。与历代遭受挫折的文人相似，李新将宗教当成自己寻求内心安慰的一种精神武器，在困顿中展开了对佛、道思想的追求。如其《长江三圣禅寺记》：

> 且名山大川，凡胜处福地皆伽蓝雄据。金碧未就，风雨已侵，曲房洞户，窈窕绵羃，若蜂房蚁穴，淫坊酒肆，尽在其中，然我不禁汝所造。明窗净几，陈文列疏，支离穿凿，分条布科，不究妙义，虽致天雨花石点头然，我不听汝所说。打毒涂，鼓聚那，又群唤波旬王说外道法，毁禅破律，犯戒叛道，然我不议汝所行。具烁迦罗眼睛，呈通身般若，不立言语文字，直令见性，便是二十八祖、八十一师，验在目前，然我不问尔所见。辨公建此缘事，以何为功？但得方袍中人，蠢整衣屦，东庑西序，是个本分人，风雨有避就处，寒暑有温凉处，不必走王舍城乞食，得安稳快乐，有洗钵趺坐处。

在三圣禅寺的曲房洞户和寺前的滚滚江水中，李新追求的是那种"不必走王舍城乞食，得安稳快乐"的惬意和不问世事的满足感。从思想史的角度考索，宋代文人的人生理想基本都是在儒、道、佛三家思想的影响下形成的。既以儒家伦理纲常为人生信守，荣身以出仕，实现自我价值及理想；也在道家"淡泊无为"的观念中顺其自然，退避为安；还在佛家的"虚静空明"学说中觉悟生命，用智遂生。李新也兼有儒、道、佛三家思想，在仕途失意后，他开始从内心健全自我人格，去宁静的山水中寻找人生乐趣，并在文章中表现出了闲逸、清高的气质。其《卧云亭记》云：

> 老于其上，四时有花，夕有月旦，暮有杯酒，岭上有白云，簪花起舞，弄影月明中。醉则登亭，倒著接䍦，仆床以寝，日出

而方寐，旰而醒，醒而饮，饮而复醉，日以为常。云骎骎入户牖，挂屋壁，覆琴几杖屦，散漫图书笔砚间……夫云无心，处士亦无心，举天下之士，皆有心者也。终日见云，知其为无用，而不知其为无用之用，有如此者耶，今而后予将曷疑？歌以遗之曰：

> 幽人居真兮山之阴，愿言孔招兮山云深。闲庭除兮驯禽，垂湘筠兮幽沉沉。既觉兮复梦，酌樽酒兮鸣琴。欲美幽人兮，隔云无处寻。

亭上有四时之花，簪花起舞，弄影于月明中，日落则息，日出则醒，醒了就喝酒，边喝酒边弹琴，喝醉就卧于云巅，在时醉时醒之间终日饮酒赋诗，并以此自怡，一切皆出自于无心，再没有世事纷扰。这样的生活，与在污浊的官场钻营相比，是多么惬意，又多么洒脱。

相对说来，李新的序记文写得清新爽健，行文颇为流畅，的确如四库馆臣所说的"俊迈可诵"。《书清轩》记录的是李新闲适的一日生活，作为清轩主人，跨鳌居士李新在完成一天的工作后，回到家中，家中的景象却是"被除土灰……走伧老婢勃，崒问家事，新火相交，智识不停，陷在险宅"，繁忙的修桥工作和家中杂事都让人烦闷不已。而当步入清轩，却是一派安静祥和的氛围，"轩之内无俗书，书非俗文，其来无俗客，客无俗语，浪声潺潺，流管枕间"，这就是李新渴望的安定平和，这样的环境的确能给疲惫的心带来慰藉。整篇文章淡而有味，挥洒自如，充满了率真自然之美。

二、李新散文的艺术特点

如前引四库馆臣和钱锺书所言，李新散文既显得"俊迈可诵"，也在忽排忽散的表达中，显出"拉杂诘屈"之弊。李新散文深受当时古文运动和理学风气的影响，风格以沉着理性为主，以叙议结合的方式陈述事实，颇具哲理性。他早期的文章气势昂扬、富有朝气，后期则选择隐遁于佛、道思想中，具有疏朗中和的特点，主要表现在以下几点。

（一）结构严谨

李新《跨鳌集》中收录最多是政论文。李新家三世业儒，他深受家庭的影响，有严谨的作文态度。如其《进潼川府修城图状》《又进修城图节略状》两篇文章就记录了政和八年（1118）潼川府因年久荒废而重新修葺的事件，文章开头就交代了潼川府修城的主导官员、修城的起因、过程、规模等细节：

> 守臣未欲重行黜责，仰本路帅臣差官同本州当职官检计，责立近限修立，令转运司疾速应副财用。徽猷阁学士泸南安抚使臣庞某具画一闻奏：奉圣旨，特差臣卢某、臣蒲某充都大提举修筑，仍支公使钱一万贯，余并依奏札付庞某施行。臣等只奉圣训，实时至梓州会议，鸠工度材，下遂宁府等七州，划刷厢军，止及若干。寻于梓州十县，和雇人工若干。分城为十大料，每一大料分为七小料，丈尺不等，均定工数兴筑。共役三十五万二千三百九十六工，城周围长二千六百九十步，高二丈五尺。

如此复杂的过程，李新却记录得井井有条，清晰明了，足以见其思维缜密及严谨。李新于大观元年（1107年）遇赦，任梓州司法参军，恰巧见证了潼川府修筑城墙的经过。将此文与《潼川府修城记》参照，可知李新在追求文章醇正、结构严谨上花费的心力。既然是记潼川府修城，自然要将修城的前因后果详细地叙述出来。不同于政论文章的简要提及，李新在《潼川府修城记》一文中明确说明了此次修城的过程，如修城的工人是从梓州十县中抽取，修筑的城墙长一千三百四十五丈，高二丈五尺，而城墙的样式是按元丰法式修筑的。在文章的最后还提及林公、卢公等人指挥得当、勤政为民的行为，并为此次修城作传，颂扬了诸公之伟绩，描写了修城完结后的景象。此文是研究北宋潼川府建设的重要资料，也是能体现李新严谨为文的例证。这类文章还有《普州铁山福济庙记》，此文详细叙述了大观二年祭祀大典的过程；《九华禅寺记》一文中详细考证了寺庙的渊源，并对寺庙建筑环境、所藏经书做了记录。

李新善于用简洁、凝练的语言来记录事件发生过程,还推崇醇正雅致的思想、曲折出新的立意。《更生阁记》是李新对政和丁酉剿除茂州叛羌事件的记录,文章结构曲折,将叛乱事件描述得生动形象,犹如在人目前。

> 政和丁酉正月辛亥,静涂诸羌叛,火折博市,杀居民千,掠妇数百,屠汶山,聚落殆尽。羌媪竞掠财货,辇负而归。适民有春酿,贼纵饮,至漏泽园昭惠祠,酮醉莫能兴……时郡阙守,司户曹杜掌摄事,乳臭不知兵,民号求救争趋城闉,掌急阖扉,婴城以守。城中尚有戍兵百,土丁三千人,皆扣头愿袭战,掌不许,趣收城钥。土丁健者十辈,至夜请缒城而下。掌曰:"城禁严重,贼已醉,杀之不武。"士皆切齿,傥纵之往,如刈菅茅耳,儿曹不识机会,以吾民饵敌,曾不之恤也。

文章一开始就交代了茂州当时羌族"叛变"的情形,寥寥数语便将百姓凄惨的画面和兵火带来的不幸勾勒出来。接着,作者笔锋一转,将视角聚焦在官府一方。运用对比手法,把将领贪生怕死的怯弱之样与民兵们英勇无畏的姿态进行了强烈对比,而后详细记录了宋兵优柔寡断的用兵策略。宋兵连连惨败,三千兵力不敌对方几十人兵力。"大概静涂羌种类不满二百,其胜兵者才七八十人耳,掩捕殄灭,一巡尉之职。而帅司张鼓其事,至烦枢府发虎符兵,他路铨将,飞挽馈运,一方震骚,凡费国用四百万缗,两蜀由是困矣。"羌族"叛乱"经久不息的原因不仅仅为宋兵怯弱、军队贪污,还在于当时的民族政策:"贾宗范即受旺烈等降,反慰安之。奏诸朝,赐守领官月给茶彩。"对待气焰嚣张的叛乱部族还要给予官职和财物,这在李新看来是十分令人不解的。李新此文意在点明发生这一切的根本原因是这种和稀泥式的羁縻政策。《四库总目提要》也评论说:"所述宋兵怯弱之状,殆可笑噱。"[1]

---

[1] 纪昀. 四库全书总目提要[M]. 石家庄:河北人民出版社,2000:4024.

(二) 语言清丽

李新在进行散文创作时，有清晰的文体意识，他有意将不同文章的功能作区分：政论文章语言犀利得体，辩论有理有据；记事文章语言叙议结合，记录自己所思所想；而赋、记等抒情性文多用描述性语言，情溢于文，真切感人。总的说来，李新散文洒脱清俊，善于议论，语言清丽，简洁明朗。

李新一生漂泊，正值壮年却遭受贬官、丧子双重打击。《纾情赋》是李新经历丧子之痛后所写，字里行间无不透露出作为一名父亲痛失爱子的哀伤之情：

> 元应季年得子，字以奏雅，度曲已终而后奏雅。奏雅君整丽秀发，生八月而卒。衰宗坠户，不得闻《韶濩》之音，使奏雅君以殇夭。其母追念之极，自言非特碟肺膺，肠且溃矣。会元应冬十月行县，宿乐至池。夕梦奏雅，既觉，涕泗滂注，起呼烛，体《骚》以纾情。

李新以"奏雅"为儿子的字，可见李新对其的厚望以及喜爱之情，一旦失子，便如堕入黑暗，以至于梦中也痛哭流涕。旅途在外，李新更感自身孤苦伶仃，念起亡子，只觉周遭冷清异常。全篇文字缱绻，如泣如诉，将一丧子父亲的悲痛感刻画得十分具体形象。但李新并没有任由伤感泛滥，在梦中，李新所描述的亡子的形象平静温和甚至带有幸福感："梦遇亡子，为乐只且。其始见也，翩翩婉婉，负青阳之葳蕤。趋而即之，皓皓炯炯，莹素璧之晶辉。"一系列温润美好的字词构成的形象，将李新乞求亡子安息的内心表露无遗。情至深处，柔和内敛，隐而不发。相似风格的还有《书清轩》《樵对》《陈隐士碣铭》等文，都能体现出李新文语言清丽的特点。如其《书清轩》云：

> 居士之职，十九野次。治桥梁一日未归，则串腐贯，瞠视厮役，与之围坐。暮投清轩，极有愧色。被除土灰，友松阴竹光，收召爽观，以求复其清，而走伧老婢勃，莘问家事，新火相交，

> 智识不停，陷在险宅，为清轩主人得乎哉！轩之内无俗书，书非俗文，其来无俗客，客无俗语，浪声潺潺，流管枕间，听之毛寒，自然心开。后之游歌，安知不笑居士也哉！居士为清轩主人得乎哉。

文以描述为主，语句流畅，一气呵成，并无华丽辞藻，却能写出李新奔波一日之后休憩时卸下疲惫、回归平常生活的状态，而李新对恬静自然生活的追求，也跃然纸上。

（三）风格刚健

钱锺书称李新散文"笔力尚健"，先肯定了其散文"健"的特点。李新散文，特别是史论，确有刚健雄浑之特征。如其《唐治不过两汉论》先提出史臣们"以为唐治不能过两汉"的观点，接着从创业之难易、君臣之贤否、制治之得失、历数之长短四个方面对汉唐两代进行了比较，认为两代在这四方面"固相近也"，但如果将汉、唐与三代相比，则汉不如三代，唐则"与夏、商、周同风"，至此，李新鲜明地亮出了自己的观点："夫与三代同风，则其过两汉也明矣。"为了证明自己的观点，李新从国家治理、君臣关系、对外征战等角度对唐太宗与汉代"七制之主"进行了对比，比较唐太宗和汉高祖时称："高祖新造，区夏兵无完刃，士无坚气，伤痛未瘳，遽有平城之役，其不死而免者幸也。使陈平不运奇，阏氏不解围，索为泗上亭长不可得。殆非爱民重己之意，是可与言治耶？"一段中连用七个"是可与言治耶"，得出了汉之高祖、孝文、孝武、孝宣、光武、明帝、章帝七帝皆不及唐太宗的结论，而"唐治不能过两汉"的观点"不攻而遂破矣"。整篇文章一气呵成，散句中偶用骈语，行文流畅，用语峻整，论证严谨，气势恢宏，有西汉散文的刚健之美。其《孙武论》，先驳斥了孙武"无故而斩二妇人"只为彰显自己勇武的观点，再以张良谏刘邦、咎犯谏重耳事与孙武杀爱姬谏吴王相类比，认为孙武在尚未得到吴王信任的情况下，如果一味劝谏，只是徒事口舌之争，正因为其"临机适变"、杀吴王爱姬，才为其赢得吴王重用，坚定了吴王称雄诸侯的意志，文章结尾，李新言在此而意在彼，称"如欲为圣天子扫除小人之恶者，吾愿以孙武试兵之术告之"。

文章生动表现了孙武有谋有识、机智过人的特点,铺张扬厉,气势纵横,体现了李新散文善辩的特点,极类《战国策》。李新的一些叙事、写景、记人的抒情散文,也有雄浑刚健的特征。如其《引素轩记》:

> 日出而临,朝氛四开,波光万顷,筸橹未摇,断绛缛已有解意,舟中之忧,耿然犹在。午漏乍交,墙阴初转,荒芜嘉墅,隐隐落眉睫间。浪华激而顽鳢舞,蛟风起而孤鸟没,惊滩鸣碛,自有嘉致。至若残照半竿,向晦而夕,渔火百星,方易曲移,湾以济之,人俯首掉臂而不顾,重峰青嶂,咫尺遗恨耳。

文中写一日四时之江景,从早晨朝阳下的波光万顷,到午时雨中的惊涛拍岸,到傍晚的残照半竿,再到夜晚的万点渔火,一路写来,雍容不迫,画面壮阔,意境高远,气势宏大,有汪洋雄浑之感。

(四)拉杂诘屈

但也正如钱锺书指出的那样,李新散文也存在"拉杂诘屈"的弊病。其"拉杂"的具体表现是"于散体中堆垛之词类词赋,排比之调类经义,对偶之句类四六"。这种"欲求精丽"而在文中讲究辞藻和铺陈的习惯,应该说是北宋后期作家的一大弊病,而非独李新而然。李新散文喜用赋体作结,尤以其记序诸篇为甚,如其《普州铁山福济庙记》先用散体记录了他大观三年作普州司法参军、参与修建福济庙的过程,最后"伐鼓兮隆隆,风雨时兮岁丰。刲羊羔羔兮,旨酒清洁,相与答神兮,继日以月"这样的赋体作结;《卧云亭记》用散体描写南山喻公的隐居生活,末段却是"幽人居真兮山之阴,愿言孔招兮山云深。闲庭除兮驯禽,垂湘箔兮幽沉沉。既觉兮复梦,酌樽酒兮鸣琴"这样的赋体语。李新也喜欢在文中大量使用排比,前举《唐治不过两汉论》连用七句排比,确能给人气势恢宏之感,但有时使用过滥,为了修辞而修辞,就有些喧宾夺主的味道,如其《上许运使书》本是干谒之文,在自己"得罪流落,闲居八年",又再度出仕之际,希望对方能对自己有所提携。文中先用了一大段文字,用排比手法讲述了自己少年时学书、学画、学医、学音皆无所成的经历，最后再羞羞答答地表示自己已有"自新之志""欲涤肠于清，无有滓秽"后重新为官，虽然很符合干谒文章含蓄的特征，但一味夸耀自己之多才不仅惹人厌烦，也模糊了文章的主旨。钱先生摘录此文时，也特别指出："录此以见元应之多能，亦可征其文体之俳也。"①受西汉散文的影响，李新散文讲究辞藻的华丽，喜用骈散结合的对偶句式，但有时过于追求句法结构，反而走向整饬呆板，如其《九华禅寺记》描写陵州风光："群山逶迤，卧龙蹲彪，右揖左朝，前列如几，石矗矗若堉。行至水穷，坐观云起，兹古人植锡处。用意不凡，自眉往，举武九千，涉大江。自陵往，凡两舍。间蹊若丝，猨愁鸟悲，高者去天一握，下者及地九泉。"全段以四字句为主，间以三字、六字句，的确极类"骈四俪六、锦心绣口"的四六文。李新散文的"诘屈"，主要表现在好用僻典、奇句。如其《上赵龙图书》开头即点明时间"岁在大渊献，某摄梓司寇"，用大渊献代亥年，除了借指年代，再无别的意思，不如直接说"元祐丁亥"来得直接；再如其《谢谢转运判官启》云"岂期跃冶之不祥，遂失寿陵之故步。多言贾傅，自取间疏；挑战李陵，竟成囚虏。狂图至此，薄命奈何？丹阙春风，未信淄川之对；山城夜月，来观梅尉之碑。"先用燕国寿陵邯郸学步、贾谊、李陵之典，再用"丹阙"以指朝廷，以梅福指代自己县丞的身份，短短两句话，用典如此密集，让人不堪卒读。这或许跟李新依附于苏轼门下，受黄庭坚等人奇崛文风影响，固守"陈言务去""词必已出"之教，有很大关系。

---

① 钱锺书. 钱锺书手稿集：容安馆札记[M]. 北京：商务印书馆，2003：608.

杨天惠生平考

杨天惠，字祐甫，号回光居士，逝后冯澥私谥西州文伯，郪县（今四川三台）人，约生于1053年，卒于1123年。自幼机敏好学，熟读韩愈、欧阳修文集。元丰年间进士，曾任邛州学官、双流县丞、彭山县丞、双流县令、彰明县令。与华阳郑少微、隆州李新齐名，号称三俊。宋崇宁三年（1104年）七月，因上书言事被列入"元祐朋党"而被免职，后闲居郪县而终。一生著作颇丰，《宋史·艺文志》载有《杨天惠集》六十卷，《三国人物论》三卷，可惜大多都已散佚。杨天惠一直担任地方官吏，与同为宋代的"三苏"、张商英、魏了翁等蜀地文人相比，文名并不显著，因此《宋史》无传，其他史籍中关于杨天惠生平的记载也不多。近代以来，有傅增湘、郭成圩、肖定沛等学者对其进行考证，但所得不多，且对其姓名、字号、籍贯、出生地、生卒年、举进士时间等的考证都存在谬误和相互矛盾之处。

一、姓名与字号

杨天惠其名，自宋迄今，并无异议，惟肖定沛《文学家与科学家杨天惠》称"亦名杨集"①,说杨天惠又名杨集,其出处当是《成都文类》收录的杨天惠《正法院常住田记》一文中有"顾语东蜀杨集大书之"一语(嘉靖刊本、四库本皆作"集"),而此处之"集"根据文意当为"某"之形讹,其下文即有"某书已""某重为信子乐之"等语,在杨天惠的文章中,自称杨某是很常见的,如其《都大茶马司新建签厅架阁记》称"时彰明县令杨某"《张忠定公祠堂记》称"东蜀杨某",肖先生没有细阅读,因此出现这样的低级错误。

杨天惠的字,《郡斋读书志》《舆地纪胜》《安岳集》《文献通考》《蜀中广记》俱作"祐甫";《五百家播芳大全文粹·姓氏》作"佑甫",卷十六、二六、二七作"祐甫";《宋诗纪事》《全宋文》作"祐父";《宋代蜀文辑存》《全宋诗》作"佑父";肖定沛《文学家与科学家杨天惠》称"佑文"。在这些文献中,《安岳集·原序》乃宋代简州(今四川简阳)刘光祖嘉定十二年(1219)所作,其中转述了冯澥为杨天惠作墓志铭中的一段文字,称杨天惠字为"祐甫",刘光祖与杨天惠同为四川人,去杨天惠不远,应更为可靠,且同为南宋人所作的《郡斋读书志》《舆地纪胜》《五百家播芳大全文粹》等皆作"祐甫",因此,杨天惠的字当为"祐甫"无疑。《宋诗纪事》等文献中"佑"皆为"祐"之形讹,"父"与"甫"是音近而讹,而"文"则是"父"之形讹。

杨天惠号,惟费著《氏族谱·杨氏》称其"自号回光居士"②,"回光"当源自佛教用语,自号"回光",与杨天惠笃信佛教的特点也相符。厉鹗《宋诗纪事》称"冯澥志其墓,号西州文伯"③(《宋代蜀文辑存·作者考》误录为"西川文伯"④),冯澥文集收录于周锐刊刻的《太师左丞两冯公文集》,但"至元末明代已成残本,澥集全失"⑤,冯澥《杨天惠墓志铭》未传世,

---

① 肖定沛.文学家与科学家杨天惠[EB/OL]. http://news.sohu.com/20041117/n223039878.shtml.
② 杨慎.全蜀艺文志[M]//纪昀等编.文渊阁四库全书.台北:台湾商务印书馆,1986.
③ 厉鹗.宋诗纪事[M].上海:上海古籍出版社,1981:717.
④ 傅增湘.宋代蜀文辑存[M].台北:新文丰出版社,1974.
⑤ 李清华.北宋蜀人冯山家世行年及《安岳集》版本考并补冯山佚诗[J].西华师范大学学报:哲学社会科学版,2014(6):42.

只在《安岳集·原序》中保留了部分文字。厉鹗生活在康乾时期，不知是否得见全文，但其称杨天惠"号西州文伯"，想来有一定依据，姑依之，"西州文伯"当为冯澥私谥。

二、籍 贯

杨天惠籍贯，诸文献无载，但其《华阳赵侯祠堂记》开头一句就说："吾里有仁焉。"①赵纯祐，名申锡，铜山人。据《元和郡县志》："铜山县，本郪县地。有铜山，汉文帝赐邓通蜀铜山铸钱，此盖其余峰也。历代采铸。贞观二十三年置监署官前，上元三年废监，调露元年因废监，置铜山县。"②则杨天惠与赵纯祐同里，是郪县（今四川三台）人。但史乘对杨天惠籍贯，一直有郪县、郫县两种说法，《舆地纪胜》卷一百五十四称"郪县人"③；《万姓统谱》《宋诗纪事》《全宋诗》称"郫县人"；《全宋文》称"梓潼（今四川梓潼）人"④；《蜀中广记》《四川通志》《明一统志》的记载则较为混乱，既说是"郪县人"，又说是"郫县人"；《蜀中广记》卷九十八还作了简单辨析："《通志》云：'天惠，郫县人，元丰进士，后入党籍。'按：《潼川志》有'杨天惠，字祐甫，登熙宁二年进士，授双流知县，多善政，文词得西京体，即著《彰明逸事》及《彭山十事记》者。'不知同是一人否，元丰、熙宁年号亦相连。"⑤其实，《通志》与《潼川志》提到的杨天惠，除出生地和中进士时间不同外，其余信息都是一致的，应该就是同一个人，那么，他究竟是哪里人呢？笔者认为，他应该是郪县人。在上述文献中，《舆地纪胜》的作者王象之是南宋人，以宋人言宋事，其说应较为可靠。另外，在

---

① 杨天惠. 华阳赵侯祠堂记[M]//袁说友等编, 赵晓兰整理. 成都文类. 北京：中华书局, 2011：677, 下引杨天惠作品，若无特别说明，皆本此书。
② 李吉甫. 元和郡县志[M]//纪昀等编. 文渊阁四库全书. 台北：台湾商务印书馆, 1986.
③ 王象之. 舆地纪胜[M]. 台北：文海出版社有限公司, 1971：1173
④ 曾枣庄等. 全宋文：第117册[M]. 上海：上海辞书出版社, 合肥：安徽教育出版社, 2006：300
⑤ 曹学佺. 蜀中广记[M]. 上海：上海古籍出版社, 1993：367

杨天惠《渊乐堂记》《张忠定公祠堂记》《正法院常住田记》《北溪院化僧龛记》等作品中，他都自称"东蜀杨天惠"或"东蜀杨某"，《蜀中广记》《唐诗纪事》以及王琦《李太白集注》等文献提到杨天惠时也称"东蜀杨天惠"。按：《舆地纪胜》论及潼川府沿革时说："肃宗时分蜀为东西川，而梓州为东川节度治所。"①而据《宋史》，宋时郫县属成都府，属剑南西川节度；郪县属潼川府，属剑南东川节度②。杨天惠自称"东蜀"，则其是郪县人无疑也。另外，《国朝二百家名贤文萃》收杨天惠《潼川府学记》一文中有"曩熙宁中，吾宗太常公寔敦教事于此，某方佩觿侍先生"③一语，也就是说，熙宁年间，杨天惠尚在潼川府求学，这是杨天惠系三台人的又一有力证据。

杨天惠既系郪县人，何以《万姓统谱》《宋诗纪事》等文献又会误认为他是郫县人呢？其实费著《氏族谱·杨氏》说得很清楚："杨氏自潼川徙郫……盈川（唐杨炯）十一世孙天惠始家于郫。"④也就是说，杨氏一门是从三台迁往郫县的，而迁到郫县的第一人就是杨天惠。此事在杨天惠作品中也有提及，其《莫侯画像记》云："崇宁三年七月，某以事免铁官，无所归。"时江西莫侯治郫，"吾闻莫侯长者，吾将寄孥焉。"因为杨天惠晚年寄居郫县，所以《万姓统谱》《宋诗纪事》等便把他误会为郫县人了，这也导致了《蜀中广记》《四川通志》《明一统志》等文献记载的混乱。至于《全宋文》称"梓潼人"，则是把宋代潼川府误认为今之梓潼，犯了一个致命的错误。

三、生卒年与举进士时间

杨天惠生卒年，郭成圩《杨天惠与〈附子记〉》推测为"公元1048—1122年或至迟1125年"，但其推论是建立在杨天惠熙宁二年（1069）中进士，

---

① 王象之. 舆地纪胜[M]. 台北：文海出版社有限公司，1971：768
② 脱脱. 宋史[M]. 北京：中华书局，1977. 2216—2205
③ 佚名. 国朝二百家名贤文萃[M]//续修四库全书. 上海：上海古籍出版社，2002.
④ 费著. 氏族谱 [M]//纪昀等编. 文渊阁四库全书. 台北：台湾商务印书馆，1986.

中进士年龄与苏轼同（21岁）且杨天惠"很讲究勤、息、娱三者结合，笃信佛教"的基础上，推测他存活的时间为七十岁以上。①这种推论，主观性太强，不足为据。仔细搜罗，我们还是可以找到一些于杨天惠生卒年相关的材料的。

关于其生年，除了因其"文词有西汉之风，苏轼称许之"②，可大致推断其属于苏轼的后辈，应略晚于苏轼（生于1037年）外。据《蜀中广记》卷四十二记载："是时苏轼知贡举，得（郑）少徽与古郫杨天惠、隆州李新，皆以文名。时号为'三俊'。"③作为蜀人，"三俊"曾一起在元祐年间得到苏轼的提携，其年龄差距应该不大，又根据排名，杨天惠应长于李新而小于郑少微。李新生年，据考定应为1064年。郑少微生年暂无学者考证，但据《蜀中广记》引德阳旧志记载："少微政和中知县事"，而杨天惠《渊乐堂记》称其"五十余年，而后得寄禄第七品"，政和纪年自公元1111年至1118年，如果以55岁计，郑少微生年当在1046—1053年间。据此可推断，杨天惠生年应在1046—1062年间。另一条值得注意的资料是《安岳集序》，其称"公（冯澥）与杨公（杨天惠）皆太师公（冯澥父冯山）之所作成也。"又引冯澥《杨天惠墓志铭》云："自少皆承先训，以文学志义。"④也就是说，冯澥与杨天惠都曾师从冯山。据李清华考证，冯山通判梓州是熙宁六年（1073），此时冯山42岁，其子冯澥生年为1060年，其时13岁，冯澥与杨天惠当相识于此时，而此时杨天惠已在熙宁二年（1069）参加过朝廷的科举考试（下详），当年长于冯澥，据此可以推断，杨天惠生年当在1046—1060年间。当然，这个时段跨度还是太大。不过，在前引《潼川府学记》中还有一条资料："曩熙宁中，吾宗太常公寔敦教事于此，某方佩觿侍先生……以昔同门生小冯君相与识之。" 这条资料向我们透露了两个重要的信息：一是杨天惠曾在熙宁年间跟随"太常公寔敦"求学于潼川，其时"方佩觿"，

---

① 郭成圩. 杨天惠与《附子记》[J]. 卫生专业参考资料, 1980（4）: 29.
② 黄廷桂等. 四川通志[M]//纪昀等编. 文渊阁四库全书. 台北: 台湾商务印书馆, 1986.
③ 曹学佺. 蜀中广记[M]. 上海: 上海古籍出版社, 1993: 12
④ 冯山. 安岳集[M]//纪昀等编. 文渊阁四库全书. 台北: 台湾商务印书馆, 1986.

"佩觽"一词出自《诗·国风·芄兰》"芄兰之支，童子佩觽"一语，据方玉润《诗经原始》："觽，锥也，所以解结。成人之佩，非童子之饰也。"①也就是说，此时杨天惠刚刚成年，而古代男子一般以二十岁"及冠"为成年标志。二是杨天惠与"小冯君"（当指冯澥，应为与冯山区别，称其小冯君）是同学，一起认识寔敦先生。冯澥到三台的时间，如前所述，是在熙宁六年，据李清华考证，冯山离开梓州是熙宁九年，冯澥与杨天惠同学，当在这三年间，所以杨天惠所说的熙宁中应是熙宁六年（1073）至九年（1076）间，其时杨天惠刚满二十岁，因此，其生年当在1053—1056年间。再考虑到他曾于熙宁二年（1069）参加朝廷科举考试，参试时年龄不至太小，其生年以1053年最为合适，比冯澥长7岁，比李新长11岁，这与其"幼警敏"②的特征也是相符的。

关于杨天惠的卒年，刘光祖引冯澥《杨天惠墓志铭》："某与祐甫游，垂五十年……今祐甫卒，含悲茹愤，言发涕零。"③在这一段文字中，冯澥提到了一个非常关键的时间，二人交游近50年，从冯澥杨天惠相识的熙宁六年，推50年为宣和五年（1123），杨天惠当卒于此年，享年70岁左右。

杨天惠举进士时间，诸文献或云"熙宁二年"、或云"元丰间"。然三俊同受苏轼提携，其举进士时间当相距不远，且从冯澥《杨天惠墓志铭》中"相期既而，先后得科第"可知，与冯澥也相去不远。郑少微举进士为"元祐三年（1088）"④，李新为"元祐五年（1090）"⑤，冯澥为"元丰五年（1082）"⑥。如果杨天惠熙宁二年（1069）进士，与他们三人时间都相差太远，很难同时得到苏轼提携，与冯澥也无法说是"相期既而，先后得科第"。因此，《四川通志》《宋诗纪事》等记载的熙宁二年极有可能是杨天惠第一

---

① 方玉润.诗经原始[M].北京：中华书局，1986：183.
② 李贤等.明一统志[M]//纪昀等编.文渊阁四库全书.台北：台湾商务印书馆，1986.
③ 冯山.安岳集[M]//纪昀等编.文渊阁四库全书.台北：台湾商务印书馆，1986.
④ 黄廷桂等.四川通志[M]//纪昀等编.文渊阁四库全书.台北：台湾商务印书馆，1986.
⑤ 魏晓姝.李新诗歌研究[D].赣南师范学院，2013：8
⑥ 李清华.北宋蜀人冯山家世行年及《安岳集》版本考并补冯山佚诗[J].西华师范大学学报：哲学社会科学版，2014（6）：43

次参加朝廷科举考试的时间,未考取后又从寔敦先生及冯山学习,直到元丰时才举进士,进而任邛州学官、双流、彭山县丞,并在元符二年(1099)补彰明县令(《唐诗纪事》引杨天惠《彰明遗事》云:"元符二年春正月,天惠补令于此。"[1])。

另据其《王君礼诗集序》,杨天惠有弟名诚夫,元符年间在渠县担任县丞一类的职务,"余家弟诚夫,顷元符中,与成都王君同佐宕渠县"。又据费著《氏族谱·杨氏》,杨天惠有子伯詹,"伯詹游太学,十年不成,受世赏,四十二年以迪功郎,年劳升从政郎以卒"[2]。

---

[1] 计有功. 唐诗纪事[M]//纪昀等编. 文渊阁四库全书. 台北:台湾商务印书馆,1986.
[2] 费著. 氏族谱[M]//纪昀等编. 文渊阁四库全书. 台北:台湾商务印书馆,1986.

附：杨天惠生平资料汇编

1. 杨天惠，《三国人物论》三卷。（脱脱《宋史》卷二百三）

2.《杨天惠集》六十卷。（脱脱《宋史》卷二百三）

3. 崇宁元年九月十四日，诏开具元符三年臣僚章疏姓名。邪上尤甚：范柔中……邪上，梁宽……邪中，赵越……杨天惠，刘赏……（徐松《宋会要辑稿·职官六八·黜降官五》）

4. 杨天惠，郪县人，以文章节气知名。知彰明县。元符上书隶党籍。（王象之《舆地纪胜》卷一百五十四）

5. 杨天惠，郪县人，幼警敏，尝取韩愈、欧阳修文集纵观，作歌行十数篇，老师宿儒相传惊叹，元丰中进士。徽宗时上书言宫禁事，甚剀切，后入党籍。有文集行世。（李贤等《明一统志》卷六十七）

杨天惠，郪人，举进士，知双流县，文词有左氏西汉之风，苏轼见其古律，大称许之。（李贤等《明一统志》卷七十一）

6. 杨天惠，郪县人，幼警敏，尝取韩愈、欧阳修文集纵观，作歌行十数篇，举元丰进士。徽宗时上书言事，甚剀切，后入党籍，有文集行世。（黄廷桂等编雍正《四川通志》卷八）

7. 杨天惠，州（直隶潼川）人，熙宁二年举进士，知双流县，多著政绩，文词有西汉之风，苏轼称许之。（黄廷桂等编雍正《四川通志》卷九）

8. 杨天惠，郪县人。

杨恬、杨天惠，俱郪县人。（常明修、杨芳灿纂嘉庆《四川通志》卷三十三）

9.《国朝二百家名臣文粹》三百卷，右论著二十二门，策四门，书十门，碑记十二门，序六门，杂文八门，总目六分，门六十二。所谓二百家者，赵普、柳开……杨天惠……（晁公武《郡斋读书志》卷五下）

10.《三国人物论》三卷，右皇朝杨祐甫撰，蜀人。（晁公武《郡斋读书志》卷二下）

11.《三国人物论》三卷，晁氏曰："皇朝杨祐甫撰，蜀人。"（马端临《文

献通考》卷二百)

12. 杨天惠。天惠，字佑父，郫县人。元丰进士，摄邛州学官。徽宗朝上书言事，入党籍。卒，左丞冯澥志其墓，号西州文伯。(厉鹗《宋诗纪事》卷二十八)

13. (冯澥) 故于潼川先生杨祐甫之卒也，哭之恸，而铭之甚哀。公与杨公皆太师公之所作成也。其言曰："某与祐甫游，垂五十年。自少皆承先训，以文学志义相期。既而先后得科第。中年各欲以所学少见于世，而愚不适时，自取大戾。祐甫虽废，而安处乡里，然疾病窘困，不能出门户。而某流放楚粤江湖之远，追维终始，玄成叹笑。今祐甫卒，含悲茹愤，言发涕零。以吾二人平生契谊之私，他人所不得与，且所不能知者。祐甫晚与成都郑少(按：下疑有阙文)世。"今之锓木者，大泸周氏子锐也，可谓好事也。已其邑人景君佐仕于吾州，为周氏子请叙其篇端，以余粗知言云(四库本《安岳集·原序》载刘光祖嘉定十二年四月十四日《太师左丞合集序》)

14. 郑少微，华阳人，字明举，元祐中进士。是时苏轼知贡举，得少微，与古郫杨天惠、隆州李新号为"三隽"。(曹学佺《蜀中广记》卷四十二)

15.《三国人物论》三卷，东蜀杨天惠祐甫撰。(曹学佺《蜀中广记》卷九十二)

16.《杨天惠文集》六十卷。《通志》云："天惠，郫县人，元丰进士，后入党籍。"按：《潼川志》有"杨天惠，字祐甫，登熙宁二年进士，授双流知县。多善政，文词得西京体，即著《彰明逸事》及《彭山十事记》者。"不知同是一人否？元丰、熙宁年号亦相连。

东坡知贡举，黄鲁直与较艺，得明举，由是赫然。古郫杨天惠、三嵎李新，皆以文名，时人号为"三俊"。(曹学佺《蜀中广记》卷九十八)

17. 杨天惠，郫县人，幼警敏。尝取韩愈、欧阳修文集纵观，作歌行十数篇，老师宿儒相传警叹。元丰中进士。徽宗时上书言宫禁事，甚剀切。后入党籍，有文集行于世。(凌迪知《万姓统谱》卷四十一)

18. 杨天惠，字佑父，郫县人。元丰进士，摄邛州学官。徽宗朝上书言事，入党籍。卒，左丞冯澥志其墓，号西州文伯。《宋诗纪事》卷二十八。

（傅增湘《宋代蜀文辑存·作者考》）

19. 杨天惠，潼川人，后居于郫。熙宁三年庚戌进士。元符二年任。（何庆恩编同治《彰明县志》卷三十四）

杨天惠，元符二年知县事。以才名，有记撰《彰明逸事》。《通志》载入名宦。（何庆恩编同治《彰明县志》卷三十七）

20. 杨天惠，旧志"以才名世，记太白逸事甚详，祀名宦。"按，天惠，郫县人，幼警敏，尝取韩愈、欧阳修文集纵观，作歌行十数篇，举元丰进士。徽宗时上书言事，甚剀切，后入党籍。有文集行世。元符二年为彰明令。未尝任绵。旧志载入名宦，疑必误以杨宗惠为杨天惠耳。考费著《氏族谱》："宗惠，字敦夫。嘉祐八年进士，知绵西县长。"政绩无考。姑载于此，俟雅博者正之。（文棨、董贻清编同治《直隶绵州志》）

21. 熙宁三年庚戌科（进士）：杨天惠，潼川人，后居于郫。（常明修、杨芳灿纂嘉庆《四川通志》）

22. 庆历六年，杨天惠，同丙戌科（进士）。（林志茂编民国《三台县志》）

23. 杨天惠，元符二年知县事。以诗名，有记撰《彰邑逸事》。《通志》载入名宦。（邓存咏编道光《龙安府志》卷六）

24. 熙宁三年（进士），杨天惠，郫县。（阿麟编光绪《新修潼川府志》卷十五）

25. 杨天惠，字佑父，自号回光居士，郫县（今属四川）人。神宗元丰进士。曾知彰明县。哲宗元符年间应诏上书，后入崇宁党籍（《舆地纪胜》卷一五四）。徽宗政和二年（一一一二年）为权彭山县丞。（傅璇琮等《全宋诗》卷一〇九二）

26. 杨天惠，字佑父，自号回光居士，梓潼（今四川梓潼）人，徙郫县。幼警敏，登元丰进士第，以儒学称。摄邛州学官，元符二年补彰明县令。元符末应诏上书，入崇宁党籍。著有《三国人物论》三卷，文集六十卷。见所作《彰明逸事》，以及《宋会要辑稿》职官六八之三，《宋史·艺文志》二、七，费著《杨氏族谱》（《全蜀艺文志》卷五四）。（曾枣庄等《全宋文》卷二五三一）

27.《履斋先生下颁参附往体以谢》："有客号奚毒，西来自赤水。外负炎炎气，内存温粹美。当年杨天惠，夸大不绝齿。解后段氏子，即之殊可喜。却邪乃素心，调中古无比。世仰大医王，民瘼咨朝市。二子愿托身，赴汤任驱使。兴怜维摩老，遣前护衰毁。病魔亟退舍，怡然得安垒。缅想蓄牛溲，陋哉子韩子。既非瞑眩剂，厥疾无瘳理，一念卫生恩，百拜额加指。"（陈起《江湖小集》卷二十八《陈起芸居乙稿》）

28. 熙宁三年庚戌科叶祖洽榜。杨天惠，潼川人，后居于郫。（常明等编嘉庆《四川通志》卷百二十二选举）

重质重实,以古朴之笔写四川百态
——论杨天惠诗文创作

杨天惠,字祐甫,号回光居士,郪县(今四川三台)人,约生于1053年,约卒于1123年。逝后冯澥为其作墓志铭,谥西州文伯。杨天惠早年丧父,熙宁年间,与冯澥一起在梓州求学于太常公杨寔敦门下,也曾得到熙宁六年到梓州任职的冯山(冯澥父)指点。杨天惠元丰年间中进士,历任邛州学官、双流县丞、彭山县丞、双流县令、彰明县令等职,与华阳郑少微、隆州李新齐名,号称"三俊"。崇宁三年(1104)七月,因上书言事被列入"元祐朋党"而被免职,后闲居郪县而终。其晚年虽然依附郪县县令莫侯,也曾"董役通济江上"(杨天惠《渊乐堂记》),但生活境况不佳,以至于"疾病窘困,不能出门户"①。

据《明一统志》卷七十一:"杨天惠……文词有左氏西汉之风,苏轼见其古律,大称许之。"②杨天惠论文,强调"体裁质实""惷词强句",强调对唐以前文章传统的继承,要求"祖《骚》而宗《选》,旁出没于传记"③。

---

① 刘光祖. 太师左丞合集序[M]//纪昀等编. 文渊阁四库全书. 台北:台湾商务印书馆,1986.
② 李贤等. 明一统志[M]//纪昀等编. 文渊阁四库全书. 台北:台湾商务印书馆,1986.
③ 杨天惠. 王君礼诗文集序[M]//袁说友等编,赵晓兰整理. 成都文类. 北京:中华书局,2011:483.

从现存诗文来看，杨天惠《徙文湖州木石画壁记》《乐善郭先生诔》《长松长老显禅师语录序》《张忠定公祠堂记》等皆重质、重实，文笔古朴，不虚夸浮华，平实中见劲健，确有西汉政论文风，不让大家。其《次吕给事安昌岩避暑》《次韵庞茶使郫县塔》《多病简出偶成呈郫令张盘公大夫》诸诗虽都属和诗，但也写得古朴厚重，语言平实，不事藻饰，在朴素的语言中自寄怀抱，而非无病呻吟。但由于杨天惠一生没有进入统治阶级的高层，他的诗文中几乎没有关于国家兴亡的重大历史、政治相关内容，其题材大抵来自其亲身经历的日常生活，多写四川本土的政治、经济、农业、水利、教育、边防以及宗教等方面的内容，也包含了各种各样的人生感悟，思想内容丰富，有一定的史料价值和艺术价值。

一、地方政治

杨天惠长期在四川州县任职，因上书言事被罢职后更是长期寄居郫县，与他交往的都是一些四川地方官员。他的作品有的阐释了自己对于地方治理的独特理解，有的记录了当时地方官治蜀的政绩，为我们了解当时四川的政治状况提供了第一手资料。

杨天惠曾任邛州学官、双流县丞、彭山县丞、双流县令、彰明县令，有着丰富的地方工作经验，在其《双流县令题名记》里，他阐释了自己对县令职责的认识：

> 古今论贤令，咸曰西门豹之投巫妪，董宣之格主奴，何易于之焚诏版。此数者，诚难能，然某弗尚也。以为是特奋须臾之决，就谲奇之名耳，非所以为中行法也。彼县令自有职，调护柔良，知其苛痒；谨察幽隐，达其鳌呻；经以德义，纬以法理；主以质实，附以文雅。若是者，顾不足就名耶？而何以惊世之迹为？今夫侯所谓贤令使人爱思者，有能出此耶？而所谓恶吏为人讥诟者，有能为此耶？尝试以此迹前人姓氏，而寻善恶之实，吾知其不可

掩巳。然吾闻二江有三相，皆旧县尹也。县人颇矜以为宠，常名其厅，存其像，而乡先生邓公又载诸诗以实之。其一人乃唐逍遥公韦嗣立也，当时之政号为二川最，人以故到于今传之。其二人则名与像俱亡矣，意其政无它异，故易泯也。嗟夫！以公相之尊，等县邑之陋，名数品级，孰为显晦？然朱邑为啬夫，去今千载，犹欿欿起人意。而二人者，生虽贵重无二，死曾不得与桐乡乌鸢共饱，此可为吾大诫。夫惟毋陋微官而恐忝所荷，有如潘河阳之志，则韦公无难为也，决为之而已矣。①

杨天惠先是举了三个古代贤明县令的例子：战国时期邺令西门豹趁河伯娶妻的机会，惩治地方恶霸势力，禁止巫风；东汉时期雒阳县令董宣不畏权贵，拦住湖阳公主的车，捕杀其奴仆；唐代益昌县令何易于为了维护百姓的利益，甘冒革职坐牢砍头的风险，抵制上司的派遣，违抗朝廷的诏令。西门豹等人能在县令任上做这些事，的确是难能可贵的，但这还不是杨天惠所崇尚的。因为他们都只是趁着某个难得的机会，诡变出奇，成就自己的名声，但所行的不是地方官员的正道。县令之职位卑而职重，重要的是调护柔良，谨察幽隐，以德为经，以法为纬，守法循例，而不是做什么惊天动地的大事。只要做好自己的本职工作，爱护百姓，就能在当地留下政声。他还比较了曾在双流做过县令的"三相"，唐代的韦嗣立能在题名碑厅留下姓名和画像，而其他两人"名与像俱亡矣"，原因就在于韦嗣立"政号为二川最"，而其他二人"其政无它异，故易泯也"。

其《张忠定公祠堂记》记录了北宋成都知府张咏在任期间励精图治，使成都地区社会治安良好、经济文化长足发展的状况。其文云：

> 特论公始所以治平乱纷，终所以辑美风俗，大抵气决严重如汲黯，而不强塞；拊循安和如倪宽，而不濡懦；操制英发如赵广汉，而不轻急；治体绵密如召信臣，而不寒俭。故内修刑政，外靖羌夷，皆有度程，不失尺寸。下至米盐、估直、燕游，皆在所

---

① 袁说友等编，赵晓兰整理. 成都文类[M]. 北京：中华书局，2011：567.

讲，若纪律不可辄易。昔黄霸居颍川，盖八年功乃成；公镇西南，亦七岁治益显。①

用汲黯、倪宽、赵广汉、召信臣四位西汉名臣来类比张咏在治平乱纷、辑美风俗、修刑政、靖边民和发展民生方面的政绩，用汉武帝时期名臣黄霸八年治理颍川来类比张咏七年治蜀。其《上吴大尹书》记载了熙宁年间知成都府的吴中复对四川文化建设方面的贡献，称吴中复"自开府以来，西南文艺之俊，联荐墨附宾籍者，焯焯有闻矣。其高者，殆将与之同升金玉于王度；其下者，犹欲使之有立鼓吹于儒林"②。

此外，其《莫侯画像记》通过自己被罢职之后寄身于郫县的亲身经历，描述了郫县县令莫侯"敏于百治，而水政尤谨"③、兴修水利使郫县"无旱暵之恐"，在蜀地其他地方"苗暍死町间，谷价翔贵"的情况下，郫县仍能保持"道里清垲，白水潋潋，弥望桤叶覆地，粳芊人立"的状况，有着农作物丰收的治理功绩。同时，他的描述，也让我们能在近千年后的今天，部分了解都江堰水利工程在宋代的修缮、建设和灌溉情况。他在政和元年写的《华阳赵侯祠堂记》更是详细记录了赵纯祐在担任华阳县令期间整治沙坎堰的过程。华阳县原有的沙坎堰，能浇灌三万多亩田，但在赵纯祐上任时已经是"堰浸堙缺，江流亦迁去。田因以废，夷在草间"④，赵纯祐筹集资金，"访遗迹，按故道，参校图录，订以耆旧，遂相地宜，筑堤故处。高二十五尺，长四百四十尺。其址之阔，如高之数。用木五百章，揵竹二百个，役夫五万指"，不到十天，修好了沙坎堰。原来流落其他地方的老百姓又回来种庄稼了。《国朝二百家名贤文萃》卷一三八收录了杨天惠的《黎州来威堂记》一文，在文中，杨天惠强调了黎州在边防中的重要性，记载了杜无逸"完郛栅，精械仗，通关市，坚约束"⑤四条治理黎州的方法，提

---

① 袁说友等编，赵晓兰整理. 成都文类[M]. 北京：中华书局，2011：675.
② 袁说友等编，赵晓兰整理. 成都文类[M]. 北京：中华书局，2011：441.
③ 袁说友等编，赵晓兰整理. 成都文类[M]. 北京：中华书局，2011：871.
④ 袁说友等编，赵晓兰整理. 成都文类[M]. 北京：中华书局，2011：877.
⑤ 佚名. 国朝二百家名贤文萃[M]//续修四库全书. 上海：上海古籍出版社，2002.

出了"非来而驯驭之难也,既来而抚循之实难"的观点。这种观点,对于当时少数民族地区的边疆治理,有较强的现实意义。

二、农业与贸易

杨天惠关心地方经济和农业生产,在彰明任县令①其间,杨天惠深入田间地头,对江油特产——附子的种植加工情况做了详细的调查,写成了迄今最早的一篇关于彰明附子的考察报告——《彰明②附子记》:

> 绵州,故广汉地,领县八,惟彰明出附子。彰明领乡二十,惟赤水、廉水、会昌、昌明宜附子。总四乡之地,为田五百二十顷有奇。然税稻之田五,菽粟之田三,而附子之田止居其二焉。合四乡之产,得附子一十六万斤已上。然赤水为多,廉水次之,而会昌、昌明所出甚微。
>
> 凡上农夫,岁以善田代处,前期辄空田一,再耕之时,荞麦若巢糜其中,比苗稍壮,并根叶耨覆上下,后耕如初,乃布种。每亩用牛十耦,用粪五十斛。七寸为垄,五寸为符,终亩为符二十,为垄千二百。垄从符衡,深亦如之。又以其余为沟、为涂。
>
> 春阳坟盈,丁壮毕出,疏整符垄,以需风雨。雨过辄振拂而骈持之,既又挽草为援,以御烜日。其用工力,比它田十倍,然其岁获亦倍称或过之。凡四乡,度用种千斛以上,出龙安及龙州。齐归木间,青槌小平者良其播种,以冬尽十一月止。采撷以秋尽九月止。其茎类野艾而泽其叶,类地麻而厚其花,紫叶黄蕤,长苞而圆其盖。其实之美恶,视功之勤寡,以故富室之入常美,贫者虽接畛或不尽然。又有七月采者,谓之旱水,拳缩而小,盖附

---

① 杨天惠知彰明在元符二年(1099)。其《彰明遗事》云:"元符二年春正月,天惠补令于此。"见计有功. 唐诗纪事:卷一八[M]. 上海:上海古籍出版社,1987:271.
② 彰明县:治所在今江油彰明镇,宋时隶属绵州。

子之未成者。然此物谓畏恶猥多,不能常熟。或种美而苗不茂,或苗秀而不充,或以酿而腐,或以暴而瘠,若有物焉,阴为之故。园人将采,常祷于神,或目为药妖云。其酿法,用醯醅,安密室淹覆,弥月乃发,以时暴凉久,干定方出,酿时其大有如拳者,已定不辄盈握,故及两者极难得。

盖附子之品有七,实本同而品异。其种之化为乌头,附乌头而傍生者为附子。又左右附而偶生者为鬲子,又附而长者为天雄,又附而尖者为天佳,又附而上出者为侧子,又附而散生者为漏蓝,出皆脉胳连贯,如子附母,而附子以贵,故独专附名,自余不得与焉。凡种一而子六七以上,则其实皆小;种一而子二三,则其实稍大;种一而子特生,则其实特大。此其凡也。附子之形以蹲坐、正节、角少为上,有节、多鼠乳者次之,形不正而伤缺、风皱者为下。附子之色,以花白为上,铁色次之,青绿为下。天雄、乌头、天佳以丰实过握为胜,而漏蓝、侧子,园人以弃役夫,不足数也。

大率蜀中人饵附子者少,惟陕辅、闽浙宜之。陕辅之贾,才市其下者。闽浙之贾,才市其中者。其上品,则皆士大夫求之。盖贵人金多喜奇,故非得大者不厌。然土人有知药者云:"小者固难用,要之半两以上皆良,不必及两乃可。"此言近之。按:《本经》及《志》载:"附子出犍为山谷,及在山南、嵩高、齐鲁间。"以今考之,皆无有,误矣。又曰:"春采为乌头,冬采为附子。"大谬!又云:"附子八角者良,其角为侧子。"愈大谬!与予所闻绝异,岂所谓尽信书不如无书者类耶![①]

文章一是详细记载了彰明县附子产地和产量:"总四乡(赤水、廉水、会昌、昌明之地),为田五百二十顷有奇……合四乡之产,得附子一十六万斤已上……其用工力,比它田十倍,然其岁获亦倍称或过之"当时附子的

---

① 文字据嘉庆《四川通志》卷七十五。原作《附子记》,《宾退录》记为《彰明县附子记》,《本草纲目》记为《附子传》。据《佩文斋广群芳谱》《说郛》改为《彰明附子记》。见常明等. 四川通志:影印本[M]. 成都:巴蜀书社,1984.

种植面积达到了整个彰明县农作物种植面积的百分之二十，年产量超过十六万斤，附子的亩产值是稻田的二倍以上，这些都说明，至迟到北宋时期，附子种植已成为彰明的一项重要产业。二是记载了附子的引种、栽培、施肥、采撷及酿制方法，"凡上农夫，岁以善田代处，前期辄空田一，再耕之时，荞麦若巢糜其中，比苗稍壮，并根叶耨覆上下，后耕如初，乃布种。每亩用牛十耦，用粪五十斛。七寸为垄，五寸为符，终亩为符二十，为垄千二百。垄从符衡，深亦如之。又以其余为沟，为涂"，"其酿法，用醴醅安密室，淹覆弥月乃发，以时暴凉久干定方出，酿时其大有如拳者，已定不辄盈握，故及两者极难得"。三是详细介绍了七种不同规格的附子以及附子优劣的鉴别方法。"盖附子之品有七，实本同而品异"，据此我们可知，当时的附子加工后可分为乌头、附子、扁子、天雄、天佳、侧子、漏篮七种。而附子质量的优劣，除了可以品种区分外（"天雄、乌头、天佳以丰实过握为胜，而漏蓝、则子，园人以弃役夫，不足数也"），还可从形态判断（"附子之形以蹲坐、正节、角少为上，有节、多鼠乳者次之，形不正而伤缺、风皱者为下"），还可从颜色来区分（"附子之色，以花白为上，铁色次之，青绿为下"）四是介绍了彰明附子的销售地点。其文云："大率蜀中人饵附子者少，惟陕辅、闽浙宜之。陕辅之贾，才市其下者。闽浙之贾，才市其中者。其上品，则皆士大夫求之。"彰明虽是附子的主产地，但附子的主要消费地却不在四川，而在陕西、福建、浙江一带，陕西药商喜欢买下等品，福建、浙江药商喜欢买中等品，士大夫们则喜欢买上等品，这说明了当时以福建、浙江代表的东南地区商品经济的繁荣。从以上分析中我们可以看出，这是一篇深入实际的调查报告，"比较真实、全面地反映了北宋时期彰明附子生产经营的全过程，具有深刻的中药历史文化价值和多方面的学术价值"[1]，在附子的研究史上有卓越的贡献。

作于同一时期的《都大茶马司新建燕堂记》则详细记录了当时蜀地茶马贸易的路线及管理状况：

---

[1] 唐廷猷. 北宋杨天惠《彰明附子记》评评[J]. 中国现代中药，2016（7）：916-922.

茶、马所产与所聚与所从出入，皆总于都大使司，任要且重，故常选一时才能知名之士为提举或管勾，分领其事。间以禁从贵臣出帅秦中者兼制置之任，以重其权。其一寄治秦中，其一则治成都。常岁以其所部中分之，循行廉问，各以时往。虽穷堡退垒，必辙环而节抚之，外薄滇笮，中贯褒斜，横绝垄坻。沐霜露，栉风雨，蓐食而星驰，穷日力而后即安。既以周岁巡之，数矣。其外又有民俗之疾苦，自当谘访；官吏之良窳，自当究切；与夫朝廷之诏令，自当以意风告于下者，皆不可以诿人。则凡州县，盖有一再至者焉。岁终，则又理文书，戒徒御，奏计于天子。山行水宿，逾月而后至。已事而退，又历时而后还。其任虽显，其为勤亦剧矣。①

都大茶马司即都大提举茶马司，《宋史·职官志》称："都大提举茶马司，掌榷茶之利，以佐邦用；凡市马于四夷，率以茶易之。"②从文中我们可以看出，这个职位负责所有与茶马贸易相关的工作，的确是"任要且重"，通常由皇帝身边的侍从或显贵之臣担任。茶马司治作一在陕西，一在四川。当时四川的茶叶贸易南到云南中东部，向北则穿越褒斜道，直通秦川和今甘肃天水一带，可以说是范围极广的。其《都大茶马司新建签厅架阁记》称："茶之入以息计者凡二百万，马之入以尾数者凡若干。而其奇赢、其孳息溢于常数者，不在是焉。每岁，以其入分实塞下，又以其课登诏王府。故自阶、文、龙、茂并塞之区，以及洮、岷、湟、鄯穷边之徼，凡兵若民，咸指日望赐，待我而后出入食饮。其为利害，不博且大哉！"③可以看出，当时由四川茶叶衍生的茶马贸易是国家赋税和百姓生计的重要来源，与边疆少数民族和周边政权间的贸易对国家和边地兵民有着巨大利益，这两篇文章，是我们了解北宋秦蜀间茶马贸易的重要材料。同时，《都大茶马司新建签厅架阁记》还是目前所知我国记述地方档案工作情况的最早文献。该

---

① 袁说友等编，赵晓兰整理.成都文类[M].北京：中华书局，2011：547.
② 脱脱.宋史[M].北京：中华书局，1977：3978.
③ 袁说友等编，赵晓兰整理.成都文类[M].北京：中华书局，2011：546.

文在介绍完四川茶马贸易档案文书的数量、种类、收藏、档案库房建设等情况后，对茶马贸易档案的形成规律、蜀地茶马贸易档案的整理和收藏情况以及档案的意义进行了说明。杨天惠认为："夫金谷干没之弊，根于胥吏缘绝之奸，萌于图书之逸亡。此吏治之常蠹，尚非其大者也。夫惟朝没其一焉遗其日，暮绝其一焉阙其月。积日引久，遗亡猥众，则其成法与存者几何？是其为蠹不既大矣乎？今黄公为是，顾欲与成法为无穷计，此其念虑深远矣，是固不可不书也。"①在杨天惠看来，档案的散佚会带来官吏的营私舞弊，使他们有恃无恐地侵吞国家钱粮，而且档案丢失的时间长了，记载在档案上的国家法规制度就没法保存下来，会造成国家法规制度无法执行，导致国家法令的松弛。在1000年前，杨天惠就提出了建造专门的库房、长久保存档案"是'与成法为无穷计'，是使国家的法律制度得到永久保存和执行的万年大计的独特见解"②。这种见解，在当时无疑是十分超前的。

三、州县教育

杨天惠还十分关注地方教育状况。其《潼川府学记》记载了大观三年（1109）潼川府（府治在今天四川三台县）修建府学的过程。在修建新的府学之前，潼川府学"楹桷之寿者日以备，涂既之坚者日离，隅址穿然"，虽然远远超出其他州县，但跟西蜀的成都相比，则相差太远。大观三年（1109），太守张公"出钱刀在官者七万委之州"，开始兴修学校，修好的学校：

> 辟户于南以正位，剖池于前以象璜。其中为阁一，为庑二，以储宸翰，以覆石刻，而辟雍与八行之诏列焉。其外为斋四，为学二，以居长贰，以待鄙倍，而武士与童子之学具焉。凡学生之斋八，南北之腩，游息之亭，悉仿诸太学。③

---

① 袁说友等编，赵晓兰整理. 成都文类[M]. 北京：中华书局，2011：546.
② 杨冬荃. 与成法为无穷计——读宋杨天惠《都大茶马司新建签厅架阁记》[J]. 档案学研究，1996（4）：15—17，69.
③ 国朝二百家名贤文萃[M]//续修四库全书. 上海：上海古籍出版社，2002.

可以看出，当时写府学还是有一定规模的，杨天惠的这篇文章，也给我们还原了宋代地方府学的大致图貌。在该文中，杨天惠还回忆了自己少年时期与冯澥一起求学的经历，特别强调了乡先生（古时尊称辞官居乡或在乡教学的老人）在教育传承中的重要作用，称"帝载之骏，与乾坤乎比大；天文之丽，与日月齐光。草莽远臣，心耳浅薄，不可得而闻也。而独有闻于乡先生"，认为乡先生是那个时代让草莽远臣认识外部世界唯一手段。在《乐善郭先生诔》中，他更是给乡先生下了一个定义："孟子论士，以为入而独善其身，则仁义忠信，乐善不倦；出而私淑诸人，则孝悌忠信，诲人不倦。如此人者，盖古之所谓天之君子，而今之所谓乡先生者也。"①他认为乡先生不但要"乐善不倦"，还要"诲人不倦"。

四、地方文化

杨天惠也很关注地方文化。他在政和元年（1111）创作了《徙文湖州木石画壁记》一文，对我们了解文同中年时期的画作很有帮助。文同画作多已失传，目前只有四副墨竹传世，杨天惠记录的这一幅木石画作于皇祐五年（1053），当时文同正在邛州军事判官任上，文同"会姻友于郫，饮酒西禅之精舍，夜艾，气酣跋烛，作此枯木怪石于方丈之壁"。杨天惠作此文的前一年，画已"徙置（郫县）公堂之中央"，该画"老干聱牙，苍质飋飋，旁柠纽云，下根裂地，不知几万年物。乃今犹植立楹间，谡谡乎如空山臞仙，真骨强劲，劫坏而不僵；炎炎乎如幽林古佛，耇肤坚密，阅岁寒而无恙"②。文同此画虽已不存，但从杨天惠的描述来看，画中枯木虬屈伸张，树根插入怪石，使石头龟裂，自有一种雄强不平的气势，与传世的苏轼《枯木怪石图》有异曲同工之妙。

杨天惠还留下一篇残文《彰明逸事》，保存于计敏夫《唐诗纪事》、厉鹗《宋诗纪事》中，该文记载了李白青少年时期在彰明的一些传闻逸事，

---

① 袁说友等编，赵晓兰整理. 成都文类[M]. 北京：中华书局，2011：981.
② 袁说友等编，赵晓兰整理. 成都文类[M]. 北京：中华书局，2011：871.

历来为研究李白的学者所重。先将原文转录如下：

> 元符二年春正月，天惠补令于此，窃从学士大夫求问逸事。闻唐李太白本邑人，微时，募县小吏。入令卧内，尝驱牛经堂下。令妻怒，将加诘责太白，亟以诗谢云："素面倚栏钩，娇声出外头。若非是织女，何必问牵牛。"令惊异，不问。稍亲，招引侍研席。令一日赋山火诗，思轧不属，太白从旁缀其下句。令诗云："野火烧山去，人归火不归。"太白继云："焰随红日去，烟逐暮云飞。"令惭止。顷之，从令观涨，有女子溺死江上，令复苦吟，太白辄应声继之。令诗云："二八谁家女，漂来倚岸芦？鸟窥眉上翠，鱼弄口旁珠。"太白继云："绿鬓随波散，红颜逐浪无。因何逢伍相？应是想秋胡。"令恼不悦。太白恐，弃去，隐居戴天大匡山，往来旁郡，依潼江赵征君蕤。蕤亦节士，任侠有气，善为纵横学，著书号《长短经》。太白从学岁余，去，游成都，赋《春感诗》云："茫茫南与北，道直事难谐。榆荚钱生树，杨花玉糁街。尘萦游子面，蝶弄美人钗。却忆青山上，云门掩竹斋。"益州刺史苏颋见而奇之。时太白齿方少，英气溢发，诸为诗文甚多，微类《宫中行乐词》体。今邑人所藏百篇，大抵皆格律也。虽颇体弱，然短羽褵褷，已有雏凤态。淳化中，县令杨遂为之引，谓为少作是也。遂，江南人，自名能诗，累谪为令云。始太白与杜甫相遇梁宋间，结交欢甚，久乃去，客居鲁徂徕山。甫从严武成都，太白益流落不能归，故甫诗又云："匡山读书处，头白好归来。"然学者多疑太白为山东人，又以匡山为匡庐，皆非也。今大匡山犹有读书台，而清廉乡故居，遗地尚在，废为寺，名陇西院，有唐梓州刺史碑（原注：失其名），及绵州刺史高枕记。太白有子曰伯禽，女平阳，皆生太白去蜀后。有妹月圆，前嫁邑子，留不去，以故葬邑下，墓今在陇西院旁百步外。或传院乃其所舍云。①

---

① 计有功. 唐诗纪事[M]//纪昀等编. 文渊阁四库全书. 台北：台湾商务印书馆，1986.

文中提到的李白在彰明曾为小吏、戏弄县令、师从赵蕤学习、拜谒苏颋等逸闻趣事以及李白妹、子、女等相关情况，既有来自前代文献的真实事件，也有北宋时期在彰明流传的民间故事，真真假假，引起了很多研究者的争论。特别是其中提到的李白年少时在彰明期间所留下的二首诗和二则断句，自明清以来一直是李白研究者争论不休的问题。以李白诗注本为例，清王琦在《李太白年谱》中照录了《彰明逸事》全文，但在他辑注的《李太白全集》卷三十《诗文拾遗》中却仅收录了《春感》一诗。在瞿蜕园、朱金城校注的《李白集校注》卷三十《诗文补遗》中则将此诗二首、断句二则全部收录，他们还为第一首诗取了一个长长的诗题，称《白微时募县小吏人令卧内尝驱牛经堂下令妻怒将加洁责白正以诗谢云》，将《山火》诗断句标为《句一》，另一则断句标为《句二》。在安旗主编的《李白全集编年注释》中，《春感》诗被编在"开元八年（公元七二〇年），李白二十岁"，并在《登锦城散花楼》诗题后注云："本年春，白游成都。此及下一首（按：即《春感》诗）皆游成都作。"其余一诗及断句二则，亦均予收录，列在"未编年诗"类中。王元明《〈彰明逸事〉所载李白诗考辨》认为："《白微时募县小吏……》诗及断句二则均非李白所作"，"《春感》一诗，并非李白少时所作，亦非开元八年李白于成都时投刺苏颋之作"[①]。其实，《白微时募县小吏……》诗及断句二则并非出自李白之手是很容易判断的，它们都是很庸俗的打油诗，应该是在李白故事的流传过程中乡夫俗子们附会在少年李白身上的。而《春感》一诗，根据王元明考证："当系李白第一次入长安失意后回到洛阳时所作。"也就是说，杨天惠《彰明逸事》对我们考证历史上真正的李白事迹和其在彰明期间的诗歌创作情况，没有太多的参考价值。但值得注意的是，它对于我们今天研究李白文化在宋代的传播，特别是在李白故里——江油市（1958年江油、彰明两县合并为江彰县，1959年复改江油县）的传播，意义重大。

---

① 王元明.《彰明逸事》所载李白诗考辨[J]. 许昌师专学报：社会科学版，1996（2）：44-42.

五、佛教寺院

由于特殊的地理环境，在唐末五代乱世，大量的佛教人物来到四川，极大地促进了四川佛教的发展。进入宋代，四川佛教的发展一直生机勃勃。杨天惠后期笃信佛教，也写下了一些与佛教相关的诗文。如其《次韵庞茶使郫县塔》：

> 平生阅巨丽，兹塔咤何雄！因地如无地，平空不碍空。宁从佛土徙，几历劫灰穷！落趾鸡关北，明标玉垒东。经营本龙象，负挽俿烟虹。畚筑才驱石，觚棱欻倚风。妙高分绝域，峻极倒中嵩。已幻花台巧，并规鹫岭崶。仰窗平月殿，横级俯蛟宫。未觉诸天隔，惟看一气融。恒沙寸眸摄，多宝片心通。溳洞遗凡界，虚踈彻外幪。身边揖先圣，眼外洗尘雰。井直参连壤，秦开汉拓功。真乘对时出，休运与天祟。缔构虽人力，扶持亦化工。长生老西崦，诸葛死南隆。但了熏香炧，姑储氎布筒。狂歌留白日，醉舞属冥鸿。莫漫百年事，空成一秃翁。①

在诗中，杨天惠写了郫县塔的位置，它处于金鸡关之北、玉垒山之东。他还写了其修筑的过程，用夸张的手法描绘了塔的雄伟气象。塔的形状如倒过来的嵩山，塔顶与月宫齐平，可以俯瞰蛟宫。站在塔顶，甚至会让人觉得"未觉诸天隔，惟看一气融"。

在常人看来，出家人都是"两耳不闻窗外事，一心只修心中佛"，与世无争，不问世事，一生长伴青灯古佛。但寺院需要经营维护，僧人需要生存，这些都需要有长期的收入才能维持。在宋代，僧人的收入主要来自两项：寺田的收成和信徒的捐赠。这一点，我们从杨天惠的《正法院常住田记》也可窥见一斑："伪节度使田钦全与其夫人郭氏，谋所以饰喜而效报者，

---

① 袁说友等编，赵晓兰整理. 成都文类[M]. 北京：中华书局，2011：88.

尽捐所有土田，施诸正法寺。仰为皇明祷于上下天地神祇，蕲千万年欣戴无极。盖其田东起成都之会仁，折而南属之华阳升迁，又西尽会仁，少北起成都之学射，缭而北合于成都万岁。罫布绮舒，粲若一井。其旁虽时间以他田，概亡几棱。以今量法步之，周袤度可为田万亩以上。"①寺院常住田如此之多，一人捐赠就如此之巨，间接地说明其时成都佛事之盛。

佛教三宝谓之佛、法、僧，僧人是佛教的重要组成部分，对于佛教的存在和发展起着至为重要的作用。进入宋代，四川的许多官吏士大夫如文彦博、三苏、文同、张商英等均好佛，四川地区也高僧辈出，其中宋初云门宗大师重显禅师就是其中一个，其有《明觉禅师语录》六卷、《碧岩集百则颂》及诗集《瀑泉集》行世。杨天惠《长松长老显禅师语录序》就是为重显禅师的语录集写的序。在《序》中，杨天惠先回顾了佛教在蜀地的发展历程，介绍了重显禅师的师承情况及生活经历，接着谈了自己对重显禅师语录的认识："然以吾观于禅师，微言奥句，关键幽密，假令合天下禅尽眼微睇窥之，吾知其不得仿佛，直羞涩匍匐归耳，顾某何敢妄谈？聊举其粗，以晓吾党新发意者，蕲与之交臂作舞，同趣师门云。"②是我们了解重显禅师的重要资料。杨天惠《北溪院化僧龛记》还记载了一位不知名的僧人，他"苍颅黧面，去来郫、繁间"③，在城中乞讨，后来他在行乞的过程中逝去，信徒将其安葬于北溪。市民对乞讨的僧人也如此尊崇，北宋时期四川佛教的兴盛由此可见一斑。

六、道德追求

杨天惠生活的时代，是北宋末年党争连绵不断、酷烈异常之时，攻讦之风盛行，文字之狱蔓延，政局大坏，人人自危。由于政局动荡不定，许

---

① 袁说友等编，赵晓兰整理. 成都文类[M]. 北京：中华书局，2011：759.
② 袁说友等编，赵晓兰整理. 成都文类[M]. 北京：中华书局，2011：468.
③ 袁说友等编，赵晓兰整理. 成都文类[M]. 北京：中华书局，2011：761.

多正直的士大夫被挟裹其中身不由己，历尽坎坷，甚至命丧黄泉。杨天惠也曾因在徽宗朝上书言事而入党籍，最后不得不依附莫侯，闲居郫县而终。经历了世态炎凉的杨天惠，想必也会怀有一腔愤世嫉俗之情，但纵览其诗文，他始终坚持着自己的气节和操守，强调士大夫的高尚品德。在杨天惠存世的诗文中，虽然也有像《郫县嘉禾记》《瑞芝颂》这样的颂圣之作以及《上吴大尹书》《莫侯画像记》《张忠定公祠堂记》这样的歌颂四川地方官员的作品，但杨天惠对于如何做地方官吏也有自己的准则，在对与自己有交往的官员及友人的评价中，他始终坚持自己的道德标准。如其《华阳赵侯祠堂记》评价赵纯祐治华阳的功绩时，主要讲述了他兴修水利、减租的事迹；《乐善郭先生诔》称赞郭长儒"奉母夫人极谨，身率妻子，约衣粗食，操井臼以养，无懈时。间遇亲疾，辄忧恐，缊火结带，晨夕侍不去，疾平乃已"①的美好品质；《房季文诔》称赞房彪"不乐效书生作应用之词，尤羞与乡校少年伍"②；《渊乐堂记》称木雁先生（郑少微）"其心泠然，独追正始、永和之人而师友之"③。哪怕作青词，他也说："以小善无益而莫为，故定命靡谌而弗祐。彩衣以养，宁慰于母心？管簟空陈，未遑于熊梦。④（见《祈嗣设醮青词》）"特别值得一提的是，在《悯相如赋》中，杨天惠义正词严地对司马相如这位前代乡贤大张挞伐：

> 祖重黎之洪懿兮，系中山之蝉联。食岷峨之旧德兮，饮江汉之灵源。皇既私卿以多技能兮，卿又附益之以师友之传。招湘君使侍书兮，麾蘭卿为我骖。综艺文之要妙兮，申剑术之雄妍。载而之四方，吾将鼓行诸公之间。视骑郎之多冗兮，义不辱于周旋。顾严、邹之差强人意兮，聊步武于梁垣。惟才高之寡合兮，以其遭遇之难。靡岁月于官学兮，嗟不耦而空还。径千里而一歇兮，跂乔木于故山。

---

① 袁说友等编，赵晓兰整理.成都文类[M].北京：中华书局，2011：981.
② 袁说友等编，赵晓兰整理.成都文类[M].北京：中华书局，2011：983.
③ 袁说友等编，赵晓兰整理.成都文类[M].北京：中华书局，2011：819.
④ 魏齐贤、叶棻，五百家播芳大全文粹//纪昀等编.文渊阁四库全书.台北：台湾商务印书馆，1986.

殆而揭来第如临邛兮，存故人之间关。起握手相劳苦兮，意尽尽之拳拳。彼污令之体苛兮，矜缛礼之阑单。慨非余心之所悦兮，矧驵侩之与同盘。强要卿以俱行兮，卿固已薄其所以然。摽使者于门兮，出告之以不闲。何隆初而杀终兮，卒俯首而从旃。彼迁虏何为者兮，窃东向以肆筵。纷臭处之逼人兮，笑言呀以更欢。予意卿食不下咽兮，奚宴安乎末欢。酒参半而奏音兮，四座寂以无喧。嗟辇下之遗直兮，固洟泫而不鲜。嫭冶容而亡赖兮，猥自成乎哀弹。懿长离之文章兮，非鸾凤其谁匹。曷伻鸩以为媒兮，即游枭而接翼。弃朝阳之显敞兮，集此榛莽之蒙密也。吐竹梧之芬馨兮，争膻腥之余啄也。度将雏以授意兮，吾固不审卿之所谓也。卿纵怀彼枭以好音兮，吾恐彼枭之终弗类也。既么么又不材兮，曾何足以涵箕帚之役。决帷薄而夜奔兮，毁悦禫而不入。卿胡偭然不自喜兮，安受此蛊蚀。岂其不禁杯杓兮，恍沈冥而不自克。宁卿意之易败兮，移气体于终食。人固醉而误、醒而悔兮，庸何伤于好德！怪卿初弗定此计兮，后又狂骛而不复。入不惭乡杖者之善骂兮，出不羞贤牧伯之余泽。厌儒衣之巨丽兮，袭隶人之亵服。虽杂作而忘刼兮，蔽泥水以为饰。怅迁虏犹不堪其愤兮，卿独何施于眉目！

始吾嘉卿之好音兮，殆将以礼乎自持。进有虞之雅操兮，绍尼父之声诗。胡中道自绝于前修兮，乃陷而入于桑濮之为？终吾伟卿之能赋兮，工谲谏而不怒。摄侈汰之澜翻兮，卒归之于王度。喑卿躬之不蚤正兮，尚何以禁切于人主？嗟乎，操行之不得兮，蹒终古而增污。挽天河以自湔兮，吾恐垢氛之不能去。①

他以《史记·司马相如传》为依托，以夸张的笔触叙写了司马相如的家世、过人的才干及才高和寡的际遇。其后笔锋一转，对司马相如与临邛

---

① 袁说友等编，赵晓兰整理. 成都文类[M]. 北京：中华书局，2011：16-17.

令王吉的相善，提出了严厉的批评："彼污令之体苛兮，矜缛礼之阑单。慨非余心之所悦兮，矧驵侩之与同盘。"对司马相如所谓"不得已，强往"赴宴，杨天惠同样发出了尖锐的质问："何隆初而杀终兮，卒俯首而从谀""纷臭处之逼人兮，笑言讶以更欢。予意卿食不下咽兮，奚宴安乎末欢！"认为司马相如的琴挑"嗟辇下之遗直兮，因洟涊而不鲜。嫭冶容而亡赖兮，猥自成乎亵弹" 同时，他还进一步做出评价："懿长卿之文章兮，非鸾皇其谁匹？曷伴鸠以为媒兮，即游枭而接翼？"在他看来，这样的行为，无异于"弃朝阳之显敞兮，集此榛莽之蒙密也。吐竹梧之芬馨兮，争膻腥之余啄也。度将雏以授意兮，吾固不审卿之所谓也！"对卓文君，他评价道："卿纵怀彼枭以好音兮，吾恐彼枭之终弗类也。即么么又不材兮，曾何足以溷箕帚之役！"对司马相如贿赂文君侍者，以通殷勤，促成卓文君之夜奔，及其后之酤酒劳作，则毫不留情地斥责道："卿胡偭然不自喜兮，安受此蛊蚀？岂其不胜杯杓兮、恍沉冥而不自克？宁卿意之易败兮，移气体于终食？人固醉而误、醒而悔兮，庸何伤于好德！怪卿初弗定此计兮，后又狂鹜而不复。入不惭乡杖者之善骂兮，出不羞贤牧伯之余泽。厌儒衣之巨丽兮，袭隶人之亵服。虽杂作而忘劬兮，蔽泥水以为饰。怅迁房犹不堪其愤兮。卿独何施施眉目！"在他看来，司马相如不过是一个寡廉鲜耻的小人。作者愤激之极以至口出不逊。这似乎是因为作者心目中司马相如前后形象的巨大反差，一个原本以礼自持的谦谦君子，"胡中道自绝于前修兮，乃陷而入于桑濮之为" 。在极度的失落、失望中，杨天惠发出了这样一声叹惋："嗟乎！操行之不得兮，躏终古而增污。挽天河以自湔兮，吾恐垢氛之不能去。"在他看来，司马相如的深重罪孽，已经是挽天河之水也难以洗刷干净的了。杨天惠对司马相如、卓文君的抨击，也许是"别有深意，言在此而意在彼，作者真正的批判锋芒，其实是指向那些无行文人，指向每况愈下的世风……对司马相如之"悯"，对司马相如及卓文君的抨击及斥责，似是有感而发，有现实针对性，是针砭时弊之作"①。

---

① 赵晓兰.《成都文类》中的司马相如[J]. 四川师范大学学报：社会科学版，2008（5）：110-114.

木雁居士郑少微生平交游考

郑少微,字明举,号木雁居士,四川临邛(今邛崃)人。元祐三年(1088)登进士第,崇宁元年(1102)因上书言事坐邪下籍,曾在政和年间担任德阳县令,官至朝请郎,卒年不晚于宣和五年(1123)。郑少微与简州刘泾俱以文知名,与杨天惠、李新齐名,时人号称"三俊",常与苏轼、黄庭坚、李公麟、刘泾等交游唱和。

一、郑少微生平

郑少微一生久滞下僚,文名亦不显,可以说是北宋蜀地中下层文人的典型代表。史书中只有关于郑少微生平的零星记载,且生卒年均不详。如《宋史·刘泾传》后附有郑少微传记,只有短短二十余字:"同时有郑少微者,字明举,成都人也。与泾俱以文知名,而仕不偶。"①由此可知,郑少微与刘泾大致同时,文风也相似,且都以文知名,但其仕途并不顺畅。

---

① 脱脱. 宋史[M]. 北京:中华书局,1977:13104

稍微详细一点的是明万历年间曾先后在四川任右参政和按察使的曹学佺的记载，他的《蜀中广记》作为一部长达一百零八卷的四川地方文献著作，其文献价值一直为巴蜀文化研究者所推重。在《蜀中广记》中，关于郑少微生平的记载主要有两条，卷四十二载：

> 郑少微，华阳人，字明举，元祐中进士。是时苏轼知贡举，得少微与古郫杨天惠、隆州李新，号为三隽。少微宣和间论时政坐废，贫无田宅，寓居金绳院十五年，不屈其志。学益古，文益工，后徙居临邛，自号木雁居士。官至朝请郎。有集行世。

卷九十八载：

> 《木雁居士集》，郑少微，字明举，华阳人。少孤，力学，登元祐进士第。始就试礼部，东坡知贡举，黄鲁直与较艺，得明举，由是赫然。古郫杨天惠、三嵎李新，皆以文名，时人号为三俊。按：少微在宣和间上书言时政坐废，家贫无田宅，栖成都金绳院十五年，不变其守。学益古，文益工，晚号木雁居士。有集行于世。德阳旧《志》载少微政和中知县事云。①

这两条材料有很多重复的地方，我们可以相互对照并参照其他史料对其进行考证。

首先，关于郑少微籍贯和进士及第的时间。两则材料都称郑少微是华阳人，据祝穆《方舆胜览》卷五十一"成都府建置沿革"："皇朝分西川为两路，又分为益、梓、夔、利四路，而成都府为益州路，复升为成都府……今统郡十六，领县九，治成都、华阳两县。"②华阳县属成都府统辖，则曹学佺所说郑少微是华阳人与《宋史》所说的成都人并不相违。而杨天惠在《渊乐堂记》中称郑少微"生岷峨之崖，长邛崃之墟"③，岷峨是岷山和峨

---

① 祝穆撰，祝洙增订，施和金点校. 方舆胜览[M]. 北京：中华书局，2011：900.
② 黄廷桂等. 四川通志[M]//纪昀等编. 文渊阁四库全书. 台北：台湾商务印书馆，1986.
③ 袁说友等编，赵晓兰整理. 成都文类[M]. 北京：中华书局，2011：819.

眉山的并称，此处代指四川。而邛崃即临邛，在北宋并不隶属成都府，据祝穆《方舆胜览》卷五十六"邛州建置沿革"："唐割雅州五县置邛州，治依政县，移治临邛县，僖宗置永平军。皇朝复为邛州，今领县六，治临邛。"①则郑少微为四川临邛（今四川邛崃）人。考虑到杨天惠不仅仅与郑少微同时，而且更是与他并称为蜀中"三俊"的好友，其说应更为可信。《宋史》和曹学佺可能是因为郑少微长期寄居于成都而误以为他是成都人。

郑少微家世，已不可考。曹学佺称其"少孤"，但杨天惠称其"出入于脂膏、游侠之窟"（《渊乐堂记》），其家境应该不差。少年丧父的郑少微一直致力学习，并于元祐中登进士第。据《续资治通鉴长编》："（元祐三年正月）乙丑，命翰林学士苏轼权知礼部贡举，吏部侍郎孙觉、中书舍人孔文仲同知贡举。天下进士凡四千七百三十二人，并即太学试焉。"②则郑少微登进士第当在元祐三年（1088）。常明等编嘉庆《四川通志》卷一百二十二《选举》称："元祐三年戊辰科李常宁榜。郑少微，华阳人。"③也与之相符。也就是说，郑少微是苏轼的门生，与同为蜀人的杨天惠、李新齐名，当时被称为"三俊"，且一起受知于苏轼。

其次是关于郑少微的任职情况。据曹学佺考证，郑少微曾在政和年间担任德阳县令，官至朝请郎。清何庆恩编同治十三年（1874）刻本《德阳县志》卷二十八称郑少微"政和间来知德阳县事，政教兼举，有《孝感庙记》。见旧志。"④凌迪知《万姓统谱》卷一百七载："官至朝请郎。"⑤三者所记比较一致。曹学佺和何庆恩的材料来源都是德阳旧志，他们所见之志，应当是同一部，所记也应当比较可信。而郑少微官至朝请郎一事，还有一个更有力的证据，那就是杨天惠的《渊乐堂记》："（木雁先生）金寒玉暖，五十有余年，而后得寄禄第七品，赋秩四百石。"⑥据《宋史·职官志》，朝

---

① 祝穆撰，祝洙增订，施和金点校.方舆胜览[M].北京：中华书局，2011：994.
② 李焘.续资治通鉴长编[M].北京：中华书局，1995：1921.
③ 常明等.四川通志影印本[M].成都：巴蜀书社，1984.
④ 何庆恩编.德阳县志[M].清同治十三年刻本.
⑤ 凌迪知.万姓统谱[M]//纪昀等编.文渊阁四库全书.台北：台湾商务印书馆，1986.
⑥ 袁说友等编，赵晓兰整理.成都文类[M].北京：中华书局，2011：819.

请郎为正七品寄禄官,"料钱各三十贯。春冬绢各一十三匹,春罗一匹,绵三十两"①。寄禄官是宋代的一种官阶,有官名有待遇,但没有实际职事。郑少微元祐三年(1088)进士及第后,所任何职,已不能详考。郑少微唯一可考的实职是在政和年间(政和纪年凡八年,1111—1118)任德阳县令。官至朝请郎应在任职德阳县令后,而此时的郑少微已五十多岁了。杨天惠称郑少微"其拔起甚苦,其擢置甚厉,其造端甚锐,其收绩甚胜(《渊乐堂记》)",则郑少微及第前应该经历了一些挫折,但及第后应该很快就有较好的职位,则其在元祐三年(1088)至政和年间极有可能也担任过县令一类的官职。

再次是关于论时政坐废及卒年的问题。按曹学佺的考证,郑少微在宣和年间(宣和纪年凡七年,1119—1125)因上书谈论时政,获罪罢职,因家贫无田宅,寄居于成都金绳院②十五年,后又迁到临邛居住。郑少微上书谈论时政,在《宋会要辑稿·职官六八·黜降官五》也有记载,"崇宁元年九月十四日,诏开具元符三年臣僚章疏姓名……邪下:王萃……郑少微、王知常"③,元符三年(1100),响应哲宗皇帝号召,郑少微、杨天惠、李新都曾上书言事,崇宁元年(1102),李新坐邪上尤甚籍,杨天惠坐邪中籍,郑少微坐邪下籍,李新还被刻入元祐党籍碑并在"元符末上书夺官,谪置遂州,流落终身"④,杨天惠"崇宁三年七月,某以事免铁官,无所归"⑤。在"三俊"中,郑少微只入邪下籍,但从郑少微作为苏轼门生的身份和上文我们的推测来看,他的官职也极有可能被罢免,其政和年间担任德阳县令应该是再次被启用。若曹学佺考证属实,郑少微宣和年间的上书言事,至少是第二次了。而在被免官之后,郑少微至少还活了十五年以上(寓居

---

① 脱脱. 宋史[M]. 北京:中华书局,1977:4131.
② 金绳院:成都寺庙。现位于成都市金牛区簸箕街旁的绳溪巷。据南宋时期的姜如晦《金绳院五百罗汉记》:"院在唐名'东禅',在伪蜀名'龙华'……大中祥符元年始赐名'金绳'。"见袁说友等编,赵晓兰整理. 成都文类[M]. 中华书局,2011:871.
③ 徐松. 宋会要辑稿[M]. 北京:中华书局,1957:3928.
④ 晁公武. 衢本郡斋读书志[M]. 南京:江苏古籍出版社,1988:698.
⑤ 杨天惠. 莫侯画像记[M]//袁说友等编,赵晓兰整理. 成都文类[M]. 北京:中华书局,2011:871.

金绳院十五年，加上之后又徙居临邛），也就是说，郑少微第二次上书言事被免官一事即使发生在宣和元年（1119），那他也至少活到了南宋高宗绍兴四年（1134）。据前引杨天惠《渊乐堂记》，郑少微在五十余岁得寄禄第七品（朝请郎）后，曾筑渊乐堂，以便辞去官职后"归老于其家"。杨天惠在接到郑少微的信后，为其作《渊乐堂记》，杨天惠"董役通济江上"时成了腹稿，而"后一年，先生（郑少微）自大邑力疾归，坐堂上，委衣冠而嬗"。郑少微死后，杨天惠"辄忆枯思之遗余，稍补辑之，以授其子，俾置诸堂右"①。也就是说，该文是杨天惠在郑少微逝世的当年写成并交给郑子的。杨天惠作为郑少微的好友，他的记述应更可信。杨文提及的通济堰在宋代共有两处，一在新津，一在彭山，杨天惠"董役通济江"当在其崇宁三年（1104）七月被免官后，但无法考证具体时间。据刘光祖引冯澥《杨天惠墓志铭》："某（指冯澥）与祐甫（杨天惠字）游，垂五十年……今祐甫卒，含悲茹愤，言发涕零。"②杨天惠卒于冯、杨二人交游近50年时，而冯、杨二人相识于冯澥父冯山通判梓州时③，据李清华《北宋蜀人冯山家世行年及〈安岳集〉版本考并补冯山佚诗考证》考证，冯山通判梓州是熙宁六年（1073）④。冯澥于是年随父亲到梓州，冯、杨相识当在此时。他们相识的熙宁六年，向后推50年为宣和五年（1123），杨天惠当卒于宣和五年。因此，据杨天惠文，郑少微卒年不晚于宣和五年。再联系曹学佺、何庆恩所引德阳旧志，郑少微在政和间知德阳，则郑少微第二次因上书言时政坐废，极有可能在政和年间，而不是宣和年间。至于曹学佺所说的郑少微被罢官又寓居金绳院十五年，则不太可信，因为即使从政和元年算起，至宣和五

---

① 袁说友等编，赵晓兰整理. 成都文类[M]. 北京：中华书局，2011：819.
② 冯山. 安岳集[M]//纪昀等编. 文渊阁四库全书. 台北：台湾商务印书馆，1986.
③ 据《安岳集序》："公（冯澥）与杨公（杨天惠）皆太师公（冯澥父山）之所作成也。"也就是说，冯澥与杨天惠都曾师从冯山。见冯山. 安岳集[M]//纪昀等编. 文渊阁四库全书. 台北：台湾商务印书馆，1986. 又据杨天惠《潼川府学记》："曩熙宁中，吾宗太常公寔敦教事于此，某方佩觿侍先生……以昔同门生小冯君（冯澥）相与识之。"见国朝二百家名贤文萃[M]//续修四库全书. 上海：上海古籍出版社，2002.
④ 李清华. 北宋蜀人冯山家世行年及《安岳集》版本考并补冯山佚诗[J]. 西华师范大学学报：哲学社会科学版，2014（6）：39-44.

年，满打满算也就十三年时间。况且从杨文的记述来看，郑少微"出入于脂膏、游侠之窟……其拔起甚苦，其擢置甚厉，其造端甚锐，其收绩甚胜"，五十多岁时得到七品寄禄官，赋秩四百石，为了辞去官职后"归老于其家"而建造渊乐堂，当不至于因为"贫无田宅"，需要栖身于成都一个寺庙十五年。但曹学佺所说的郑少微后徙居临邛，则可与杨文相互印证。杨文称郑少微"自人邛力疾归"，据上引祝穆《方舆胜览》，末时邛州领临邛（州治）、依政、安仁、火井、蒲江、大邑六县，则曹学佺是以州治来代邛州，而杨天惠则具体说到郑少微是从临邛的大邑县勉强支撑病体回到家中的。

又据同为"三俊"之一的李新的《跨鳌集》卷二十七《与郑明举》云："某病狂易，敢以亡母铭志上累公。正以缔交有素，公之铭吾母宜也，不敢请之他人。他人不宜铭，亦不能铭，无易公之铭吾母宜也，是以有请。今迫葬期，石已礲矣，书者和墨，解衣磅礴以待，工治器，拱而俟之，越月矣。愿早见赐，当扶力诣谢。"①同卷《与冯德夫》云："昨至锦官，会郑六送女犍为，墓词未取。然已见杨祐夫许作跋尾，赋诗寄去。"则郑少微曾为李新母亲撰写墓志，据拙文《〈跨鳌集〉作者李新生平考》，李新母亲亡于政和三年（1113）八月②，则郑少微撰写墓志的时间当在是年或稍后，而李新与郑少微在成都见面时，未取墓词。在后一则材料中，李新称郑少微为"郑六"，则郑少微排行第六，当时他正送女儿到犍为。

二、郑少微的交游

郑少微一生命运多舛，很不得志，是一名久滞下僚、其间还因上书言事遭遇罢职的地方官员，也是一名文名不显、留存作品不多、几乎被埋没的作家，是北宋蜀地中下层文人的典型代表，与他交游唱和的，也多是蜀地文人名士。

---

① 明举乃郑少微字。
② 李延芳.《跨鳌集》作者李新生平考[J]. 绵阳师范学院学报，2018（12）：80-87.

苏轼是郑少微的主考官，在时人的眼光里就是郑少微的老师，但从苏轼诗文看来，他跟这位学生并没有太多的交集。在郑少微留存的文章中，有一篇《东坡赞》："四十年来捉麈尾，世人欲杀故当尔。海瘴昏天了不惊，闻有真丹滋发齿。"①文中所说"四十年来"当指苏轼出蜀为官之后的四十年，所以才会有后一句"世人欲杀故当尔"。苏轼于嘉祐二年（1057）二十一岁进士及第，绍圣四年（1097）谪居儋州，所以才有《赞》中所说的"海瘴昏天"。在这篇短短的《赞》里，郑少微既表现了对苏东坡一生宦海沉浮、屡遭贬谪的经历的同情，也表达了对他旷达自适、乐天逍遥的人生态度的赞扬。郑少微就试礼部时，"东坡知贡举，黄鲁直与较艺"，他也给黄庭坚写过一篇《山谷赞》："卓卓涪皤②，水月一境。拔思天渊，诗坛笔阵。洛阳纸贵，慈恩菜尽。碑照四裔，屦满户外，皤不能拒，辄代皤对。我困欲眠，了汝三昧。"③他以"洛阳纸贵""慈恩菜尽"的典故来表现黄的文采超群，以李白《山中与幽人对酌》的意境来表现自己和黄的友谊，赞扬黄的品格如水如月一般高洁，诗文如高天深渊一样超凡绝尘。从现存作品看，郑少微与黄庭坚之间也没有太多交集，但黄庭坚曾提及他们与四川富顺名士刘静翁的交往，黄庭坚《山谷集》卷十五《赠刘静翁颂四首》前的小序称："郑明举《赠刘静翁四颂》，劝之舍俗出家，词旨高迈，玩之不能释手。然静翁在家出家，无俗可舍，因戏作四颂以赠行。"《山谷集·别集》卷三《别刘静翁序》称："有郑少微明举者，成都名士也。称静翁纸帷布被，琴鹤以为行李，似不能不求于人，而未尝发于词气。"④看来两人都与刘静翁有诗文酬答。郑少微还有一篇《龙眠居士赞》："与古为徒，家有王府。韫椟缥籍，

---

① 文据《国朝二百家名贤文萃》卷一八八，署"木雁先生"。见国朝二百家名贤文萃[M]//续修四库全书. 上海：上海古籍出版社，2002.
② 涪皤：黄庭坚号。黄庭坚《筇竹杖颂》："亲尔畏友，予琢予磨，百世以俟圣人而不惑，则涪皤不负筇竹；危而不扶，颠而不持，惟筇竹之负涪皤。"
③ 文据《国朝二百家名贤文萃》卷一八八，署"木雁先生"。见国朝二百家名贤文萃[M]//续修四库全书. 上海：上海古籍出版社，2002.
④ 黄庭坚. 山谷集[M]//纪昀等编. 文渊阁四库全书. 台北：台湾商务印书馆，1986.

光气穿户。余力游艺，妙压痴顾。何为如斯，以其贤故。"①龙眠居士乃画家李公麟号，李公麟，字伯时，舒州人。《宋史》本传称其："既归老，肆意于龙眠山岩壑间。雅善画，自作《山庄图》，为世宝。传写人物尤精，识者以为顾恺之、张僧繇之亚。襟度超轶，名士交誉之。黄庭坚谓其风流不减古人，然因画为累，故世但以艺传云。"②

郑少微"与（刘）泾俱以文知名"，据《宋史》本传："刘泾，字巨济，简州阳安人。举进士。王安石荐其才，召见。除经义所检讨，久之，为太学博士。罢知咸阳县、常州教授，通判莫州、成都府，除国子监丞，知处、虢、真、坊四州。元符末上书，召对。除职方郎中。卒年五十八。泾为文务奇怪语，好进取，多为人排斥，屡踬不伸。"③据晁公武《郡斋读书志》，刘泾有"《前溪集》五卷"④，可惜该集已佚。目前刘泾所存诗文未提及与郑少微的交往，但郑少微有一篇《跋刘巨济〈十史事类〉》⑤，高度评价了刘泾史学著作《十史事类》，认为其"识论评订，有古良史风旨"，与之相比，《白氏六帖》《高氏小史》都显得"繁缛破碎"⑥。

郑少微《孝感庙记》⑦是为重建姜诗故宅孝感庙所作的一篇记。2010年，四川省文物考古研究院曾对德阳市旌阳区孝泉镇"孝街"遗址进行发掘，发现一条宋代街道遗址，有专家认为此次发掘的"孝街"当建于郑少微记录的这次重建孝感庙的同时或稍晚⑧。在庙成七年后应承议郎张上行委托写成的这篇《记》中，郑少微详细记载了此次重建的过程，也记录了他

---

① 文据《国朝二百家名贤文萃》卷一八八，署"木雁先生"。见国朝二百家名贤文萃[M]//续修四库全书．上海：上海古籍出版社，2002．
② 脱脱．宋史[M]．北京：中华书局，1977：13125．
③ 脱脱．宋史[M]．北京：中华书局，1977：13104．
④ 晁公武撰．孙猛校证．郡斋读书志校证[M]．上海：上海古籍出版社，1990：3717．
⑤ 《十史事类》：晁公武《郡斋读书志》未载，《宋史·艺文志》称书十二卷，然不著撰人，今已佚。
⑥ 国朝二百家名贤文萃[M]//续修四库全书．上海：上海古籍出版社，2002．
⑦ 郑少微《孝感庙记》，见《全蜀艺文志》卷三十七．杨慎．全蜀艺文志[M]//纪昀等编．文渊阁四库全书．台北：台湾商务印书馆1986．
⑧ 四川省文物考古研究院，德阳市文物考古研究所，旌阳区文物管理所．四川德阳市旌阳区孝泉镇发现宋代"孝街"遗址[J]．四川文物，2019（4）：28-31．

和张上行、张中行兄弟的交往。张上行事迹,据《方舆胜览》卷五十六:"上行,字道从,汉州德阳人。登元丰第。后会石泉夷人犯边,朝廷命孙羲叟帅蜀,召公问计。公曰:'按唐《王涯传》云:'吐蕃有两道,一由龙州、清川县抵松州,一由绵州、威蕃抚抵鸡城。'皆厉险要之处,今石泉三十里威蕃亭地名栅底,即唐之威蕃栅,宜先筑堡寨以御其来,次升石泉为军以重其权,然后调思黔义军以制其暴,则收功一时,为利后世。不然,蜀之忧未艾也。'羲叟尽用其策,且命公调军驰步兵至境,急击大破之,夷人自是服,蜀以无事。"①张上行事迹,亦散见于《建炎以来系年要录》《三朝北盟会编》《蜀中广记》等。张中行事迹,据《九朝编年备要》卷三十载:"(靖康元年五月)张中行献战车制度……铁骑遇之皆靡。"②又据《大金国志》卷四:"(金天会四年闰十一月),(尼雅满)取宋郑州,又取怀州,守臣霍安国、林渊、张彭年、赵士谔、鼎澧将、张谌、张潜、沈敦、张中行及部队将五百人皆死之。"③

据曹学佺《蜀中广记》卷四十二:"是时苏轼知贡举,得少微,与古郫杨天惠、隆州李新,号为'三隽'(隽同'俊')。"④作为同乡后进,"三俊"在人生历程中都得到苏轼这位文坛巨匠的提携。郑少微是苏轼知贡举时的进士,杨天惠"文词有左氏西汉之风,苏轼见其古律,大称许之"⑤,李新"早登进士第,刘泾尝荐于苏轼,命赋墨竹,口占一绝立就"⑥,但他们都不在古今学人所认定的苏门人士名单中,算是苏门文人集团的外围成员。"三俊"地位相近,文名相当,交往密切,相互也有诗文来往。如李新《跨鳌集》卷八《寄郑明举香》:"手匀沉实伴兰荪,着壁青烟未有痕。掩鼻新来憎甲俗,佛衣无处避膏昏。不成乱臭须持枣,却恐偷生误返魂,寄语山间郑夫子,年来悬麝厌当门",写到自己给郑少微寄香;卷二十七《与李显

---

① 祝穆撰,祝洙增订,施和金点校.方舆胜览[M].北京:中华书局,2011:989.
② 陈均.九朝编年备要[M]//纪昀等编.文渊阁四库全书.台北:台湾商务印书馆,1986.
③ 宇文懋昭.大金国志[M]//纪昀等编.文渊阁四库全书.台北:台湾商务印书馆,1986.
④ 曹学佺.蜀中广记[M]//纪昀等编.文渊阁四库全书.台北:台湾商务印书馆,1986.
⑤ 李贤等.明一统志[M]//纪昀等编.文渊阁四库全书.台北:台湾商务印书馆,1986.
⑥ 晁公武.衢本郡斋读书志[M].南京:江苏古籍出版社,1988:698.

夫》："往岁来锦官，明举约游西山"，写自己到成都时，郑少微约游西山；卷二十二《与宇文吏部干墓志书》："某昔辱公之从弟巨源贶公所为祭叔父文与志。某以书简祐夫（蜀中"三俊"之一的杨天惠字）、明举（郑少微字）"，写自己在得到宇文吏部为叔叔写的墓志后，专门抄与杨天惠、郑少微一起欣赏。在《跨鳌集》中，李新还有两篇给郑少微的信札，称郑少微与其"缔交有素""数百里音书讨论，怀想无已"，还询问郑少微是否收到自己寄赠的书，问候这位老朋友"秋老，气骨爽健否"①，并请郑少微为其亡母撰写墓志铭，后来又专门到成都取郑少微写的墓志铭②，证明二人友谊还是相当深厚的。郑少微曾筑渊乐堂，并专门请杨天惠写了《渊乐堂记》，杨天惠在该文中称这位老朋友"其心泠然，独追正始、永和之人而师友之"，阐述其命堂为渊乐之意，认为郑少微是想要取陶渊明在"晋、宋之交，新故糅分，朝而南，暮而北"之际"逍遥前去，无所回其迹"和白居易在"牛、李之祸，簪笏偾路，朝为卿，而暮为虏"之际"耿介中立，无所蹈其瑕"两层意思。文还未成，郑少微已逝，杨天惠不禁抵机而哭，感叹道："盖钟期死，伯牙破琴而不复鼓；然徐君亡，季札挂剑而亡所爱。之二人，岂以死生寒久要之盟哉？"③

郑少微还常常与一些成都本地名士、商贾相往来，与他们谈经论道，诗文酬赠。《读书堂记》《竹斋记》是他为好友房少猷书斋写的两篇散文，称赞房少猷"年少隽逸，独往特立，不为琐琐计，顾尝杜门揖古人而与语"④"汩杨暗世，胸胆傲兀"⑤。《澄纷阁记》称赞成都商人张镒"力治产业""不数年，仰事俯畜之计沛然有余"⑥。

---

① 李新.跨鳌集[M]//纪昀等编.文渊阁四库全书.台北：台湾商务印书馆，1986.
② 据李新《跨鳌集》卷二十七《与冯德夫》："昨至锦官，会郑六送女犍为，墓词未取。"
③ 袁说友等编，赵晓兰整理.成都文类[M].北京：中华书局，2011：819.
④ 袁说友等编，赵晓兰整理.成都文类[M].北京：中华书局，2011：813.
⑤ 袁说友等编，赵晓兰整理.成都文类[M].北京：中华书局，2011：852.
⑥ 袁说友等编，赵晓兰整理.成都文类[M].北京：中华书局，2011：827.

附：郑少微生平资料汇编

1. 国朝二百家名臣文粹三百卷……所谓二百家者赵普……马存、郑少微。（晁公武《郡斋读书志》卷五下）

2. 郑少微《唐史发挥》十二卷。（脱脱《宋史》卷二百三）

郑少微《策》六卷。（脱脱《宋史》卷二百八）

刘泾，字巨济，简州杨安人。举进士。王安石荐其才，召见。除经义所检讨，久之，为太学博士。罢知咸阳县、常州教授、通判莫州、成都府，除国子监丞，知处虢真坊四州。元符末上书，召对。除职方郎中。卒年五十八。泾为文务奇怪语，好进取，多为人排斥，屡踬不伸。同时有郑少微者，字明举，成都人也。与泾俱以文知名，而仕不偶。（脱脱《宋史》卷四百四十三，嵇璜、刘墉等《续通志》卷五百六十一）

3. 刘泾，字巨济，简州阳安人也。举进士。王安石荐其才，召见。除经义所检讨，久之，为太学博士。罢知咸阳县、常州教授、通判莫州、成都府，除国子监丞，知处、虢、真、坊四州。元符末上书，召对。除职方郎中。卒年五十八。泾为文务为奇怪语，好进取，多为人排斥，屡踬不伸云。同时有郑少微者，与泾俱以文知名，而仕不偶。少微字明举，成都人也。（王称《东都事略》卷一百十六）

4. 郑少微，字明举，华阳人。少孤力学，元祐中成进士。时苏轼知贡举，得少微及郫邑杨天惠、三嵎李新，时人称为三俊。宣和间上书论时政坐废。贫无田宅，寓居金绳院十五年，不屈其志。学益古，文益工。后徙居临邛，自号木雁居士，后官至朝请郎。有集行于世。（黄廷桂等编雍正《四川通志》卷八）

郑少微，华阳县人。（黄廷桂等编雍正《四川通志》卷三十三）

5. 郑少微，字明举，华阳人，少孤力学，元祐中成进士，时苏轼知贡举，黄鲁直与校艺，得少微及古郫杨天惠、三嵎李新，时人称为三俊，政和间来知德阳县事，政教兼举，有孝感庙记。见旧志。（何庆恩编清同治十三年刻本《德阳县志》卷二十八）

6. 元祐三年戊辰科李常宁榜。郑少微，华阳人。（常明修、杨芳灿纂嘉庆《四川通志》卷百二十二）

7. 崇宁元年九月十四日，诏开具元符三年臣僚章疏姓名。邪上尤甚：范柔中……邪上：梁宽……邪中：赵越……杨天惠、刘觉……邪下：王萃……郑少微、王知常……（徐松《宋会要辑稿·职官六八·黜降官五》）

8. 其一为汉城，即德阳之西界，《华阳国志》称汜乡有孝子，姜诗田地宅是矣，姜诗庙曰：孝感郑少微记略云，汉州德阳县西北四十里有镇，东汉姜诗故宅在焉，故号姜诗镇。（曹学佺《蜀中广记》卷九）

鹤山在城西八里……本山志云，前辈丹青则有任子逸、范琼，与夫文同湖州之遗笔。文人词翰则有郑少微、张公庠，与夫张商英、王赏、赵雍之旧题。（曹学佺《蜀中广记》卷十三）

郑少微，华阳人，字明举，元祐中进士。是时苏轼知贡举，得少微与古郫杨天惠、隆州李新，号为三隽。少微宣和间论时政坐废，贫无田宅，寓居金绳院，十五年不屈其志。学益古，文益工，后徙居临邛，自号木雁居士。官至朝请郎。有集行世。（曹学佺《蜀中广记》卷四十二）

《唐史发挥》十二卷，华阳郑少微撰。（曹学佺《蜀中广记》卷九十二）

《木雁居士集》，郑少微，字明举，华阳人。少孤，力学，登元祐进士第。始就试礼部，东坡知贡举，黄鲁直与较艺，得明举，由是赫然。古郫杨天惠、三嵎李新，皆以文名，时人号为三俊。按：少微在宣和间上书言时政坐废，家贫无田宅，栖成都金绳院十五年，不变其守。学益古，文益工，晚号木雁居士。有集行于世。德阳旧志载少微政和中知县事云。（曹学佺《蜀中广记》卷九十八）

9. 郑少微，华阳人，字明举。少孤，力学，元祐进士。时苏轼知贡举。得少微与古郫杨天惠、三嵎李新，时人号为三俊。宣和间上书论时政坐废，贫无田宅，寓宅金绳院十五年，不屈其志。学益古，文益工。后徙居临邛，自号木雁居士。官至朝请郎。（凌迪知《万姓统谱》卷一百七）

10.《别刘静翁序》："富顺刘静翁自成都来，集于棘道，以余与其同母弟郭方进为洺平卜同年进士也。数来相过其人，如孤云野鹤，来亦无心，去无定所。余于静翁无宿昔之好也。有郑少微明举者,成都名士也。称静翁纸帷布被,琴鹤以为行李,似不能不求于人,而未尝发于词气,然富顺有四壁而不居,意有仁人豪士,乞与百金,以买山,使得休息,白发之光阴。静翁亦不拒邪。余问静翁,可取与者常痛其室空虚使有者,鲜能推其余敝裘羸马而痛仆夫款门,久之而立风雷之涂为是,则翁能之乎?静翁曰:'若此,吾不能也。'有渔洞陈康国兄弟,皆好贤喜事,其园林斋馆可以卒岁,老矣亦安能琢雕天真,追逐俗好,受残杯冷炙之辱邪?为是则翁之游可矣,虽不为田而鹩生于突未可知也。遂书以为别。"(黄庭坚《山谷集·别集》卷三)

《赠刘静翁颂四首》:"郑明举《赠刘静翁四颂》劝之舍俗出家,词旨高迈,玩之不能释手。然静翁在家、出家,无俗可舍,因戏作四颂以赠行。"(黄庭坚《山谷集》卷十五)

11. 杨天惠《渊乐堂记》:吾蜀有达伯曰木雁先生,生岷峨之崖,长邛崃之墟,出入于脂膏、游侠之窟。而其心泠然,独追正始、永和之人而师友之。然其拔起甚苦,其摆置甚厉,其造端甚锐,其收绩甚胜。金寒玉暖,五十有余年,而后得寄禄第七品,赋秩四百石。辟五亩之宅,治百塍之田。于是稍斥隙土,筑小堂焉,名之曰"渊乐"。会将致为臣,归老于其家。间以书戏其友东蜀杨天惠曰:"予,癯儒也。暴享此,得无有物瞰之?因书韩公《示儿》诗曰:'始我来京师,止携一束书。辛勤三十年,以有此屋庐。'夫经之勤,营之剧,悴形忍性,磨以寒暑,而偶有获焉。此韩公诗之所以饰喜,而予欲记之,亦以志难也。唯是名堂之意颇有以,而或者未即晓之。今夫渊明嗜酒,乐天亦嗜酒;渊明工诗,乐天亦工诗。凡语故事者,夫人知其然,乃予所以千载尚友之意,殆不其然也。子盍忖予心而试发之。"

天惠伏书唱噱,曰:"富哉,名乎!吾有以索夫子之廛矣。夫论人者,无论其人,而论其人之天。按渊明以微故辄行,而乐天以直言屡黜,是其过人已远甚,然尚非其巨者也。晋、宋之交,新故糅分,朝而南,暮而北,未见有坚明不二者也,独渊明逍遥前去,无所回其迹;牛、李之祸,簪笏偾路,朝为卿,而暮为虏,未见有脱遗无预者也,独乐天耿介中立,无所蹈其瑕。倘者先生所以取二子，宁是耶？抑非欤？"

于时天惠董役通济江上，腹稿虽成，窃自疑其言之强鄙，弗敢出也。行且谋以身承教，共定其当焉，而病莫之前。后一年，先生自大邑力疾归，坐堂上，委衣冠而嬗。予闻之，抵机哭曰："嗟乎！无与定吾文矣。"盖钟期死，伯牙破琴而不复鼓；然徐君亡，季札挂剑而亡所爱。之二人，岂以死生寒久要之盟哉？吾意先生精爽超彻，决不澌尽，时抚鹤翎过城郭，犹当问记之有亡也。辄忆枯思之遗余，稍补辑之，以授其子，俾置诸堂右。（袁说友等《成都文类》卷四二）

12. 李新《寄郑明举香》：手匀沉实伴兰荪，著壁青烟未有痕。掩鼻新来憎甲俗，佛衣无处避膏昏。不成乱臭须持枣，却恐偷生误返魂。寄语山间郑夫子，年来悬麝厌当门。（李新《跨鳌集》卷八）

13. 郑少微，字明举，成都（今四川成都）人。元祐三年登进士第。时苏轼知贡举，得少微与古郫杨天惠、三嵎李新，时人号为三俊。又与刘泾俱以文知名。宣和间上书论时政，坐废。贫无田宅，寓居成都金绳院十五年，而志不屈，学益古，文益工。后徙居临邛，自号木雁居士，官至朝请郎。著有《唐史发挥》十二卷、策六卷及《木雁居士集》。见《宋史》二〇三、二〇八、四四三、《万姓统谱》卷一〇七、《蜀中广记》卷四二、九八。（曾枣庄等《全宋文》129 册卷二七八八）

14. 郑少微，少微字明举，成都人。元祐三年（一〇八八）进士第。以文知名，仕不偶。崇宁初，入元符上书邪下籍贯。政和中，曾知德阳。晚号木雁居士。（唐圭璋《全宋词》第二册）

15. 郑少微，字明举，华阳人，少孤力学，元祐三年成进士。时苏轼知贡举，得少微及郫邑杨天惠、三嵎李新，时人称为三俊。宣和间上书论时政坐废，贫无田宅，寓居金绳院十五年，不屈其志。学益古，文益工。后徙居临邛，自号木雁居士。后官至朝请郎。有集行于世。雍正《四川通志》卷八。（傅增湘《宋代蜀文辑存·作者考》）

褒博可奋尘 其心难泠然
——论郑少微人格追求与作品思想的悖反

郑少微，字明举，号木雁居士，临邛人。元祐三年（1088）登进士第，崇宁元年因上书言事坐邪下籍，曾在政和年间担任德阳县令，官至朝请郎。郑少微与简州刘泾俱以文知名，与杨天惠、李新齐名，时人号称"三俊"，常与苏轼、黄庭坚、李公麟、刘泾等交游唱和。郑少微一生著述颇丰，有《唐史发挥》十二卷、《策》六卷和《木雁居士集》，但均已散佚，现留存作品散见于《成都文类》《历代赋汇补遗》《全蜀艺文志》《五百家播芳大全文粹》《国朝二百家名贤文萃》《梅苑》《花草粹编》《五百家注昌黎文集》等总集、类书中，雍正《四川通志》、嘉庆《四川通志》、同治十三年刻本何庆恩编《德阳县志》等方志中亦有其作品，当代则有唐圭璋《全宋词》辑其词二首、曾枣庄等《全宋文》辑其文二十一篇（其中误辑三篇）。郑少微生活在北宋后期，在当时酷烈的党争中，他想学习陶渊明的"逍遥前去"和白居易的"耿介中立"，追求"褒博奋尘，御风泠然"的洒脱与轻妙。其文章则追求"文道合一"，注重言道与论政的密切结合，教化意味较浓。其作品思想表现出了与其人格追求的悖反。

一、郑少微的人格追求

郑少微生活于北宋末年，彼时党争连绵不断、酷烈异常，攻讦之风盛行，文字狱蔓延，政局大坏，人人自危，由于政局动荡不定，许多正直的士大夫身不由己，挟裹其中，历尽坎坷甚至命丧黄泉。郑少微一生久滞下僚，文名亦不显，其当时是否受党争影响，史无详载，但据曹学佺《蜀中广记》卷九十八：

> 《木雁居士集》，郑少微，字明举，华阳人。少孤，力学，登元祐进士第。始就试礼部，东坡知贡举，黄鲁直与较艺，得明举，由是赫然。古郫杨天惠、三嵎李新，皆以文名，时人号为三俊。按：少微在宣和间上书言时政坐废，家贫无田宅，栖成都金绳院十五年，不变其守。学益古，文益工，晚号木雁居士。有集行于世。德阳旧志载少微政和中知县事云。①

郑少微在元祐三年（1088）进士及第②，是苏轼的门生。元祐元年（1086），司马光去世，旧党失去权威领袖，迅速三分为程颐为首的"洛党"、苏轼为首的"蜀党"、以刘挚、梁焘为首的"朔党"。三党之间，或因政见之异、或因人事倾轧，或由学术流派的不同而相互攻讦。苏轼被提拔为翰林学士后，第一次为学士院试馆职所撰的策题，就遭到程颐门人朱光庭的弹劾。在郑少微进士及第的第二年，苏轼再次被排挤出京，第二次赴杭州外任。苏轼是蜀党魁首，在其屡受弹劾之时，郑少微作为苏轼的门生，其仕途或许也会受到一定的影响。郑少微及第后所任何职，已不可考。据《宋会要辑稿·职官六八·黜降官五》："崇宁元年九月十四日，诏开具元符三年臣僚章疏姓名……邪下：王萃……郑少微、王知常……"③则郑少微曾在元符

---

① 曹学佺. 蜀中广记[M]//纪昀等编. 文渊阁四库全书. 台北：台湾商务印书馆，1986.
② 据《续资治通鉴长编》："（元祐三年正月）乙丑，命翰林学士苏轼权知礼部贡举。"则郑少微登进士第当在元祐三年。见李焘. 续资治通鉴长编[M]. 北京：中华书局，1995：1921.
③ 徐松. 宋会要辑稿[M]. 北京：中华书局，1957：3928.

三年（1100）响应哲宗皇帝号召，上书谈论时政，并在崇宁元年（1102）被坐邪下籍，此时距他进士及第已有十四年时间。这十四年间，苏轼从杭州到吏部、从颖州到兵部、礼部再到扬州、定州、又一路被贬到惠州、儋州，直到建中靖国元年（1101）在常州去世。郑少微有一篇《东坡赞》："四十年来捉麈尾，世人欲杀故当尔。海瘴昏天了不惊，闻有真丹滋发齿。"①文中所说"四十年来"当指苏轼出蜀为官之后的四十年，所以才会有后一句"世人欲杀故当尔"，苏轼于嘉祐二年（1057）二十一岁进士及第，绍圣四年（1097）谪居儋州，所以才有《赞》中所说的"海瘴昏天"，在这篇短短的赞里，郑少微既表现了对苏东坡一生宦海沉浮、屡遭贬谪经历的同情，也表达了对他旷达自适、乐天逍遥的人生态度的赞扬。这十四年，想来郑少微的政治命运也同晁补之、秦观、黄庭坚等苏门学士一样，在激烈的党争中随苏轼一起浮沉。郑少微入邪下籍这一年，苏轼已辞世，徽宗皇帝改元崇宁，即推崇熙宁之意，朝廷又开始重用新党。但此时的新党已是以新入相的蔡京为首的一帮小人，崇宁新党之手段比绍圣新党有过之而无不及。对旧党来说，更残酷的打击开始了，凡旧党人士，皆予以废黜，苏轼、秦观、黄庭坚、晁补之等，不管是否身亡，都被刻入元祐党籍碑，榜之朝堂。逝者已矣，而生者仍要继续遭受磨难。郑少微在入邪下籍之后又遭受什么样的磨难，也已无法详考，他唯一可知的实职是在政和年间（政和纪年凡八年，1111—1118）任德阳县令，在宣和年间（宣和纪年凡七年，1119—1125）又因上书谈论时政，获罪罢职，因家贫无田宅，寄居于成都金绳院十五年，但能"不变其守"、不屈其志。又据《蜀中广记》卷四十二记载，他后来还"徙居临邛"老家，"官至朝请郎"。朝请郎为正七品寄禄官，也许是郑少微任德阳县令时所挂朝籍。

郑少微一生坎坷多难，但秉性不改。他的好友杨天惠《渊乐堂记》称他："生岷峨之崖，长邛崃之墟，出入于脂膏、游侠之窟，而其心泠然，独追正始、永和之人而师友之。"郑少微追求的是像竹林七贤、何晏、孙绰等

---

① 文据《国朝二百家名贤文萃》卷一八八，署"木雁先生"。见国朝二百家名贤文萃[M]//续修四库全书.上海：上海古籍出版社，2002.

正始、永和名士们恃才放达、不拘礼法的清妙风度。他也曾在"金寒玉暖，五十有余年，而后得寄禄第七品，赋秩四百石"后，"辟五亩之宅，治百塍之田。于是稍斥隙土，筑小堂焉，名之曰'渊乐'"，目的是"会将致为臣，归老于其家"。郑少微命堂为"渊乐"的含义，他曾在给杨天惠求记的信中提及：

> 予，癯儒也。暴享此，得无有物瞰之？因书韩公《示儿》诗曰："始我来京师，止携一束书。辛勤三十年，以有此屋庐。"夫经之勤，营之剧，悴形忍性，磨以寒暑，而偶有获焉。此韩公诗之所以饰喜，而予欲记之，亦以志难也。唯是名堂之意颇有以，而或者未即晓之。今夫渊明嗜酒，乐天亦嗜酒；渊明工诗，乐天亦工诗。凡语故事者，夫人知其然，乃予所以千载尚友之意，殆不其然也。子盍忖予心而试发之。

在建造好渊乐堂后，他就手书韩愈《示儿》诗，韩愈以之饰喜，而他以之志难。韩愈《示儿》诗，后人以为多言利禄、表露韩愈俗人心态，非议颇多。韩愈家世孤寒，自小就多次经历失去亲人的伤痛，并肩负着振兴家族的重任。韩愈处于一个士庶混杂的时代，韩愈也既有追求理想的一面，也有世俗的一面。细考韩愈生活的时代及其家世、早年经历、命运格局、人生理想，我们可以发现其《示儿》诗背后是韩愈"对家族的爱和责任、他的理想的生活模式，以及他对儒家思想的理解，借此可以还原一个重亲情、重责任、不伪饰，既畏天命又积极有为，不离世间常情又立志为圣的真诚文人形象"[①]。与韩愈早年经历相似，郑少微"少孤力学"，在五十多岁时，终于为自己建造了渊乐堂，其心境恐怕也与四十八岁的韩愈"辛勤三十年，以有此屋庐"相似，所以他说自己与韩愈"名堂之意颇有以"。接着，他详细阐发了"渊乐"的含义。陶渊明与白乐天都好酒又工诗，堂名分别取渊明之"渊"与乐天之"乐"，是要表明自己也喜欢喝酒、作诗，愿与古人为

---

① 朱晓薇. 韩愈示儿诗考辨[J]. 佳木斯大学社会科学学报，2008（8）：49-51.

友的意思。最后,他还让好友杨天惠对"渊乐"之意进行阐发。而杨天惠认为:

> 夫论人者,无论其人,而论其人之天。按渊明以微故辄行,而乐天以直言屡黜,是其过人已远甚,然尚非其巨者也。晋、宋之交,新故糅分,朝而南,暮而北,未见有坚明不二者也,独渊明逍遥前去,无所回其迹;牛、李之祸,簪笏偾路,朝为卿,而暮为虏,未见有脱遗无预者也,独乐天耿介中立,无所蹈其瑕。倘者先生所以取二子,宁是耶?抑非欤?①

郑少微是想要取陶渊明在"晋、宋之交,新故糅分,朝而南,暮而北"之际"逍遥前去,无所回其迹"和白居易在"牛、李之祸,簪笏偾路,朝为卿,而暮为虏"之际"耿介中立,无所蹈其瑕"两层意思。他想在当时激烈的党争中象陶渊明一样不问世事、远离纷争,又想象白居易一样不偏不倚、保持自己的节操。

郑少微晚年为自己取号木雁居士,他在《自赞》中这样评价自己:

> 欲置之庵岩兮,则神气甚锐,与世攀缘;欲贲以轩裳兮,则高视阔步,脱去枸挛。量虽褊,尚可容卿百倍;笔虽拙,犹堪倚马万言。褎博奋麈,御风泠然,盖所谓不夷不惠,而处乎木雁之间。②

在这里,"攀缘"指的是心随外境纷驰而多变,如猿攀树枝摇曳不定。"轩裳"代指官位爵禄。"褎博"是褎衣博带的省称,指古代儒者宽衣大带的装束。"奋麈"用的是清谈家孙盛与殷浩奋掷麈尾相对辩论以致暮忘餐的典故。御风泠然用的是《庄子·逍遥游》"列子御风而行,泠然善也"的典故。

---

① 袁说友等编,赵晓兰整理. 成都文类[M]. 北京:中华书局,2011:819.
② "褎博"原作"襃博",按文意,此处当作"褎博"。《全宋文》辑自《国朝二百家名贤文萃》卷一八九,未校。见曾枣庄等. 全宋文:第129册[M]. 上海:上海辞书出版社,合肥:安徽教育出版社,2006:206.

"夷""惠"指的是伯夷、柳下惠两个古代廉正之士。木雁则用的是《庄子·山木》的典故:"庄子行于山中,见大木枝叶盛茂,伐木者止其旁而不取也。问其故,曰:'无所可用。'庄子曰:'此木以不材得终其天年。'夫子出于山,舍于故人之家。故人喜,命竖子杀雁而烹之。竖子请曰:'其一能鸣,其一不能鸣,请奚杀?'主人曰:'杀不能鸣者。'明日,弟子问于庄子曰:'昨日山中之木,以不材得终其天年,今主人之雁,以不材死;先生将何处?'庄子笑曰:'周将处乎材与不材之间。材与不材之间,似之而非也,故未免乎累……'"①由此看来,郑少微希望自己能够不为现实俗务和名利所拘,追求道家那种御风而行的轻妙,追求魏晋名士们的那种率直任诞、清俊通脱的行为风格,想在当时酷烈的党争中保持一种不夷不惠,处于有才与无才、介乎于有用和无用之间的避祸姿态。正如他所钦佩的老师苏轼一样,哪怕在世人皆欲杀的情况下,还是常捉麈尾,潇洒翩翩;哪怕是到了海瘴昏天之域,仍能不惊不怖。郑少微也曾赞扬黄庭坚:"卓卓涪皤②,水月一境……碑照四裔,屦满户外,皤不能拒,辄代皤对"③,在他看来,黄庭坚最为人称道的,就是他如水月一般清澈的性情。的确,在面对人生苦难时,黄庭坚和苏轼虽然都一样坦然面对、走向超越,但黄是心性中的渗透,苏是体验后的超越。黄庭坚的处世哲理为"以不变应变"④,远离政治、倾心艺术,冷眼旁观时局变幻,以理遣情,逍遥而不消沉,而这也正是郑少微所追求的境界。据黄庭坚《山谷集》,他与郑少微两人都与四川富顺的刘静翁有诗文酬答。《山谷集》卷十五《赠刘静翁颂四首》前的小序称:"郑明举《赠刘静翁四颂》,劝之舍俗出家,词旨高迈,玩之不能释手。然静翁在家出家,无俗可舍,因戏作四颂以赠行。"《山谷集·别集》卷三《别刘静翁序》称:"有郑少微明举者,成都名士也。称静翁纸帷布被,琴鹤以为行

---

① 王先谦. 庄子集解[M]. 西安: 三秦出版社, 2005: 378.
② 涪皤: 黄庭坚号。黄庭坚《筇竹杖颂》:"亲尔畏友,予琢予磨,百世以俟圣人而不惑,则涪皤不负筇竹;危而不扶,颠而不持,惟筇竹之负涪皤。"
③ 文据《国朝二百家名贤文萃》卷一八八,署"木雁先生"。见国朝二百家名贤文萃[M]//续修四库全. 上海: 上海古籍出版社, 2002.
④ 沈松勤. 北宋文人与党争[M]. 北京: 人民出版社, 1998: 350.

李,似不能不求于人,而未尝发于词气。"①身在俗世,心怀玄远,不以纸帷布被为意,唯愿琴鹤相随,在纷乱的世事面前,保持心态上的轻松洒落和潇洒适意态度,这也许也是郑少微心向往之的。

二、郑少微文章的思想内容

"魏晋风度"作为对魏晋时期名士作风的一种特别说法,大约源于鲁迅《魏晋风度及文章与药及酒之关系》。鲁迅心目中魏晋风度的要点是"通脱",他说通脱即"随便"。"随便"有放达之意,而"达"即是"率性",率性可以说是名士风度的根柢。因为率性,魏晋名士们便表现出很多放荡、怪诞的言行。然而很多魏晋名士,言行并不相副。郑少微行迹,除了《宋史·刘泾传》后附短短二十余字的记载,称其"与(刘)泾俱以文知名,而仕不偶"②外,只有杨天惠《渊乐堂记》中只言片语的描述,我们很难知道他是否也同他自己所说的那样"褒博奋塵,御风泠然",也不知他是否同阮籍、刘伶等人一样为避世远祸而放浪形骸。郑少微对自己的文才很自信,他称自己"量虽褊,尚可容卿百倍;笔虽拙,犹堪倚马万言"。从现存的文章来看,虽然他也与嵇康一样写过《养生论》,论述养生的重要性,阐述了"摄杂想而归一""护卫粗欲而返真"以及养生贵在"无作"的道理③。但总体看来,他的文章较少魏晋名士那种"非汤武而薄周孔,越名教而任自然"的味道,而更多与韩愈、欧阳修等前辈一样,坚持"文道合一""文以明道"主张,注重言道与论政密切结合,教化性较强,表现出了他在人格追求和文章思想内容的悖反。而在语言上,他与刘泾一样"为文务奇怪语"④,有时不免露出辞涩言苦的毛病。

---

① 黄庭坚. 山谷集[M]//纪昀等编. 文渊阁四库全书. 台北:台湾商务印书馆,1986.
② 脱脱. 宋史[M]. 北京:中华书局,1977:13104.
③ 曾枣庄等. 全宋文:第129册[M]. 上海:上海辞书出版社,合肥:安徽教育出版社,1997:198.
④ 脱脱. 宋史[M]. 北京:中华书局,1977:13104.

郑少微曾做过德阳县令，在《孝感庙记》中，他记录当时重建孝感庙的过程，他认为孝子姜诗夫妇的事迹是教化百姓的绝佳材料，可以使当地百姓"为人子若夫者，咸欲诗之行在其身也；为人女若妇者，咸欲庞氏之行在其身也；为人父母若舅姑者，咸愿有子如诗、有女有妇如庞氏也"。姜诗妻子庞氏的孝行，是比共姜、许穆夫人、卫女等更值得大书特书的，因为"妇人女子，苟有片善可称者，遂见美于《诗》，见取于孔子"，共姜等女子，只不过"以礼义自持，不嫁不归而已"，就被记入《诗经》中，而庞氏这样的普通女子，才是百姓愿意学习的榜样，是能让他们感到亲近的，因为"其植节挺操之难，感格神明之异，实后世贱夫匹妇未肯远避之也"①。对于经商的士人，郑少微也强调儒家礼仪道德对他们的重要性。如其《澄纷阁记》云：

> 有人于此，不免营什一以养亲；而其心能知名教之可慕，至不屑乡邻讥笑，而劬劬然愿一游其藩，愈久而愈不倦者，是可以与之乎？曰："人之生也固善，不幸偶詿于不善。一旦悔艾，怅怅然未明。夫今日之复，果足以胜昔日之迷否也？求其涂而不获。"方是时，无君子者指示且渎告之使悟，又称可之使悦，则其人亦将惰废而不修。夫为君子而使既迷思复之人归我而蒙，拒则不仁，孰甚焉？成都张君镒者，幼尝学问，未练事时，自放杯酒间。年三十余，忽追咎曰："男儿家贫亲老，安可为？"是遂力治产业，以智取予。不数年，仰事俯畜之计沛然有余。而张君愈亦好事，藏古书画器物，遇意所好，必致之，无吝容。……闻人一语之善，退辄抄录以遵行之。呜呼！其志岂不可嘉也哉……张君非止好事耳。每至其家，见其抚怜二孤侄良有恩，意出于诚心，过如己子。②

文章一开头就是一大段议论，表明自己的观点：士人即使以经商来奉养父母，如果他能敬仰礼教，侍奉双亲，就不会为乡邻所讥笑，如果他还

---

① 杨慎. 全蜀艺文志[M]//纪昀等编. 文渊阁四库全书. 台北：台湾商务印书馆，1986.
② 袁说友等编，赵晓兰整理. 成都文类[M]. 北京：中华书局，2011：827.

愿意孜孜不倦地去求学，那就值得读书人去交往，而对于那些误入迷途的人，"君子"也要"指示且渎告之使悟"。接着，他举到了澄纷阁主人张镒的例子，张镒年轻时求学寻知，在未熟谙世事时，曾沉溺于酒杯之乐，三十岁才迷途知返，自责道："男儿家贫亲老，安可为？"于是开始经商，置办产业，"不数年，仰事俯畜之计沛然有余"。在建造澄纷阁后，他又收藏古玩，与当地文人士大夫交往。只要别人有好的言语，他就会抄录下来并践行。郑少微之所以答应张镒为澄纷阁写记，就是被他对儒家道德的遵循所感动，认为他虽然是一个商人，虽然曾误入歧途，但后来能对上侍奉父母，对下养育妻儿，视两个死去双亲的侄儿为己出，也是值得肯定的。文中对名教的看重，跟《孝感庙记》是一脉相承的。在《藏游轩记》中，郑少微再次阐述了"有道者"应该"上焉父母甘旨之奉，下焉妻孥衣食之须"的道理：

> 古之有道者，安其定分，而未尝以非义贷诸人。彼一身之害，苟能自甘之，虽死不怨也。然仰事俯育，与凡冠昏丧祭之用，待吾而后给，则吾亦何心坐视而不之恤欤？而古之所谓有道者，类皆却馈辞聘，阖户自守。上焉父母甘旨之奉，下焉妻孥衣食之须，与夫岁时伏腊所以行礼者，举无阙焉。由是知古之贫者，盖不若后世之士空然无以为资也。故颜渊有郭外之田以供饘粥，有郭内之田以为丝麻，所以能乐夫子之道以终其身。扬雄有宅一区，有田一廛，所以能覃思浑天，著《法言》泊然不交于当世。使二子无以为资，虽不至陨获，然亦宁免栖栖汲汲而不累其至乐乎。战国时有苏秦者，自言："使我有雒阳负郭田二顷，吾岂能佩六国相印？"如秦者，挟揣摩以卖人之国者也。其术志于动，诚使有负郭田，亦岂能顿忘其捷捷之辩、而乐仁义于畎亩哉？然则既有以为养，而又知所以安其养，非有道者不能与焉，审矣！①

---

① 袁说友等编，赵晓兰整理. 成都文类[M]. 北京：中华书局，2011：846.

他认为，有恒产才能有恒心，古之有道者，首先是建立在他们能够侍奉好父母、养育好妻儿的基础上。就算是颜回、扬雄这样的圣人，如果没有一定的恒产作为支撑，那他们即使不丧失志气，也不免忙碌不安，每日陷入急切追求基本生活资料的状态之中，很难在追寻儒家之道的过程中找到乐趣。但只有资产作为支撑也是不够的，有道者要"既有以为养，而又知所以实其养"，像苏秦这样的纵横之士，即使在老家洛阳有田二顷，也不可能安分地为了儒家的仁义之道，放弃对"佩六国相印"的功名追求。

郑少微还以"贾者之蓄货与匠者之治木"的道理，来论证了士大夫学习中的"藏游"之道：

> 公知夫贾者之蓄货与匠者之治木乎？夫贾者拥高赀于通道大都，凡货之滞于市者，吾皆以善价致之，措之闲处，如无有也。一旦求者接迹于门，则所蓄之货，不忻乎重而自重矣。有贱大夫者，专取众人之货，而其物又皆轻浮易腐，势不可以多售，且不可以久蓄，遂至于挽人而沽之，而财之丧者已过半矣。学者亦然。前言往行汪洋乎胸中，未尝即人而人自趋之，其可以投合世俗之所好，而不可以治身齐家、尊主庇民者，皆不学也。夫是之谓"藏"。匠之治木也，终日运斤，能使盘根错节迎风缕解。苟不得其理，则徒惫其筋力，虽荏染之材，皆得以撄其锋。至乃巧匠则不然，徐之疾之，先其易而后其难，腕调手适，而刃若挥虚焉。学者之游亦如此而已。圣经贤传，充牣于吾前，吾欲多取之，则患其污漫而无宗；欲少取之，则又脱略而不尽。究刑名度数，则神不能超其表；考是非治乱，则识不能居其先。此无他，不得其所以游故也。知藏而又知修，譬如贾者能积而不休。夫唯不休，所以见其功而觉其尤。知游而又知息，譬如匠者能作而不极。夫唯不极，所以德弥新而道愈出。公试推余言而思之，庶几其有得乎！①

---

① 袁说友等编，赵晓兰整理. 成都文类[M]. 北京：中华书局，2011：846.

认为做学问就像经商一样，不能投世人所好，对别人趋之若鹜、"不可以治身齐家、尊主庇民"的知识，都不要学习。在学习中，还要像木匠顺着树木的纹理、根节劈开木材一样，要懂得学习之理，要学会在丰富的圣贤经传中取舍。知藏而又知修，才会"德弥新而道愈出"。在郑少微看来，一味地读《诗》《书》《易》《春秋》这类的圣贤经传，而不注重修养道德，也是不行的，他举例说：

> 然《诗》《书》《易》《春秋》皆待孔子而后成，礼乐则徒有其说而已，是三千之徒，其见六经盖或未完也。而孔门高第类有王佐之才，其下为将为相者，咸著绩业；其退而不仕者，亦淡然适于性命之情。自诸子九流纷纭于后世，书至汗牛充宇，而颛门立党，口授笔传，不胜其多。学者以博览为贤，六经传著以至百氏世传之史既以渔猎之矣，曰："未也。"下至卜祝医治之术，释老之教，无乎不阅。然而人材愈陋，事功不殚，莫仿佛于昔人。则读书之与不读，未可议夫损益也。今夫闾阎之人，初不能占毕而讽《急就》，及激于义理，则出词制行，往往万卷五车学士，忸怩叹息不暇。岂道德之运在神潜而心得，诚不止于简册间欤……书不可不读，苟不得其所以读，则不如不读之愈也。①

六经中，礼乐只是徒有其说，孔子的门徒们，大多没有读过完整的《诗》《书》《易》《春秋》四经。但是他们中，上等的有王佐之才，下等的也可以为将为相，那些不愿做官的也可以淡然自适。而现代人熟读经传、史书，乃至"卜祝医治之术，释老之教"，但是在人才、事功等方面都赶不上孔门弟子，就是因为他们只知读书，而没有关注道德修养，这样读书反而不如不读书。

有时，郑少微甚至会急切地想要"学成文武艺，货与帝王家"，表现出积极用世的一面，如其《招复流亡户口檄》就建议朝廷对流亡者"优直以

---

① 郑少微.读书堂记[M]//袁说友等编，赵晓兰整理.成都文类.北京：中华书局，2011：827.

傲力""贷种以劝耕"①，使他们安居乐业。为了能为世所用，他甚至不惜屈辱地干谒。在《代上嘉守书》中，他还为士大夫的干谒行为做过辩护：

> 某尝闻司马迁之言曰："不附青云之士，乌能施于后世哉？"又问韩愈之言曰："不借势于王公大人，则无以成其志。"某三复其言而思之，以谓士者知修己而已。居仁由义，砥节厉行，则名声未有不章，爵位未有不得，而又何必营营以附借为哉？然窃究观天下学士大夫为不少矣，当时显闻于世而载于简编者，盖可数也，意当时宁无卓伟之材不得所托而空老死于草莱者？则二子之言，盖亦欲学者激昂自致，不可与土木俱腐，其不附青云之士，不借势于王公，虽曰冥愚，良不过也。②

他引用司马迁"不附青云之士，乌能施于后世哉"和韩愈"不借势于王公大人，则无以成其志"两句话，来证明只靠涵养性情、砥节厉行是难以彰显名声、得到爵位的。他指出了天下有才之人多，而载入史册者少的现象，认为司马迁和韩愈的话是值得学者"激昂自致"的，那些"不附青云之士""不借势于王公"的人，是有些"冥愚"的。这种极端实用主义的观点，很难让人相信出自一个"褒博奋麈，御风泠然"高士之手。但对一些"不走寻常路"，通过非常规手段获得成功的文人，郑少微又会对他们大加斥责。如其《悯相如赋》就义正词严地对司马相如这位前代乡贤大张挞伐：

> 睠长卿之绝尘，邈下视于屈、宋。思眇眇以入微，辞蔚跂而易贡。骛八纮之津涯，括动植而错综。擢篆籀于重泉，斡形声而磬控。当其奋翼巴、庸，前无古人。拾厄灰之断简，搜屈壁之遗文。纷齐鲁之老师，徒骋辩于说铃。蜕笔土梗，鼻端运斤。专兔

---

① 曾枣庄等. 全宋文：第129册[M]. 上海：上海辞书出版社，合肥：安徽教育出版社，1997：194.
② 曾枣庄等. 全宋文：第129册[M]. 上海：上海辞书出版社，合肥：安徽教育出版社，1997：194.

园之右席,麾邹、枚于颦呻。顾天西之栎社,怅夜锦之未晨。念弦歌之石友,畅落魄于情亲。夫何嫠人之艳艳兮,感熠耀之宵光!瞩绮疏以托诚兮,佩徽音而曷忘!嗟父母之不聪兮,昧彼都之丰臧。盼星河之照闱兮,径遡洄而往从。

缙绅先生而为此欤?凉德污行,既不胜诛。闾阎烈女,世未乏诸。足不下堂,步中瑀琚。纫幽兰以为裳兮,钿美玉以为车。岂无泳汉之游女兮,亦有采桑之秋胡。秉周礼以律身兮,谅冰雪之难渝。裨化国之阴教兮,饰家道之权舆。尔弗安于正吉兮,蒙恶声于简书。

访旧垆于故老,莽榛芜之离离。眢井乃贪泉之戒,修梧寔曲木之规。渴者勿汲,喝者勿栖。噫嘻!余触类取譬,操觚默惟。滔滔儒服,相远几希!搂处子者,迷忠义之大闲;窥邻墙者,暗富贵之危机。斥雁币之聘,媒妁之辞,墙间之夫,河间之妇,等亡羊耳。未容胜负,又奚独料理十日卜之与典午邪!①

他先是褒扬了司马相如才华:"赵长卿之绝尘,邈下视于屈、宋。思眇眇以入微,辞蔚跂而易贡。骛八纮之津涯,括动植而错综。"他认为相如赋的创作成就远超屈原、宋玉,概括了相如赋体制宏大、语词富赡、控引天地、错综古今的特征,在相如面前,邹阳、枚乘只能算作是颦呻苦吟,"纷齐鲁之老师,徒骋辩于说铃。蜕笔土梗,鼻端运斤。专兔园之右席,麾邹、枚于颦呻"。但接着郑少微就开始对司马相如、卓文君大加批判,司马相如是"缙绅先生而为此欤!凉德污行既不胜诛""搂处子者迷忠义之大闲,窥邻墙者暗富贵之危机",卓文君则是"岂无泳汉之游女兮,亦有采桑之秋胡。秉周礼以律身兮,谅冰雪之难渝。裨化国之阴教兮,饰家道之权舆。尔弗安于正吉兮,蒙恶声于简书"。认为相如作为读书人,做琴挑、夜奔这样的事,是"凉德污行,既不胜诛",是"迷忠义之大闲",相如、文君之间没有"雁币之聘,媒妁之辞",所以他们就是"墙间之夫""河间之妇"。他认

---

① 袁说友等编,赵晓兰整理. 成都文类[M]. 北京:中华书局,2011:17.

为文君作为一个寡妇没有"秉周礼以律身"、没有"安于正吉",在迷上相如美好的琴声和俊美的面容后,不听父母之言,与相如私奔,导致她最终"蒙恶声于简书"。郑少微对司马相如、卓文君的抨击,也许"真正的批判锋芒,其实是指向那些无行文人,指向每况愈下的世风……对司马相如之'悯',对司马相如及卓文君的抨击及斥责,似是有感而发,有现实针对性,是针砭时弊之作"①。

从以上例子我们可以看出,郑少微作品的思想内容大多没有超出儒家仁义道德的藩篱,并不像他自己所标榜的人格追求那样轻妙洒脱。但在一些文章中,郑少微也表现了自己对魏晋名士风度的向往。如其《竹斋记》云:

> 夫君子之玩物也,必有得于物而后致其乐。王子猷曰:"安可一日无此君!"执礼者类讥焉,谓晋世人士率唱奇以警俗,竹何关吾事,而溺好如此?且江左英韵,王氏得之居多。子猷泪杨阖世,胸胆傲兀,其寓意远矣。而当时官长乃以曹事责之,鸥鸟不下,理宜然也。②

在这篇记里,郑少微以王子猷来类比竹斋主人房少猷,他们都爱竹,甚至是"不可一日无此君"。竹秀逸风韵、纤细柔美、潇洒挺拔,的确是高洁君子的良伴。相较于前面列举的文章,郑少微的这篇记,稍稍有些魏晋名士的味道。

相比于文而言,郑少微词仅存二首,但都不落俗套,词意俱佳。其咏梅词《鹧鸪天·谁折南枝傍小丛》写得清新俊逸,的确有御风泠然的魏晋风度,很值得一读。

> 谁折南枝傍小丛。佳人丰色与梅同。有花无叶真潇洒,不问胭脂借淡红。

---

① 赵晓兰.《成都文类》中的司马相如[J].四川师范大学学报:社会科学版,2008(5):110-114.
② 袁说友等编,赵晓兰整理.成都文类[M].北京:中华书局,2011:852.

应未许，嫁春风。天教雪月伴玲珑。池塘疏影伤幽独，何似横斜酒盏中。①

上片写梅花的丰色和韵致。"佳人丰色与梅同"，以物拟人，由物及人。"有花无叶真潇洒，不向胭脂借淡红"，写梅花不依仗绿叶的扶持，凭她独有的清香丰色，超然独立于百花之上，这里的"潇洒"本是用于写人的，这里用来写花，亦花亦人，花与人在艺术形象上统一起来，突出了梅花高洁的品质，既是赞扬梅花的品格高尚，也是赞扬像梅花一样的佳人和高士品格高尚。下片侧重写梅花的骨气和品格。百花都在春风吹拂下开放，唯独梅花却不肯"嫁春风"，只愿意和"雪月伴玲珑"，这里用雪和月衬托梅花的洁白，用春风、胭脂反衬梅花的孤傲，使审美情境进一步向纵深拓展，使读者自然联想到作者的意趣。结尾两句"池塘疏影伤幽独，何似横斜酒盏中"，化用林逋的"疏影横斜水清浅，暗香浮动月黄昏"，又别具新意，更进一步由写梅花之形到写梅花之神。整首词于宁静淡泊中流露出一丝无可奈何的抑郁感。整首词不仅从梅花外表对其加以刻画，更是努力塑造梅花的艺术形象，寄寓着深层的意蕴。既是咏梅，也是咏像梅一样高洁的佳人、高士。既可理解为作者的自喻，又不局限于作者的自喻。梅花成了词人所倾慕的理想人物的化身。

郑少微还有一首集句词《鹧鸪天》：

欲把长绳系日难，纷纷从此见花残。休将世事兼身事，须看人间比梦间。

红烛继，艳歌阑。等闲留客却成欢。劝君更尽一杯酒，赢得浮生半日闲。

所谓集句是指集辑前人的诗文成句以融汇成篇的一种作词方法，一般多用篇幅短小而形体整齐的词调。据张明华《古代集句词的基本特征及其发展原因》："就现有材料看，最早的集句词是北宋宋祁的《鹧鸪天·画毂雕鞍

---

① 唐圭璋. 全宋词[M]. 北京：中华书局，2011：694.

狭路逢》。"①宋人所集多为唐人五、七言诗句。在该词中，上阕前二句集自唐彦谦《春蚕落英》："纷纷从此见花残，转觉长绳系日难。楼上有愁春不浅，小桃风雪凭阑干。"三四句集自韩愈《游城南十六首·远兴》(一作《遣兴》)："断送一生惟有酒，寻思百计不如闲。莫忧世事兼身事，须着人间比梦间。"郑少微把"须着"改成了"须看"。下阕"劝君更尽一杯酒"一句，集自王维《送元二使安西》。"赢得浮生半日闲"一句，集自李涉《题鹤林寺僧舍》："因过竹院逢僧话，又得浮生半日闲。"只是郑少微把诗中的"又"字改成了"赢"字而已。词里虽没有蕴含太多的深意，但也体现了郑少微的博学多才。

  总的说来，在北宋后期党争酷烈的背景下，郑少微想要追求的是御风而行的轻妙和清俊通脱的人格，但从其作品所体现的思想来看，他亦注重"文道合一"，注重言道与论政的密切结合，未脱儒家仁义礼教的藩篱，教化意味较浓。

---

① 张明华. 论古代集句词的基本特征及其发展原因[J]. 文史哲，2016（3）：96-104.

《全宋文》《全宋诗》收录蜀中"三俊"诗文辨伪与辑补

"三俊"都是土生土长的四川人,他们一生几乎都在四川度过。作为苏轼文人集团的外围成员,他们可以说是那个时代蜀地中下层文人的典型代表。在早期,他们都曾有一颗昂扬向上、积极进取的心,先后在元丰、元祐年间考取功名,希望在政治上有所建树,都写下许多言辞恳切、不畏权贵的政论文章,表现出了想要报效朝廷、改革政事的社会责任感。可惜,"三俊"生活在北宋末年党争连绵不断、酷烈异常之时,蜀党的失势,也连带他们相继被贬官或失官。仕途失意后,他们更多表现出一种偷安自适、任性逍遥的精神风貌,入世意愿大为淡化。他们有时心游物外,寄情山水,以游宴、饮酒来排遣心中的忧愁;有时托情于诗词、书画以自娱;有时耽佛习禅,以禅定之乐来排遣经世的悲痛和人生的苦难。"三俊"虽然身后名迹不彰,但是他们著述颇丰。在他们的作品中,除了与苏轼、黄庭坚、冯澥等名流的相互唱外,大多是与蜀地政治、经济、教育、宗教、水利、城市建设、边地风光、少数民族习俗等相关的诗文,具有极高的史料价值。对他们的作品进行整理、研究,不仅能让我们对北宋后期蜀地政治、经济、文化等情况有更为清晰的认识,还有利于我们认识巴蜀文化在北宋的发展轨迹，把握巴蜀文化的本质与内涵，并能为北宋时期巴蜀其他方面的研究提供可供参考的资料。

一、"三俊"作品传世情况

郑少微作品，《宋史·艺文志》载有《唐史发挥》十二卷、《策》六卷。值得注意的是这两部著作皆未出现在《郡斋读书志》《直斋书录解题》等南宋目录学著作中，而《宋史》的修撰者大量采用宋修国史及宋人文集中的笔记、神道碑、墓志铭、行状、序、赞、传、书信等现成材料，在短短两年多时间里便修成二十四史中规模最大的一部正史。因其成书仓促、疏于甄别，遭受诟病亦最为深重，如梁启超就认为"《宋史》在诸史中最称芜秽"[①]。修撰者很难对涉及书籍的存世情况进行考察。因此，虽《宋史》中有著录，但郑少微这两部著作当在南宋时已经亡佚。而在曹学佺《蜀中广记》卷九十八却载有《宋史》中未曾提及的《木雁居士集》，不记卷数。《蜀中广记》卷四十二和卷九十八在分别介绍郑少微和《木雁居士集》的时候都称"有集行于世"（曹学佺所称的"集"当指《木雁居士集》），其后，黄廷桂等编雍正《四川通志》卷八也称"有集行于世"[②]。不知为何，这部在《宋史》中并未著录的著作却突然出现在明清，据笔者掌握的有限资料，也无法确定曹学佺、黄廷桂等此说是抄录自某部他们看到的目录学著作还是真的见到这部著作。但从清中晚期著录情况来看，除散见于各总集、类书、方志的作品外，没有人引用过郑少微的其他作品，所以曹、黄等人抄录自前人目录学著作的可能性较大。在他们生活的明清时期，《木雁居士集》当已散佚。郑少微作品，目前只有少数赋、文、词散见于《成都文类》《历代赋汇补遗》《全蜀艺文志》《五百家播芳大全文粹》《国朝二百家名贤文萃》《梅苑》《花草粹编》《五百家注昌黎文集》等总集、类书以及雍正《四川通

---

① 梁启超. 王安石传[M]. 天津：百花文艺出版社，2006：9
② 黄廷桂等. 四川通志[M]//纪昀等编. 文渊阁四库全书. 台北：台湾商务印书馆，1986.

志》、嘉庆《四川通志》、同治十三年刻本何庆恩编《德阳县志》方志中，计有赋一篇，文十七篇，残文二篇，词二首（词牌均为《鹧鸪天》）。从现存文章内容来看，都与唐史和科举考试的策论、策问关系不大，应该都来自其《木雁居士集》。除上述赋、文、词外，据曹学佺《蜀中广记》卷十三："鹤山在（临邛县）城西八里……文人词翰则有郑少微、张公庠，与夫张商英、王赏、赵雍之旧题。"①则郑少微尚有题临邛鹤山诗或文，但今已不存。又据黄庭坚《山谷集》卷十五《赠刘静翁颂四首》前的小序："郑明举《赠刘静翁四颂》，劝之舍俗出家，词旨高迈，玩之不能释手。然静翁在家出家，无俗可舍，因戏作四颂以赠行。"《山谷集·别集》卷三《别刘静翁序》："有郑少微明举者，成都名士也。称静翁纸帷布被，琴鹤以为行李，似不能不求于人，而未尝发于词气。"②则郑少微还有《赠刘静翁四颂》四篇，但我们今天也看不到了。

杨天惠一生著述颇丰。晁公武《郡斋读书志》卷二下称："《三国人物论》三卷，右皇朝杨佑甫撰，蜀人。"③马端临《文献通考》卷二百直接引《郡斋读书志》，并未作辨析，马氏应该没亲自见到杨天惠《三国人物论》。其后，《宋史·艺文志》载有《杨天惠集》六十卷、《三国人物论》三卷。但自宋以后，除《文献通考》及曹学佺《蜀中广记》外，公私书目对杨天惠作品皆无记载。曹学佺《蜀中广记》卷十八云："《杨天惠文集》六十卷。《通志》云：'天惠，郫县人，元丰进士，后入党籍'。按：《潼川志》有'杨天惠，字祐甫，登熙宁二年进士，授双流知县，多善政，文词得西京体，即著《彰明逸事》及《彭山十事记》者。'不知同是一人否，元丰、熙宁年号亦相连。"④曹氏虽然记载了《杨天惠集》和《三国人物论》，但书中关于杨天惠的事迹，曹氏都抄自他所见到的《通志》和《潼川志》，并没具体考证，所以他本人应该也没见到杨天惠的这两部著作。同样，李贤、彭时等撰修

---

① 曹学佺. 蜀中广记[M]//纪昀等编. 文渊阁四库全书. 台北：台湾商务印书馆，1986.
② 黄庭坚. 山谷集[M]//纪昀等编. 文渊阁四库全书. 台北：台湾商务印书馆，1986.
③ 晁公武撰，孙猛校证. 郡斋读书志校证[M]. 上海：上海古籍出版社，1990：308.
④ 曹学佺. 蜀中广记[M]//纪昀等编. 文渊阁四库全书. 台北：台湾商务印书馆，1986.

的地理总志《明一统志》卷十六虽然说杨天惠"有文集行世"①，但应该也只是根据前人相关记载。所以，《杨天惠集》以及《三国人物论》当在宋元之际就已散佚。《明一统志》还记载了杨天惠"作歌行十数篇，老师宿儒相传惊叹"②之事迹，可惜这十篇数歌行也已不传。目前，只有《杨天惠集》中的部分诗、赋、文散见于《成都文类》《舆地纪胜》《蜀中广记》《唐诗纪事》《宋诗纪事》《国朝二百家名贤文萃》《圣宋名贤千家表启》《五百家播芳大全文粹》《说郛》《宾退录》《蜀藻幽胜录》《全蜀艺文志》《御定佩文斋广群芳谱》等总集、类书及地理志以及雍正《四川通志》、嘉庆《四川通志》、嘉庆《温江县志》、同治《郫县志》、同治《彰明县志》、道光《龙安府志》、同治《直隶绵州志》、光绪《新修潼川府志》、民国《三台县志》等史籍和方志中。计有诗六首、赋一篇、文三十二篇、残句六、残文五。这些诗文都与三国人物无关，应该都来自《杨天惠集》六十卷。

李新《跨鳌集》，最早见于晁公武《郡斋读书志》卷四："李元应《跨鳌集》五十卷。右皇朝李新，字元应，仙井监人，早登进士第，刘泾尝荐于苏子瞻，命赋《墨竹》，口占一绝立就。坐元符末上书夺官，谪置遂州，流落终身。跨鳌，仙井山名也。"③马端临《文献通考》卷二百三十七本之。尤袤《遂初堂书目》、陶宗仪《说郛》卷十下、厉鹗《宋诗纪事》卷二十六亦载李新《跨鳌集》，然皆不著卷数。脱脱《宋史·艺文志》载有"《李新集》四十卷"④，柯维骐《宋史新编》卷五十三称："《李新集》四十卷。"⑤孙能传《内阁藏书目录》卷三称："《跨鳌集》十三册，全，宋哲宗朝李新著，凡四十四卷，又遗集一卷，别集一卷。"⑥焦竑《国史经籍志》也记《跨鳌集》四十四卷。如此，《宋史》《宋史新编》所著《李新集》当即为晁公武所著《跨鳌集》，只不过《宋史》《宋史新编》所记乃因名命集，晁氏所

---

① 李贤等. 明一统志[M]//纪昀等编. 文渊阁四库全书. 台北：台湾商务印书馆，1986. ,
② 李贤等. 明一统志[M]//纪昀等编. 文渊阁四库全书. 台北：台湾商务印书馆，1986. ,
③ 晁公武撰，孙猛校证. 郡斋读书志校证[M]. 上海：上海古籍出版社，1990：718.
④ 脱脱. 宋史[M]. 北京：中华书局，1977：5358.
⑤ 柯维骐. 宋史新编[M]. 明嘉靖刻本
⑥ 孙能传，张萱等. 内阁藏书目录[M]//续修四库全书. 上海：上海古籍出版社，1995.

记乃因号命集。同时，我们注意到，二者不但命名不同，卷数、版本也不同，应该是在流传过程中形成的不同版本。而明末的孙能传、焦竑所记载的《跨鳌集》四十四卷本跟晁氏及《宋史》《宋史新编》所记载的又是不同的版本，这些版本大约在明末清初皆散亡。今存《跨鳌集》仅三十卷，乃清四库馆臣从《永乐大典》存本中析出，称"集本五十卷，今散见《永乐大典》者，裒合编次，尚得三十卷"①。但四库馆臣并未尽辑《永乐大典》所存李新诗、文，栾贵明先生《四库辑本别集拾遗》又从中辑得《半方壶诗》《和李少卿游北湖六首》《汉源馆》《一晓发射洪循江而行书二诗州堆馆》等十首诗，栾先生称："《跨鳌集》三十卷。李新，字元应，仙井（四川）人。宋元祐三年（一〇八八）进士。崇宁二年以言抵罪夺官。四库馆臣自《永乐大典》辑《跨鳌集》三十卷。现存《永乐大典》录李新诗一条、李跨鳌集一条、李跨鳌先生集二十三条，以上共二十五条，馆臣漏辑者十条。"②此外，李新少量诗、词、文还散见于《永乐大典》《前贤小集拾遗》《佩文斋广群芳谱》《御选宋诗》《宋元诗会》《宋诗纪事》《成都文类》《古今岁时杂咏》《舆地纪胜》《五百家播芳大全文粹》《国朝二百家名贤文粹》等总集、类书中，计有诗二十三首、残诗六句、文八篇。据《宋史·艺文志》，李新还有"《塾训》十三卷，《欲书》五卷"③。《塾训》一书，亦见于柯维骐《宋史新编》卷五十一，称"李新《塾训》十三卷"，书名、卷数都一致。从其命名来看，大约是一部教导家塾童蒙之书，此书自明以后，再不见载于各目录学书籍，当在明末亡佚。《宋史》所称《欲书》一书，南宋楼钥《攻媿集》卷七十八有《跋忥书》，称："蜀隆州有山名跨鳌，郡人李公新号跨鳌先生，有书一编，名《忥书》，观物先生张公行成跋云：'《方言》曰："忥，倦也。"'丁度谓字或作忥。故司马相如云：'穷极倦忥'。而释者亦云：'倦、忥：疲惫也。'先生之书以忥名，盖示其倦游不晞时用也。"余考之《集韵·二十陌》有'忥'字，与剧同音。注引《方言》'倦也'。然则此书之名音从

---

① 纪昀. 四库全书总目提要[M]. 石家庄：河北人民出版社，2000：4024.
② 栾贵明. 四库辑本别集拾遗[M]. 北京：中华书局，1983：412.
③ 脱脱. 宋史[M]. 北京：中华书局，1977：5192.

剧，义则倦，跨鳌之意，不过此尔……猷从山谷之谷，弹丸之丸，则是钦宗庙讳嫌名第三十六字，止是亭名，别无义可取。跨鳌卒于宣和之末，故不以靖康之嫌名为避……猷：竭戟切，猷其虐切，声亦相近。疑即猷字也。跨鳌之书不应取跨猷之义，正用《方言》《上林赋》倦猷之意耳。"①则《宋史》所称"欲"当为"猷"之形讹，据楼钥的《跋》推测，李新此书，大约是一部表现自己屡僗游宦生涯、感叹自己有才但不被朝廷重用的诗文集子，应该是其崇宁元年（1102）因言获罪以后所作，对我们研究李新乃至北宋贬谪文学有重要的参考意义，可惜此书自《宋史》以后再无人提及，或在宋末至元代就已散失。

二、《全宋诗》《全宋文》收录"三俊"诗文情况及辨伪

曾枣庄等《全宋文》第129册卷二七八八收录郑少微文二十一篇（含《悯相如赋》一篇）②。其中《天申节道场疏》二篇和《天申节功德疏》这三篇文章需要作进一步辨析。这三篇文章都辑自宋魏齐贤、叶棻编的《五百家播芳大全文粹》卷七十五，原文署名都是"郑明举"③。明举是郑少微的字，看起来是郑少微的作品。但这三篇文章都提到了"天申节"，据《宋史·高宗本纪一》："（建炎元年五月）乙未，以生辰为天申节。"④也就是说，天申节是建炎元年五月才开始设立的，以南宋高宗赵构的生辰（农历五月二十一日）为节。根据我们前面对郑少微生平的考证，他卒于宣和五年以前，不可能在天申节给南宋的高宗皇帝上奏疏，因此，这三篇文章的作者当另有其人。是《全宋文》误辑。

---

① 楼钥.攻媿集[M]//纪昀等编.文渊阁四库全书.台北：台湾商务印书馆，1986.
② 曾枣庄等.全宋文：第129册[M].上海：上海辞书出版社，合肥：安徽教育出版社，2006：192-207.
③ 魏齐贤，叶棻.五百家播芳大全文粹[M]//纪昀等编.文渊阁四库全书.台北：台湾商务印书馆，1986.
④ 脱脱.宋史[M].北京：中华书局，1977：450.

傅璇琮等《全宋诗》第十八册卷一〇九二收录杨天惠诗六首（其中《温江县二瑞颂》辑自《成都文类》（《全宋文》亦收，记作文，不计作诗）、残句四句①。《全宋文》第一一七册卷二五三一至二五三三收录杨天惠文三十五篇，含《悯相如赋》一篇、残文《水墨记》《彰明遗事》两篇②。在收录这些文章时，《全宋文》也做了一些辨伪工作。如收录于《成都文类》卷二九的《双流县令题名记》③一文，原书署"缺名"，而杨慎《全蜀艺文志》卷三四署"杨天惠"。虽然杨慎《全蜀艺文志》基本是从《成都文类》抄过来的，且因时间匆忙，抄录过程中难免出现很多错误，但据《明一统志》卷七十一记载，杨天惠曾知双流县，且双流距杨天惠崇宁三年（1104）七月被免职后闲居的郫县较近，再加上此文中提到的李孟侯在杨天惠《张忠定公祠堂记》中亦曾被提及，称"以（华阳）知县事李君孟侯董匠事"④，《双流县令题名记》又称其"由华阳迁此邑，再以治办闻"，所以，此文当为杨天惠作，时间当在《张忠定公祠堂记》后。《全宋文》虽然没有阐述理由，但也收录了此文。再如《全蜀艺文志》卷三四收的《钤辖厅东园记》一文，原署"杨天惠"。《成都文类》卷二八中称之为《东园记》，署"李良臣"。曹学佺《蜀中广记》卷四也引用了此文，署"李良臣"。在《东园记》中，有"仆守简池，连岁以檄程四川进士试文，凡一再至少城"⑤这样的句子。文中提到的简池在今陕西汉中镇巴县，北宋时属简州，而《建炎以来系年要录》卷一百二十二有"（绍兴八年九月己亥）尚书礼部员外郎李良臣知简州"⑥的记载，《蜀中广记》卷八还录了李良臣的两句诗"简州何处景最佳，东溪清绝人所夸"⑦，因此，此文当为李良臣作，不是杨天惠的作品。《全宋文》没有收录该文，但在其收录的杨天惠文章中，《全宋文》也出现

---

① 傅璇琮等. 全宋诗：第18册[M]. 北京：北京大学出版社，1995：12386-12388.
② 曾枣庄等. 全宋文：第117册[M]. 上海：上海辞书出版社，合肥：安徽教育出版社，2006：300-340.
③ 袁说友等编，赵晓兰整理. 成都文类[M]. 北京：中华书局，2011：567.
④ 袁说友等编，赵晓兰整理. 成都文类[M]. 北京：中华书局，2011：675.
⑤ 袁说友等编，赵晓兰整理. 成都文类[M]. 北京：中华书局，2011：557.
⑥ 李心传. 建炎以来系年要录[M]. 北京：中华书局，1985：2012.
⑦ 曹学佺. 蜀中广记[M]//纪昀等编. 文渊阁四库全书. 台北：台湾商务印书馆，1986.

了两处失误。一是辑自《舆地纪胜》卷一四六《水墨石记》[①]，原题为"水墨石记"，《全宋文》收录时脱一"石"字，变成了"水墨记"。另一篇是辑自嘉庆《四川通志》卷七十五的《附子记》，其原文经笔者以其他总集收录该文的文字对照，校后为：

> 绵州，故广汉地，领县八，惟彰明出附子。彰明领乡二十，惟赤水、廉水、会昌、昌明宜附子。总四乡之地，为田五百二十顷有奇。然税稻之田五，菽粟之田三，而附子之田止居其二焉。合四乡之产，得附子一十六万斤已上。然赤水为多，廉水次之，而会昌、昌明（"昌明"二字原脱，据《佩文斋广群芳谱》《宾退录》补）所出甚微。
>
> 凡上农夫，岁以善田代处，前期辄空田一，再耕之时，荞麦若巢糜其中，比苗稍壮，并根叶耪覆上下，后耕如初，乃布种。每亩用牛十耦，用粪五十斛。七寸为垄，五寸为符，终亩为符二十，为垄千二百。垄从符（"符"，原作"无"，据《宾退录》改）衡，深亦如之。又以其余为沟、为涂。
>
> 春阳坟（"坟"，原作"溃"，《佩文斋广群芳谱》《说郛》作"愤"，据《宾退录》改）盈，丁壮毕出，疏整符垄，以需（"需"，原作"雷"，据《宾退录》改）风雨。雨过辄振拂而骈持之，既又挽草为援，以御烜（"烜"，原作"短"，据《宾退录》改）日。其用工力，比它田十倍，然其岁获亦倍称或过（"或"，原作"成"，据《宾退录》改。"过"，原脱，据《宾退录》补。"烜"，原作"短"，据《宾退录》改）之。凡四乡，度用种千斛以上，出龙安及龙州。齐归木间，青槌小平者良其播种，以冬尽十一月止。采撷以秋尽（"尽"，原作"成"，据《宾退录》改）九月止。其茎类野艾而泽其叶，类地麻而厚其花，紫叶黄蕤，长苞而圆其盖。其实之美恶，视功之勤寡，以故富室之入常美，贫者虽接畛或不尽然。又有七月采者，谓之早水，拳缩而小，盖附子之未成者。然

---

① 王象之. 舆地纪胜[M]. 台北：文海出版社有限公司，1971：652.

此物谓畏恶猥多，不能常熟。或种美而苗不茂，或苗秀而不充，或以酿而腐，或以暴而痒，若有物焉，阴为之故。园人将采，常祷于神，或目为药妖云。其酿法，用醲醅安密室淹覆，弥月乃发，以时暴凉久，干定方出，酿（"酿"，原作"壤"，据《宾退录》改）时其大有如拳者，已定不辄盈握，故及两者极难得。

盖附子之品有七，实本同而品异。其种之化为乌头，附乌头而傍生者为附子，又左右附而偶生者为鬲子，又附而长者为天雄，又附而尖者为天佳，又附而上出（"出"，原脱，据《宾退录》补）者为侧子，又附而散生（"散生"，原作"上"，《佩文斋广群芳谱》《说郛》作"散"，据《宾退录》改）者为漏蓝，出皆脉胳连贯如子附母，而附子以贵，故独专附名，自余不得与焉。凡种一而子六七以上，则其实皆小；种一而子二三，则其实稍大；种一而子特生，则其实特大。此其凡也。附子之形以蹲坐、正节、角少为上，有节（"节"下原衍"气"字，据《宾退录》删）多鼠乳者（"者"，原作"香"，据《宾退录》改）次之，形不正而伤缺、风皱者为下。附子之色，以花白为上，铁色次之，青绿为下。天雄、乌头、天佳以丰实过握（"握"，原作"据"，据《宾退录》改）为胜，而漏蓝、侧子，园人以弃（"弃"，诸本皆作"乞"，《宾退录》校为"弃"，按文意，当为"弃"，据《宾退录》校注改）役夫，不足数也。

大率蜀中人饵附子者少，惟陕辅、闽浙宜之。陕辅之贾，才市其下者。闽浙之贾，才市其中者。其上品，则皆士大夫求之。盖贵人金多喜奇，故非得大者不厌。然土（"土"，原作"士"，《宾退录》作"上"，《佩文斋广群芳谱》《说郛》作"散"。"士""上"皆应为"土"之形讹。据文意改）人有知药者云："小者固难用，要之半两以上皆良，不必及两乃可。"此言近之。按：《本经》及《志》载："附子出犍为山谷，及在山南、嵩高、齐鲁间。"以今考之，皆无有，误矣。又曰："春采为乌头，冬采为附子。"大谬！又云："附子八角者良，其角为侧子。"愈大谬！与予所闻绝异，岂所谓尽信书不如无书者类耶！

以上皆杨说。古《涪志》("志"字原缺，据《宾退录》补）既删，去其略著于篇然。又云："天雄与附子类同而种殊，附子种近类漏蓝，天雄种如香附子，凡种必取土为槽，作倾邪之处，势下广而上狭，寔种其间。其先也与附子绝不类，虽物性使然，亦人力有以使之。"此又杨说所不及也。审如《志》言，则附子与天雄非一本矣，杨说失之。

《本草图经》与此小异。《广雅》云："奚毒，附子也。一岁为荝子，二岁为乌喙，三岁为附子，四岁为乌头，五岁为天雄。"盖亦不然，荝子、天雄、漏蓝三物，《本草》皆不著。张华《博物志》又云："乌头、天雄、附子一物，春秋冬夏，味各异也。"①

首先，该文原题《附子记》，《宾退录》记为《彰明县附子记》，《本草纲目》记为《附子传》，《佩文斋广群芳谱》《说郛》记为《彰明附子记》，根据文意，该文乃是杨天惠在担任彰明任县令②期间，深入田间地头，对江油特产——附子的种植加工情况进行了详细的了解，写成了迄今发现最早的一篇关于彰明附子的考察报告。首先文章详细记载了彰明县附子产地和产量，当以《彰明附子记》题之为是。其次，从上文的校记中我们发现，短短的一篇文章，错讹之处却有十七八处，《宾退录》《佩文斋广群芳谱》的文字都要优于嘉庆《四川通志》，《全宋文》以《四川通志》为底本，不是一个好的选择。再次，《全宋文》注意到本文有他人注语掺入，在嘉庆《四川通志》中注语已与正文淆混，于是编者删除了"此言近之"以下文字，但根据文意，从"按"到"岂所谓尽信书不如无书者类耶"一段，并不是他人注语，而是杨天惠本人的按语，其后"以上皆杨说"以下才是他人注语，《佩文斋广群芳谱》恰恰留下了杨天惠本人的注语，而删除了他人注语，《全宋文》编者没有好好借鉴。

傅璇琮等《全宋诗》第二十一册卷一二五二至卷一二六三以影印文渊

---

① 常明修，杨芳灿纂. 四川通志[M]. 嘉庆二十年刻本.
② 杨天惠知彰明在元符二年（1099）。其《彰明遗事》云："元符二年春正月，天惠补令于此。"见计有功. 唐诗纪事：卷一八[M]. 上海：上海古籍出版社，1987：271.

阁四库全书《跨鳌集》为底本,析出李新诗十一卷,在借鉴栾贵明先生《四库辑本别集拾遗》辑得李新诗十首的基础上,再辑得李新诗十七首、残诗四句,将四库本《跨鳌集》以外的诗另编一卷,收录李新诗共十二卷①。曾枣庄等《全宋文》第一三一、一三四册也以影印文渊阁四库全书《跨鳌集》为底本,将所辑出李新文加上辑得的《霍光论》《汲黯论》《招星阁记》《跋颜鲁公书后》四篇佚文厘为十七卷②。在辑录李新诗、文方面,《全宋诗》《全宋文》都没有出现误辑现象,还利用现存《永乐大典》《全蜀艺文志》等收录的李新诗、文进行了校正。值得一提的是,唐圭璋等编的《全宋词》还对《跨鳌集》所收李新词做了考证,认为《跨鳌集》卷十一《洞仙歌》(雪云散尽放晓晴)一词并非李新作品,称:"据《乐府雅词》卷上,乃李元膺作品。"③李新字元应,"应"的繁体与李元膺的"膺"音近而形似,加上李元膺只有零散的几首诗词流传下来,所以四库馆臣才会将其归入李新《跨鳌集》中。

三、《全宋诗》《全宋文》漏收"三俊"诗文补辑

《全宋诗》《全宋文》都是煌煌巨编,它们的编辑出版是我国学术界的盛事,是古籍整理事业的两大丰硕成果,对于推进宋代的文史研究和文化研究都可谓功莫大焉。但由于有宋一代国祚绵长、文献浩繁,作者众多,加之《全宋诗》《全宋文》都规模巨大,成于众手,因此对于所收录的宋人诗文,遗漏在所难免。很多学者也围绕这两部巨著做了很多补遗工作。在整理"三俊"作品的过程中笔者也发现,"三俊"作品在《全宋诗》《全宋文》都有失收现象。现从各类总集、类书和方志中搜辑郑少微残文二篇,杨天惠残文三篇,李新诗五首、文四篇,以补《全宋诗》《全宋文》之阙。

---

① 傅璇琮等. 全宋诗:第21册[M]. 北京:北京大学出版社,1995:14147-14239.
② 曾枣庄等. 全宋文:第133、134册[M]. 上海:上海辞书出版社,合肥:安徽教育出版社,2006.
③ 唐圭璋等. 全宋词[M]. 北京:中华书局,1965:696.

（一）郑少微文章辑补

1.《渊乐堂记》

予，癯儒也。暴享此，得无有物瞰之？因书韩公《示儿》诗曰："始我来京师，止携一束书。辛勤三十年，以有此屋庐。"夫经之勤，营之剧，悴形忍性，磨以寒暑，而偶有获焉。此韩公诗之所以饰喜，而予欲记之，亦以志难也。唯是名堂之意颇有以，而或者未即晓之。今夫渊明嗜酒，乐天亦嗜酒；渊明工诗，乐天亦工诗。凡语故事者，夫人知其然，乃予所以千载尚友之意，殆不其然也。子盍忖予心而试发之。①

按：此残文标题为笔者所加，辑自《成都文类》卷四二，乃郑少微给杨天惠的信札，杨天惠《渊乐堂记》所引。据杨天惠文，郑少微在做朝请郎之后，曾筑渊乐堂，希望能在"致为臣"后"归老于其家"，在筑堂期间，他书寄杨天惠，并专门请杨天惠记。这一篇残文就是杨天惠《渊乐堂记》所引郑少微书信的内容，郑少微主要是要阐述自己命堂为渊乐的含义，姑名之《渊乐堂记》。

2. 残 文

孟韩之功，其同二。而立言行已，其异五。孟子于杨墨，方其始也，禽兽视之。而愈则曰："火其书，庐其居，人其人，一旦逃而归也。"孟子受之而已矣，而愈则序文畅诗澄，观此，其同者二也。孟子曰："尧舜不遍爱，急亲贤也。"愈则曰："一视而同仁。"孟子言必称尧舜。愈则曰："王易，王霸，易霸也。"孟子曰："性本善也。"而愈品为三。孟子曰："墨，乱孔也。"而愈合为一。孟子藐大人，轻万钟，召之则不往也。愈则佞于颓干宰相。此其异

---

① 袁说友等编，赵晓兰整理. 成都文类[M]. 北京：中华书局，2011：819.

者五也。其曰韩愈之贤不及孟子，可谓能自知矣。①

按：此残文辑自四库本魏仲举《五百家注昌黎文集》卷十八，亦见于廖莹中《东雅堂昌黎集注》卷十八。来自对韩愈《与孟简尚书书》文中"释老之害，过于杨墨；韩愈之贤，不及孟子"一句的补注，称"木雁郑少微曰"。在文中，郑少微比较了韩愈与孟子的同与异，认为韩愈之贤不及孟子，从中可以看出郑少微的君子观，也可想见其雄辩之风采。

（二）杨天惠文章辑补

1.《彭山十事记》

一曰象耳山。二曰彭祖宅。三曰大悲道场。四曰宝现、磨针二溪。五曰太白书台、有石刻。太白留题云："夜来月下卧醒，花影零乱，满人襟袖，疑如濯魄于冰壶也。"杜光庭诗："山中犹有读书台，风扫晴岚画障开。花月冰壶依旧在，青莲居士几时来？"六曰师悟、志栖二大士会昌寺。七曰薛、范二诗。八曰龙池、蟹泉。九曰千岁松柏。十曰石恪画护法神。

按：该残文辑自《蜀中广记》卷十二，署"杨祐甫"②。文中所引及的石恪，字子专，成都郫县人，五代末宋初画家，生平详见《益州名画录》。

2.《眉州十事记》

石恪画护法神是其一也。原注：见《舆地纪胜》。

按：该文只留下一句，辑自《蜀中广记》卷一百六。署"宋杨祐甫"③。据其按语，《蜀中广记》辑自《舆地纪胜》。然今存留《舆地纪胜》（据文海出版社本）卷一百三十九——"成都府路·眉州"已残破，仅余碑记一页，

---

① 魏仲举.五百家注昌黎文集[M]//纪昀等编.文渊阁四库全书.台北：台湾商务印书馆，1986.
② 曹学佺.蜀中广记[M]//纪昀等编.文渊阁四库全书.台北：台湾商务印书馆，1986.
③ 曹学佺.蜀中广记[M]//纪昀等编.文渊阁四库全书.台北：台湾商务印书馆，1986.

未见此文。

3.《通泉县连鳌阁记》

  梓于西南为大都,通泉为梓名邑。江山秀润,土田平夷。

按:该残文辑自《舆地纪胜》卷一五四。后署"绍圣四年通泉县连鳌阁记,杨天惠撰"[①]。文中提及的梓指梓州,治所在今四川三台。通泉指通泉县,治今四川射洪县沱牌镇。

(三)李新诗文辑补

1.《立春即事》

  璇杓阻闰律灰迟,春入花枝蝶未知。青帝似随明月至,紫姑争问一年疑。

按:辑自蒲积中《古今岁时杂咏》卷四[②]。

2.《次韵八月十七玩月》

  中秋偶误团圆月,坐恨阴霾障天阙。作诗问月月无言,欻放清辉似相合原注:十五夜无月,尝作问月篇。轮间桂影岂默林,一见胡为便忘渴。婵娟姿态自姝好,安事铅华镜奁匣。引起登临无限人,庾公楼下纷车辙。沉沉夜色凝寒水,荡散纤云无一发。因思汉帝感秋风,欲唤郢人歌白雪。俊赏佳期莫轻负,人生出处多回沴。举杯邀月醉则已,万斛牢愁凭血刷。起看蟾华转玉盘,摩空隐隐何轻滑。影落澄江一万寻,鱼龙无处逃清澈。谁言暗魄损光晕,就欠毫分亦奇绝。况我年来百虑消,世味久谙如嚼蜡。是非巧吻禁不动,名利痴心会求歇。人言满面凛风霜,自觉寸心坚石铁。

---

① 王象之.舆地纪胜[M].台北:文海出版社,1971:769.
② 蒲积中.古今岁时杂咏[M]//纪昀等编.文渊阁四库全书.台北:台湾商务印书馆,1986.

颇知大道有真趣，不用炎炎炽言说。安能效彼儿女情，告对姮娥论圆缺。由来衰盛各有理，万变不妨随曲折。吾生断定已如此，肯使傍人讥作辍。龙台夫子笔如椽，亲自杜原注：阙

3.《八月望夜不见月有感二首》

素波凉晕淡层城，怊怅三年此夜清原注：在淮南二年，逢中秋俱不见月色。独卷疏帷成默坐，暗虫相命作秋声。

九旻含爽助清辉，万里重阴误赏期。正恨浮云无意绪，世间偏恼最明时。

按：以上三首辑自《古今岁时杂咏》卷三十一。

4.《秦岷道中值重九》

宫柳飘黄菊粲霜，秦原沙冷值重阳。缦山剩饫东篱秀，浮斝应思蜀酿香。雾日破峰寒峡静，黍田迷阜古岷长。皇威革衽连葱峤，亦变千箱与万仓。

按：以上三首辑自《古今岁时杂咏》卷三十七。

5.《谢盐提举荐举启》

老而无用，久欲归耕。采言不遗，误蒙徒爱。特怜半面之旧，遽形一字之褒，才无所长，言过其实。尝谓栖穷间者皆弱羽，故尺鹨飞翔，不离蓬艾之间；生名山者无凡材，故新松萌甲，已凌霜雪之上。金玉不言而人自贵，菅蒯并蓄而用有时。苟非不以贵贱易心，孰肯尚以孤寒在念。

兹盖伏遇某官至诚接下，屈已求贤。以恩行法，而法不掩恩；以义理财，而财不害义。谓报国莫先乎举善，惟得士乃可以兴邦。故兼千虑之愚，亦有万分之得。某敢不益，坚素守勉，继前修敝矣，青毡虽惜王家之旧物。焦然黄发，岂追秦国之谋人。誓竭懦

庸，终图报效。

按：辑自魏齐贤、叶棻编《五百家播芳大全文粹》卷三十四①。

6.《生日设醮亭午青词》

  光辉万汇，方当日舍之中。馨露一纯，钦伫二人之格。仰蒙霄之有庇，启秘篆以惟寅。敢冀神明俯衿，愚陋宣臻。福庆申锡，寿祺作善，降祥有高，天之在上，至诚不息，如皦日之难欺。

按：辑自《五百家播芳大全文粹》卷七十二。

7.《请普老住太平疏》

  久向太平，老子向无孔笛。中吹个曲，解嚓喨太清。惟三世诸佛，拍得是六代祖师。和得彻山，鼓应得就道。吾舞得成，若向宫商角征中求，今已槎过去也。行遍大唐国，知音能有几。人况武信未为陋，而广利久虚法席，闹市子里，三家村中，恐有半个人，听不以耳。幸师命驾。

8.《请正老住广孝疏》

  寒山无心，自是丰干饶舌；马祖多事，坚要黄梅出山。这山箭子，昔曾透过九重城。汝钝根师，何尝梦见六代祖。况赵州老大汉，住处未知；那临济小厮儿，具眼有数。试看朝生凤子，解接老去，驴年惟正禅师具潮外音，同水中月。当时行脚，悬知我子天然。今者还家，正谓老婆心切，接得青原斧子，踢倒百丈净瓶，虽短小而舌至梵天，能圆融而量廓沙界。竖起拂子，这妙月西天，亦无吹动布毛个佛法，此间也，有真菩萨子现宰官。身知广利之丛林，非野狐之窟宅。善济塔下，触目菩提。兰陁庵中，

---

① 魏齐贤、叶棻.五百家播芳大全文粹[M]//纪昀等编.文渊阁四库全书.台北：台湾商务印书馆，1986.

通身般若。本自头头具足，鹧鸪啼处野花香，不妨处处圆通。燕子归来深院静，牧笛呕哑非是曲，听取一曲太平歌。

按：以上两篇辑自《五百家播芳大全文粹》卷七十七。

蜀中"三俊"眼中的司马相如
——兼论北宋后期蜀地文人心态

郑少微、杨天惠、李新是生活在北宋后期的三名蜀地文人,时有"三俊"之称,据曹学佺《蜀中广记》卷四十二载:"郑少微,华阳人,字明举,元祐中进士。是时苏轼知贡举,得少微,与古郫杨天惠、隆州李新,号为'三隽'(隽同'俊')"[1]。作为同乡后进,"三俊"在人生历程中都得到苏轼这位文坛巨匠的提携,郑少微是苏轼知贡举时的进士,杨天惠"文词有左氏西汉之风,苏轼见其古律,大称许之"[2],李新"早登进士第,刘泾尝荐于苏轼,命赋墨竹,口占一绝立就"[3],但他们都不在古今学人所认定的苏门人士名单中,算是苏门文人集团最外围的成员。郑少微著有《唐史发挥》十二卷、《策》六卷及《木雁居士集》,杨天惠著有《三国人物论》三卷、《杨天惠集》六十卷,李新著有《塾训》十三卷、《讯书》五卷、《跨鳌集》五十卷[4],可惜除李新《跨鳌集》由四库馆臣从《永乐大典》辑得三十

---

① 曹学佺. 蜀中广记[M]//纪昀等编. 文渊阁四库全书. 台北:台湾商务印书馆, 1986.
② 李贤等. 明一统志[M]//纪昀等编. 文渊阁四库全书. 台北:台湾商务印书馆, 1986.
③ 晁公武. 衢本郡斋读书志[M]. 南京:江苏古籍出版社, 1988:698.
④ "三俊"著述情况,详见《郡斋读书志》《宋史·艺文志》《文献通考》等目录学著作。《宋史》载有《李新集》四十卷,或即其《跨鳌集》五十卷在元代之遗存。

卷外,"三俊"其余著作多已散佚,仅部分诗文散见于《成都文类》《舆地纪胜》等总集、地理志中。"三俊"存世诗文中,有十余首(篇)与司马相如这位汉代同乡先贤有关,有对相如文学成就、政治建树的高度评价,也有对相如、文君二人人格操行的挞伐。虽然"三俊"都一生仕途不顺、久滞下僚,文名亦不显,只能算是北宋蜀地中下层文人的代表,但他们对相如的看法,也有一些值得我们挖掘的地方。他们对相如的认识和评价,既跟他们特殊的人生际遇相关,也染上了巴蜀地域的特殊文化色彩,同时还深深打上了时代的烙印。

一、"三俊"对司马相如的认识和评价

(一)对相如文学成就的高度评价

有文字记载的巴蜀文学始于汉代,司马相如是巴蜀文学第一人,他的横空出世掀起了巴蜀文学的第一个高峰,而这个高峰也是汉赋创作的最高峰。自西汉至北宋,历代文人对相如的文学才华及其在文学史上的地位都评价极高。扬雄《答桓谭书》称赞"长卿赋不似从人间来,其神化所至邪"[①],班固、刘勰称其"蔚为辞宗"[②],李白《大猎赋》开篇就写道"相如、子云竞夸辞赋,历代以为文雄,莫敢诋讦"[③]。"三俊"在继承前代观点的基础上又进行了发挥,对这位前代乡贤的文学才华进行了热情的歌颂,对其在巴蜀文化和中国文学史上的地位给予了充分肯定,并有一些新的见解。

"三俊"的文学成就都不高,与他们交往的也大多是中下层官僚和文士。在他们三人中,李新常借相如典故以抒情,如其《春昼歌》:"茂陵白马归

---

① 张溥编,吴汝纶选. 汉魏六朝百三家集选[M]. 长春:吉林人民出版社,1998:24.
② 班固撰,赵一生点校. 汉书[M]. 浙江古籍出版社,2000:1271. 刘勰著,范文澜注. 文心雕龙注[M]. 北京:人民文学出版社,1958:513.
③ 李白著,朱金城、瞿蜕园注. 李白集校注[M]. 上海:上海古籍出版社,1980:61.

不归，眼没平芜一千里。"①《浣溪沙·秋怀》："未老功名鬓两鬓。悲秋情绪入双眉。茂陵多病有谁知。"《新春道中口占》："病渴相如今已老，悔将春事入琴心。"不管是借相如家居茂陵事来抒发伤春怀乡之情，还是借相如因患消渴疾免官事来抒发自己功名未就的无奈与辛酸，其间都不乏以相如之才自许的意味。有时李新还以相如来称誉他人，如其《过何权道幽居不遇》称："素冠如调文园宅，为我殷勤借子虚。"《卜千知府书》称："登高吊古，则相如扬雄之才。"前者借"文园"（相如曾任文园令）来借指何权道幽居，后者直接以相如来颂扬王知府的文才。李新的这些自称和称誉，在今天看来，都难免给人以不自量力和恭维夸谀之感，但它们所反映出的正是李新对相如文才的高度认可和赞扬。对相如的文学成就和地位，"三俊"也极力称颂，如杨天惠《悯相如赋》："综艺文之要妙兮，申剑术之雄妍。载而之四方，吾将鼓行诸公之间。视骑郎之多冗兮，义不辱于周旋。顾严、邹之差强人意兮，聊步武于梁垣。"②在称扬相如艺文要妙、剑术雄妍的同时，认为与相如相比，同为梁孝王门客的严忌、邹阳等只能算作是差强人意；在《上吴大尹书》中，杨天惠又说："汉有司马相如、王褒、扬雄，唐有陈子昂、李白，咸以文词为世宗长。"③认为自汉至唐，以相如为首的四川文人可算是当世文学的杰出的代表。郑少微《悯相如赋》在概括了相如赋"思眇眇以入微，辞蔚跋而易贡。骛八纮之津涯，括动植而错综"的特点后，特意强调"当其奋翼巴、庸，前无古人"，"纷齐鲁之老师，徒骋辩于说铃。蜕笔土梗，鼻端运斤。专兔园之右席，麾邹、枚于噅呻"④，认为在巴蜀文化史上，相如有开拓之功，是前无古人的第一人；在梁孝王的兔园⑤，相如之赋也当属第一，邹阳、枚乘在他面前只能算作是噅呻苦吟。李新在《上张丞相书》也提到"自汉到今，人材出兴，……如王褒、子云之

---

① 李新. 跨鳌集[M] //纪昀等编. 文渊阁四库全书. 台北：台湾商务印书馆，1986. 以下引李新文字据此者皆不再另注。
② 袁说友等编，赵晓兰整理. 成都文类[M]. 北京：中华书局，2011：16.
③ 袁说友等编，赵晓兰整理. 成都文类[M]. 北京：中华书局，2011：441.
④ 袁说友等编，赵晓兰整理. 成都文类[M]. 北京：中华书局，2011：17.
⑤ 兔园乃梁孝王游赏与延宾之所。《西京杂记》卷二："梁孝王好营宫室苑囿之乐，作曜华之宫，筑兔园。"

智慧，何武、相如之辨才，君平、仲元之行业，谯周、子昂之多闻，俱得第一"，认为相如与陈子昂等都可算是巴蜀文化史上第一流的人才。

值得玩味的是，"三俊"中的郑少微还对屈原、司马相如进行了比较，认为马优屈劣。其《悯相如赋》开篇就是"睚长卿之绝尘，邈下视于屈、宋"，明确指出相如赋的创作成就，远超屈原、宋玉。屈、马优劣论，据可考资料，可能始于扬雄。《文选·谢灵运传论》李善注引《法言》①云："或问屈原相如之赋孰愈？曰：'原也过以浮，如也过以虚。过浮者蹈云天，过虚者叶无根。然原上援稽古，下引鸟兽，其着意于虚，长卿亮不可及。'"② 其后是曹丕（洪兴祖《楚辞补注》卷一引，称"魏文帝《典论》云"）："优游按衍，屈原之尚也；穷侈极妙，相如之长也。然原据托譬喻，其意周旋，绰有余度矣。长卿、子云，意未能及已。"③ 扬、曹二人都认为屈、马各有所长，但总的说来马不及屈，曹丕在论述的时候还顺便拉上了扬雄。迄汉至宋，屈优马劣几乎成了文人们的定评。郑少微一反前人陈见，提出了相如优于屈原的观点，有意思的是，他还顺便拉上了宋玉。可惜他没有具体说出马优于屈的理由，只简单阐明了相如赋"思眇眇以入微，辞蔚跂而易贡"的特点，相如赋的确雄浑多姿，相如也因赋得到了汉武帝的赏识，证明其赋确有"易贡"的特点，但仅以此证明相如可以"邈下视于屈、宋"，理由明显牵强。

（二）对孕育相如的文化背景的揭示

《汉书·地理志》云："（楚）信巫鬼，重淫祀。而汉中淫失枝柱，与巴蜀同俗。"④从金沙遗址、三星堆文化遗址所发掘的青铜雕像、石像来看，古代巴蜀文化的确有浓郁的宗教色彩，造型奇特、想象丰富、善用夸张是其重要的审美特点，这一点与楚文化也十分相似。可惜由于与中原交通不

---

① 今本《法言》无此条。
② 萧统编，李善注. 文选[M]. 上海：上海古籍出版社，1986：2218.
③ 洪兴祖. 楚辞补注[M]. 北京：中华书局，1983：3.
④ 班固撰，赵一生点校. 汉书[M]. 杭州：浙江古籍出版社，2000：1666.

便,巴蜀文学之士,先秦无闻,以致从今天可以看到的文学史来看,相如出现之前,巴蜀文学就是一片空白。但就如泰纳在《英国文学史》和《艺术哲学》中所阐发的一样,文学艺术的产生和发展取决于"种族、时代、环境"三个因素。相如的传奇人生、个性特点及其创作风格,都极容易让我们联系起巴蜀这一特殊的地域文化。左思《蜀都赋》在细致地描述巴蜀物产、山川、风俗等情况后,也专门写道:"近则江汉炳灵,世载其英。蔚若相如,皭若君平。王褒炜烨而秀发,扬雄含章而挺生。"①"三俊"在高度评价相如文才及文学地位的同时,也注意到了巴蜀文化对相如的孕育作用。如杨天惠在分析相如"艺文要妙"的原因时说:"祖重黎之洪懿兮,系中山之蝉联。食岷峨之旧德兮,饮江汉之灵源。皇既私卿以多技能兮,卿又附益之以师友之传。"②特别强调了自重黎起的巴蜀文化传统及"岷峨""江汉"的自然灵气对相如才气的滋润作用;在论及相如、王褒等"咸以文词为世宗长"的原因时,杨天惠认为秦宓所论"天帝会昌之祥、神禹石纽之生、三皇祇车之出"等事"颇谲诞不经",左思赋"兼六合之交会,总八区之丰蔚,跨诸夏之富有"也显得"浮夸少实",但蜀地确实有着悠久的文化传统,其地"风俗文顺,自古已然"③。李新《上张丞相书》也特别强调"全蜀千里,三峨之秀,九江之清,其先腾而上者,不知几万由旬",认为这是蜀地"自汉到今,人材出兴",产生王褒、扬雄、何武、相如等人才的原因。杨、李认为相如文才是由巴蜀山水与文化滋养而成的见解,也是很有见地的。李凯曾撰文论述"相如产生的文化温床",认为"司马相如之所以能够在汉大赋这一文体中显示出色的文学才能,固然与中原文化的传入、与梁孝王文人集团有很大关系,但不能不考虑到巴蜀文化这一特殊的温床对司马相如的影响"④。可算是杨天惠、李新的隔代知音。

---

① 萧统编.李善注.文选[M].上海:上海古籍出版社,1986:189.
② 袁说友等编,赵晓兰整理.成都文类[M].北京:中华书局,2011:16.
③ 袁说友等编,赵晓兰整理.成都文类[M].北京:中华书局,2011:441.
④ 李凯.司马相如与巴蜀文学范式[J].四川师范大学学报:社会科学版,2005(2):119-125

（三）对相如通西南夷之功的极力称道

据《史记·司马相如列传》，司马相如先是"以赀为郎，事孝景帝"①，后又因狗监杨得意推荐，得到汉武帝的召见。在"三俊"眼中，相如是人生赢家，他们对此充满了羡慕。杨天惠在给吴大尹（吴中复）的上书中感慨："相如之文，以杨得意而显；雄之文，以客之荐而彰；子昂之文，以上书而达。"如果没有这样的遭遇，"且使数子恋恋乡里，不一游京师"，那么"《上林》之雄丽，《羽猎》之崛奇，《感遇》之顿挫，其遂埋矣乎！"②李新在《上张丞相书》中也认为，相如的成功得益于"当时之狗监、牧守能诵其赋、传其书，力推其人"。

与这种艳羡的心理相比，"三俊"中的李新对相如政治建树的称道尤为值得注意。相如在武帝通西南夷的过程中，发挥了重要作用，取得了巨大的成功。司马迁用较大的篇幅叙述了相如平息唐蒙事件、以中郎将身份持节往使、应对责难、风光还乡的过程，转录了他《喻巴蜀檄文》《难蜀父老文》两篇文章，对其开边之功是极力赞赏的。但北宋文人们却不大认同司马迁的观点，往往把这件事与相如"低劣"的人品联系在一起，相如风光还乡似乎也成了一种可耻的行为。苏轼可算是其中代表，其《司马相如创开西南夷路》云："司马长卿始以污行不齿于蜀人，既而以赋得幸天子，未能有所建明，立丝毫之善以自赎也。而创开西南夷逢君之恶，以患苦其父母之邦，乃复矜其车服节旄之美，使邦君负弩先驱，岂得诗人致恭桑梓、万石君父子下里门之义乎？"③在苏轼看来，相如通西南夷不是一件大功劳，而是一件"以患苦其父母之邦"的大恶事，其道德水准跟万石君父子完全不在一个层次。李新的看法却刚好与苏轼相反，他对相如通西南夷之功却给予了高度赞扬，如其《再与赵运使（四）》云："昔唐蒙通夜郎国，至惊巴蜀，最后相如檄喻父老，宣布天子威灵德泽，尽所以怀远之意，而西南邛筰、冉駹、斯榆之君，皆请为臣妾。"认为相如通西南夷使"蛮夷向化，

---

① 司马迁. 史记[M]. 北京：中华书局，1982：2999.
② 袁说友等编，赵晓兰整理. 成都文类[M]. 北京：中华书局，2011：441.
③ 苏轼著，孔凡礼点校. 苏轼文集[M]. 北京：中华书局，1986：2010.

诗人歌之，稽首愿为州县"，这是一件大大的"太平盛事"。李新还常常用"相如谕蜀""相如布檄"来称赞宋京等官员在四川的治绩。如其《祭宋夫人文》称宋京"继相如而谕蜀"，《谢循资启》赞扬举荐自己的官员"来则安之，屡布相如之檄"，《赵转运判官远迎启》称赞成都府路转运判官赵开能"巴蜀观风，行布相如之檄"。

（四）对相如、文君人格操行的严厉抨击

相如才华横溢，但其为人却一直为后人诟病。尤其是对其所谓"窃妻"一事，自扬雄提出"司马长卿窃訾于卓氏"①后，嘲讽者代不乏人。如刘勰《文心雕龙·程器》云："相如窃妻而受金。"②刘知几《史通·序传》云："而相如《自叙》，乃记其客游临邛，窃妻卓氏，以《春秋》所讳，持为美谈。虽事或非虚，而理无可取。载之于传，不其愧乎！"③这种嘲讽在宋代几乎变成了谩骂，其激烈程度超越了汉唐。还是以苏轼为例，其《东坡志林》卷四认为相如归临邛后为了钱与王吉演了一场双簧戏，"及卓氏为具，相如又称病不往，吉自往迎相如，观去意，欲与相如为率钱之会耳。而相如遂窃妻以逃，大可笑"④。这个问题上，"三俊"中，杨天惠、郑少微的观点倒是苏轼高度一致，其嘲讽程度则比苏轼又过之。杨天惠《悯相如赋》云：

> 慨非余心之所悦兮，矧驵侩之与同盘。强要卿以俱行兮，卿固已薄其所以然。摽使者于门兮，出告之以不闲。何隆初而杀终兮，卒俯首而从旟。彼迁庑何为者兮，窃东向于肆筵。纷臭处之逼人兮，笑言呀以更欢。予意卿食不下咽兮，奚宴安乎末欢。酒参半而奏音兮，四座寂以无喧。嗟莘下之遗直兮，固湮沦而不鲜。娉冶容而亡赖兮，猥自成乎哀弹。懿长离之文章兮，非鸾凰其谁匹。曷伻鸩以为媒兮，即游枭而接翼。弃朝阳之显敞兮，集此榛

---

① 萧统编．李善注．文选[M]．上海：上海古籍出版社，1986：2011-2012．
② 刘勰著，范文澜注．文心雕注[M]．北京：人民文学出版社，1958：719．
③ 刘知几．史通[M]．沈阳：辽宁教育出版社，1997：46．
④ 苏轼著，孔凡礼点校．苏轼文集[M]．北京：中华书局，1986：46．

莽之蒙密也。吐竹梧之芬馨兮，争膻腥之余啄也。度将雏以授意兮，吾固不审卿之所谓也。卿纵怀彼枭以好音兮，吾恐彼枭之终弗类也。既么么又不材兮，曾何足以涸箕帚之役。决帷薄而夜奔兮，毁帨褵而不入。……厌儒衣之巨丽兮，袭隶人之亵服。虽杂作而忘劬兮，蔽泥水以为饰。怅迁房犹不堪其愤兮，卿独何施于眉目！……胡中道自绝于前修兮，乃陷而入于桑濮之为？终吾伟卿之能赋兮，工谲谏而不怒。摄侈汰之澜翻兮，卒归之于王度。訾卿躬之不蛊正兮，尚何以禁切于人主？嗟乎，操行之不得兮，躏终古而增污。挽天河以自湔兮，吾恐垢氛之不能去。①

郑少微《悯相如赋》云：

夫何嫠人之艳艳兮，感熠耀之宵光！瞩绮疏以托诚兮，佩徽音而曷忘！嗟父母之不聪兮，昧彼都之丰臧。眄星河之照闱兮，径溯洄而往从。缙绅先生，而为此欤？凉德污行，既不胜诛。闾阎烈女，世未乏诸。足不下堂，步中瑀琚。纫幽兰以为裳兮，钿美玉以为车。岂无泳汉之游女兮，亦有采桑之秋胡。秉周礼以律身兮，谅冰雪之难渝。裨化国之阴教兮，饰家道之权舆。尔弗安于正吉兮，蒙恶声于简书。……媒处子者，迷忠义之大闲；窥邻墙者，闿富贵之危机。斥雁币之聘，媒妁之辞，墦间之夫，河间之妇，等亡羊耳。②

从上面两段摘录文字可以看出，杨、郑二人对相如、文君都极尽贬斥之能事。先来看对相如的抨击：杨天惠描述了相如的三大错误行为，一是在"污令"王吉的邀请下，到卓王孙这样的驵侩（市侩）之家赴宴，而且还"笑言呀以更欢""酒参半而奏音"，认为这样的行为犹如食腐之鸟"争膻腥之余啄"；二是琴挑文君并与其夜奔，认为这样的结合不是鸾凰配对的

---

① 袁说友等编，赵晓兰整理. 成都文类[M]. 北京：中华书局，2011：14-15.
② 袁说友等编，赵晓兰整理. 成都文类[M]. 北京：中华书局，2011：16.

良缘,而是以鸩为媒、两只"游枭""接翼"的结合,夜奔则更是违背"帷薄之外不趋"的规矩;三是去儒衣而着隶人亵服,亲自参加酒店劳作,认为这是"迁虏犹不堪其愤"的行为。在杨天惠看来,相如的这些行为,都是有辱斯文的,是没有走正道、没有以礼自持的结果,是半道"自绝于前修"的行为,所以最终陷入了"桑濮之为",而相如的错误和道德上的污点,哪怕是"挽天河"之水,也不能洗去了,杨天惠还在《乱辞》中告诫后人:"孰是人,斯而有是丑兮!尚俾来者,毋罹此垢兮!"与杨天惠相比,郑少微对相如"劣迹"的描述则要简单得多,但斥责力度却一点也不弱,认为相如作为读书人,做琴挑、夜奔这样的事,是"凉德污行,既不胜诛",是"迷忠义之大闲",相如、文君之间没有"雁币之聘,媒妁之辞",所以他们就是"墙间之夫""河间之妇"。再来看对文君的斥责:郑少微认为文君作为一个寡妇没有"秉周礼以律身"、没有"安于正吉",在迷上相如美好的琴声和俊美的面容后,不听父母之言,与相如私奔,导致她最终"蒙恶声于简书"。杨天惠对文君的批判则要温和得多,他只是指出文君不该"怀彼枭以好音",落入"涸箕帚之役"的境地。

与杨天惠、郑少微义愤填膺的斥责相比,李新的态度则较为暧昧。一方面,他看不起文君,如其《绮阁吟嘉州李使君命官妓段倩乞诗席上为赋》云:"茂陵白马何时归,江北枫花处处飞。"以文君对相如的等待来比喻官妓段倩对情人的期盼。另一方面,他又对相如、文君情事表示欣赏。如其《古意(其四)》云:"野人孤鹤姿,与云相伉俪。百禽相和鸣,了不关鹤意。彼美靓闺女,窥户欣客贵。复有琴心挑,中夜驾车至。词章灿星汉,市门甘涤器。竟使谁病痟,野人却歔欷。"他先感慨自己作为村野之人,只能与云作伉俪,接着用羡慕和欣赏的口吻描述了琴挑、私奔、涤器等相如、文君的爱情经历,对相如有如此赋才却甘心涤器市中表示感慨,对相如得消渴之疾表示叹息。

总的说来,"三俊"对相如所谓"窃妻"事,斥责多于赞赏,抨击的严厉程度也超过了同代文人。

二、从"三俊"对司马相如的评价看北宋后期蜀地文人心态

从前面的论述中可以看出,在"三俊"眼中,相如既是文采出众、成就远超邹阳、枚乘甚至屈原的杰出辞赋家,巴蜀文学的第一人,又是在西汉通西南夷过程中立下大功的能臣,还是一个德行有亏的小人。隐藏在这些看似矛盾的评价背后的,是"三俊"受个人际遇、地域文化、时代背景影响而形成的观念和心态。对此进行探究,对我们了解北宋后期蜀地中下层文人的心态,应该有所帮助。

(一)纵横心态及对建功立业的渴望

相如生活在汉代走向鼎盛的时期,时代精神、中原文化及巴蜀文化的共同浸润,使他兼具儒家、纵横家的精神气质。他胸怀大志,年少时就喜欢读书,学习剑术,担任郎官期间为武帝通西南夷立下汗马功劳,因病免官后还为武帝创作封禅书,这些都表现出他顺应时代潮流、积极入世的一面。但在追求功名的过程中,相如因仰慕蔺相如为人而改名相如、赴长安前发下"不乘赤车驷马,不过汝下也"的誓言、旅居梁国依附梁孝王、作赋进献天子、作《喻巴蜀檄》等行为也明显表现出他会机变、懂智勇、善谋略、能决断的特点,极具纵横家的心态。

北宋是我国历史上统一中原的汉王朝中军事实力较弱的,但其崇文抑武的基本国策和"与士大夫治天下"的基本方针,使文人们对功业和社会价值的渴望比以往任何时代都要强烈。在追求功名的路途中,"三俊"一方面积极参加科考以获得功名,另一方面也利用各种机会积极干谒。如前所述,三人都曾向苏轼自荐,郑少微是在苏轼知贡举时中的进士,杨天惠以古律得到了苏轼的赞赏,李新经过刘泾推荐给苏轼后当场赋《墨竹》诗。在他们的诗文中,也有不少干谒诗(文),如郑少微在《代上嘉守书》就直接引用司马迁"不附青云之士,乌能施于后世哉"和韩愈"不借势于王公大人,则无以成其志"两句话,来表达愿意"咏归夫子之门"[①]的心愿;杨

[①] 曾枣庄等. 全宋文:第129册[M]. 上海:上海辞书出版社,合肥:安徽教育出版社,1997:195.

天惠上书吴大尹,希望对方能"咳唾余泽于一二英才后"①,对自己稍加提拔;李新在做太学生期间也频频给当时朝臣上书,希望能举荐自己,被罢官多年后仍上书张商英,希望对方在自己"以言语文字触忤狂见,得罪流浪,选调洄洑,凡二十年"之际,伸出援助之手。"三俊"对相如纵横家心态的认同,导致了他们在宋人纷纷嘲讽相如"以赀为郎""因狗官举荐得官"的背景下,还是对相如成功的途径表示了赞赏和艳羡。但"三俊"在什途方面都不得意,郑少微任过德阳县令、朝请郎,杨天惠任过邛州学官、双流县丞、彰明县令等职,李新任过南郑县丞、梓州司法参军、资州司录、茂州通判等职。久滞下僚的他们,虽然常常自觉或不自觉地借佛道思想慰藉自己的心灵,但他们诗文中更多的还是对怀才不遇的愤懑、对沉沦下僚的不平和对建功立业的渴望。如郑少微在《自赞》中称自己"量虽褊,尚可容卿百倍;笔虽拙,犹堪倚马万言"②;杨天惠在《次吕给事安昌岩避暑》中则用"恳乞鱼书得梓潼,曾司紫诰驳斜封"③的诗句来表达自己渴望得到朝廷重用的心愿;李新在被废官后感叹"士不得志,故嗟叹之""物不得平,哀也无期"(《蛙赋》),一旦被再启用就说"再服官箴,犹起功名之念"(《谢谢转运判官启》)。所以,虽然他们终其一生也没得到相如那样建节往使的机会,但在他们看来,相如能得到汉武帝重用并在通西南夷过程中立下功劳,肯定是一件值得羡慕和敬佩的事。

(二)对蜀地文化的归属感和自豪感

蜀地是中国文明的重要起源地之一,当代发现的三星堆、金沙遗址向我们展示了古蜀文化的独特风采。由于缺乏文字记载以及交通不便,汉代以前,蜀地一直被中原视为蛮荒之地。但到了汉代,相如以其"鲜明的人格个性"和文学创作"奠定了巴蜀文学范式"④,自此以后,蜀地人才辈出,汉之扬雄、王褒,唐之陈子昂、李白,与"三俊"同时代的苏轼,都是誉

---

① 袁说友等编,赵晓兰整理.成都文类[M].北京:中华书局,2011:441.
② 曾枣庄等.全宋文:第129册[M].上海:上海辞书出版社,安徽教育出版社,1997:206.
③ 王象之.舆地纪胜[M].台北:文海出版社有限公司,1971:710.
④ 李凯.司马相如与巴蜀文学范式[J].四川师范大学学报:社会科学版,2005(2):119-125.

满天下的大文豪。

在"三俊"论及相如文才及文学成就时，多次叙述这条文化线索，对这些文豪，他们或云"文词为世宗长"，或称"俱得第一"，都充满了敬仰之情。同时，他们也论及"岷峨""江汉"这些蜀山蜀水对相如的滋养。所以，"三俊"对相如文才和文学成就的高度评价，除了拾掇前人观点加以发挥外，应该还有对蜀地文化的强烈归属感、自豪感的成分。描写他们自己在成都、茂州、绵州、普州的游宦生活，歌咏岷山、玉垒山、长江、涪江等蜀山蜀水的风貌，称扬司马相如、扬雄、刘备、诸葛亮、李白、杜甫、苏轼等蜀人（或居蜀之人）的文才与武功，是"三俊"诗文的主要内容。在他们的诗文中，也可明显看出对相如、李白、苏轼等前代乡贤学习、模仿的痕迹。也正是基于对这种蜀地文化及文人的偏爱，郑少微才会提出相如优于屈原、"藐下视于屈、宋"的观点。甚至在对相如德行的斥责中，恐怕也有些"爱之深、责之切"的意味，比如杨天惠在抨击相如时，就明确提到"终吾伟卿之能赋兮，工谲谏而不怒""喑卿躬之不蚤正兮，尚何以禁切于人主"，也就是说敬佩、仰慕相如的文才，是其展开人格批评的原因之一。

（三）宋代士风的影响

《史记·司马相如列传》详细记载了相如、文君从相遇到结合的过程，而司马迁是以相如《自叙》为蓝本的，相如生前事迹，基本是相如夫子自道。也就是说，相如是把赴宴、琴挑、夜奔、涤器市中等自己爱情婚姻中的故事当作人生得意之举来写的，并不觉得这是违背道德、需要隐瞒的。相如生活在一个儒家思想逐渐成为主流意识的时代，再加上相如、文君的爱情故事发生在当时充满"蛮夷"之风、偏远的蜀地，按照当时蜀地的道德标准，相如、文君的行为恐怕也不见得就是不道德。卓王孙之所以反对他们的结合，不是因为琴挑、夜奔，而是因为门第不对等，司马迁本人也没对相如的这段经历大加责难。

出于对五代武人专政为害天下弊端的反拨，北宋自建国之初就尊师重道，优待文士，制定了以儒立国、崇文抑武的基本国策，逐渐构建了"与士大夫共治天下"的文官制度,形成了"上之为人君者,无不典学;下之为人臣者,无不擢科,海内文士彬彬辈出焉"①的局面。生活境遇的改变和社会地位的提高,极大刺激了文人"兼济天下"的政治抱负。以饱满的政治热情上书言事论政,在朝堂上面折廷争,成了最能表现北宋士大夫精神风貌的行为。与相如作赋进献天子相似,"三俊"也曾积极向哲宗、徽宗皇帝上书,以期得到重用。郑少微曾上《招复流亡户口檄》,建议对流亡者"贷种以劝耕"①,使他们安居乐业;杨天惠曾进《瑞芝颂》《温江县二瑞颂》②,以地方出现的瑞应来称颂帝王修德、时世清平;李新在元符三年(1100)上奏著名的《上皇帝万言书》,详细论述权纲不在人主、责任不及宰相、朋党之风炽等十条社会弊病。可惜的是,"三俊"生活在北宋末期这样一个党争酷烈的时代,作为曾得到苏轼提携的后辈,作为蜀党的外围成员,他们的上书没有当朝皇帝的赏识,反而因此带来了厄运。据《宋会要辑稿·职官六八·黜降官五》记载,"崇宁元年九月十四日,诏开具元符三年臣僚章疏姓名",李新坐邪上尤甚籍,杨天惠坐邪中籍,郑少微坐邪下籍③;李新还被刻入元祐党籍碑。"三俊"纷纷因上书被免官,李新"元符末上书夺官,谪置遂州,流落终身"④,杨天惠"崇宁三年七月,某以事免铁官,无所归"⑤(杨天惠《莫侯画像记》),曹学佺《蜀中广记》卷四十二称郑少微"宣和间上书论时政坐废,贫无田宅,寓居金绳院十五年"⑥。当时党争情形,正如李新《上皇帝万言书》所言:"(朋党)甚于本朝。……退休偃月而经营挤报者,累累皆是也。背公、死权、佩剑相笑,饴漆不能过其密,神鬼不能窥其奥。张弧于前,设阱于后,其甘如荠,其裂如蝮,笑间藏刀,杯酒杀人者,累累皆是也。"在蜀党当中,"三俊"应该也见识了不少"张

---

① 曾枣庄等. 全宋文:第 129 册[M]. 上海:上海辞书出版社,合肥:安徽教育出版社,1997:194.
② 袁说友等编,赵晓兰整理. 成都文类[M]. 北京:中华书局,2011:951.
③ 徐松. 宋会要辑稿[M]. 北京:中华书局,1957:3926-3928.
④ 晁公武. 衢本郡斋读书志[M]. 南京:江苏古籍出版社,1988:698.
⑤ 袁说友等编,赵晓兰整理. 成都文类[M]. 北京:中华书局,2011:871.
⑥ 曹学佺. 蜀中广记[M]//纪昀等编. 文渊阁四库全书. 台北:台湾商务印书馆,1986.

弧于前，设阱于后"、"笑间藏刀，杯酒杀人"者，如毛滂本是苏辙门下，元祐六年（1091）曾得苏轼荐举，当苏轼被远贬后又依从新党，其"素行儇薄，反覆不常，至为妇人女子所讥，人品殊不足重"①。"三俊"对相如、文君的人格操行的抨击挞伐，是在党争的背景下，是在看多了像毛滂这样口头上标榜名节背地里却两面三刀的文人行径后，有感而发的，言在此而意在彼。正如赵晓兰在《〈成都文类〉中的司马相如》一文中所说："真正的批判锋芒，其实是指向那些无行文人，指向每况愈下的世风。"②在以儒立国基本国策的感召之下，北宋士大夫们往往将政治热情与伦理道德的追求融为一体，以严格的儒家道德观念来约束自己的行为。特别到了北宋中后期，道德性命之学开始勃兴，理学家甚至极端地将"义"与"利"对立起来，要求人们"取义舍利"，如邵雍就曾强调："尚义必让，君子道长。尚利必争，小人道行。"③"三俊"虽不属于洛党，但也深受这种观念的影响，常常以名节、孝道、廉耻相尚。如郑少微在《孝感庙记》中赞赏了姜诗妻庞氏的孝道，称蜀地"为人父母若舅姑者，咸愿有子如诗、有女有妇如庞氏也"④；杨天惠在《乐善郭先生诔》赞扬了郭长孺"仁义忠信，乐善不倦""孝悌忠信，诲人不倦"⑤的美好品德；李新《到任谢刘梦臣启》称"忠臣必求孝子之门，大夫正行古人之事"。正是基于这种观念以及在党争中的切身感受，"三俊"才会认为相如是德行有亏的小人，不该与卓王孙这样的"驵侩"同盘而食，不该琴挑文君，不该脱去儒衣、涤器市中；才会鄙视文君夜奔、追求婚姻自由的行为，甚至将其比作"河间妇"、妓女。

综上，"三俊"站在同乡后辈的角度来评价相如，由于受个人际遇、地域文化和时代精神的影响，与扬雄、李白、苏轼等人相比，"三俊"对相如

---

① 纪昀. 四库全书总目[M]. 北京：中华书局，1980：1340.
② 赵晓兰.《成都文类》中的司马相如[J]. 四川师范大学学报：社会科学版，2008（5）：110-114.
③ 邵雍著，陈明点校. 伊川击壤集[M]. 上海：学林出版社，2003：197.
④ 曾枣庄等. 全宋文：第129册[M]. 上海：上海辞书出版社，合肥：安徽教育出版社，1997：200.
⑤ 袁说友等编，赵晓兰整理. 成都文类[M]. 北京：中华书局，2011：981.

文学和政治方面的成就评价更高，而对相如人格方面的评价却更低。通过他们的评价，可以大致勾勒出北宋后期蜀人眼中的相如形象，大体了解相如在当时蜀地的接受情况，也可从中管窥当时蜀地中下层文人的心理状态。

从蜀中"三俊"作品看蜀茶禁榷在北宋后期治边中的作用及其局限性

边疆治理是历朝历代都很重视的大问题。北宋作为历史上统一中原的汉王朝中军事实力较弱的一个王朝,统治区域周边民族政权林立,民族问题十分尖锐,边疆安全形势严峻。受重文轻武治国思想的影响,北宋王朝在经营边疆、处理周边少数民族关系的问题时,往往以经济手段为主,充分利用边疆少数民族对中原经济的依赖性,通过开展茶马贸易等"互市"活动来加强对边疆的管控,很少采用军事手段。也有学者认为,北宋的治边政策到后期(神宗、哲宗、徽宗时期)已从"以防为主"变成了"开边拓地、积极进取"[①],但实际上,不管是神宗朝的熙河开边还是徽宗朝的河湟之役,都是建立在防御基础上的"防守反击",缺乏汉唐时代积极进取、开边拓疆的精神,也缺少那种封狼居胥、虽远必诛的豪情。北宋后期,不论是在对西北边疆的治理和经略中,还是在对西南少数民族的羁縻统治中,经济手段仍发挥着最主要的、不可替代的作用。而在禁榷蜀茶以获厚利的基础上,开展遍布西北、西南地区的茶马贸易就是主要的一种经济手段。贯穿整个北宋、以经济手段为主经营边疆的政策,不仅在当世收到了明显

---

① 李清凌. 北宋治理西北边疆民族的思想和实践[J]. 河西学院学报, 2008 (1): 1-7.

成效，也为南宋、明、清三个王朝所继承和发展。但这种政策也有很大的局限性，一方面，它是建立在加大对内盘剥力度的基础上的，极容易造成"边未安、内已乱"的状况；另一方面，没有强大的军事实力作后盾，这种以经济手段获得的控制往往是脆弱的，极容易在少数民族政权面临更大威胁或需要获得更大经济利益的时候土崩瓦解。

一、北宋蜀茶禁榷的原因及特点

宋代是我国茶叶生产快速发展的时期，北宋时期，虽然东南地区的制茶技术和茶叶质量都已超越四川，但因特殊的地理位置以及全国第一的产量[①]，四川茶叶贸易对北宋统治有着重要的意义。出于政治需要，四川茶法也与东南不同。以熙宁七年（1074）为界，四川茶法可分为"通商法"和"茶马法"两个时期。宋初，出于稳定蜀地的需要，朝廷废除了后蜀的榷茶制度[②]，形成"天下茶皆禁，唯川陕、广南听民自买卖，不得出境"[③]的局面，除限制出境外，园户和商人可以自由买卖。宋神宗即位后，力图富国强兵，进攻西夏，熙宁四年至六年（1071—1073），王韶率军收复熙、河、洮、岷、宕、亹五州，并在这一地区设置熙河路，对西夏形成包围之势。对熙河的用兵及接下来的治理，给朝廷增加了一大笔财政开支，加上东南地区已于嘉祐四年（1059）罢榷茶制，朝廷急需增加财政收入。因此，在产茶量第一的蜀地实行榷茶，以官方专营的方式来获取厚利，就成了朝廷的不二选择。于是，又形成了"天下茶法既通，蜀中独行禁榷"（吕陶《奏

[①] 据贾大泉、陈一石统计，北宋时期东南地区年产茶约2300余万斤，四川产茶量约为3000万斤。见贾大泉，陈一石. 四川茶叶史[M]. 成都：巴蜀书社，1988：38.
[②] 据苏辙《论蜀茶五害状》："五代之际，孟氏窃据蜀土，国用偏狭，始有榷茶之法。及艺祖平蜀之后，放罢一切横敛，茶遂无禁，民间便之。"见苏辙. 栾城集：卷三十六[M]// 纪昀等编. 文渊阁四库全书. 台北：台湾商务印书馆，1986.
[③] 脱脱. 宋史[M]. 北京：中华书局，1977：4478.

具置场买茶旋行出卖远方不便事状》)①的局面。关于蜀茶禁榷的经过,《宋史·食货志》有详细记载:"及王韶建开湟之策,委以经略。(熙宁)七年,始遣三司干当公事李杞入蜀经画买茶,于秦凤、熙河博马。"②为垄断四川茶叶的产销,北宋政府在成都设置了都大提举茶马司,统一管理蜀茶购买及在川、熙、秦等地卖茶、买马等相关事宜,其主要职责是"掌榷茶之利,以佐邦用。凡市马于四夷,率以茶易之"③。与此同时,朝廷建立了一套蜀茶禁榷制度,其主要内容是,利用买茶场购买园户茶叶,将收来的茶叶卖给商人,由商人自运或直接由政府运至卖茶场,再用茶叶换取战马。自此至清雍正十三年(1735)(元代及清代的某些时段曾停止实施),这一套茶马贸易制度成了一项在蜀地延续六百余年的官方贸易制度。

二、蜀茶禁榷对治边的作用

自熙宁七年(1074)开始实行的蜀茶禁榷制度,在北宋后期经营熙河、进攻西夏、控制西北吐蕃诸部和西南少数民族以及发展边疆经济等方面,都发挥了极其重要的作用,对促进民族融合及民族间文化、经济交流,也有不可低估的积极意义。

(一)填补了经营熙河的经费缺口

神宗朝发动的熙河之役是北宋历史上少有的对外胜利战争之一,熙宁二年(1069)王韶奉诏招讨,熙宁五年(1072)置熙河路,经过一系列征讨和招纳,至熙宁七年(1074),基本确立了对熙河地区的统治,极大改变了北宋与西夏在军事较量中的不利地位。但打仗就是打经济,延续了三朝(神宗、哲宗、徽宗)的熙河开边不但对北宋后期政治、军事产生了深远的

---

① 吕陶. 净德集[M]//纪昀等编. 文渊阁四库全书. 台北:台湾商务印书馆,1986.
② 脱脱. 宋史[M]. 北京:中华书局,1977:4498.
③ 脱脱. 宋史[M]. 北京:中华书局,1977:4945.

影响，作战和治理需要大量的经费也给北宋财政造成了巨大负担，据《续资治通鉴长编》："自开建熙河，岁费四百万缗，（熙宁）七年以来，财用出入稍可会，岁常费三百六十万缗。"①虽然王韶也采取了一系列经营措施，如募集弓箭手开垦闲田、设置市易司发展蕃汉贸易、开发矿产资源等，且取得了不错的收益②，但熙河地区原为吐蕃占据，多以牧业为主，农耕落后，租税收入寥寥无几，据富弼说"独岷州、白石、大潭、泰州属且有赋税，其余无斗粟、尺布"③，再加上宋王朝接手之后，需要修筑堡寨、兴修水利道路、设蕃学教育吐蕃子弟等，耗费巨大，所需财物大部分只能由朝廷征集其他地区税负供给，当时，与之邻近的陕西地区为补充熙河防务所需已财力枯竭，富弼曾云："（熙河费用）惟仰陕西州郡朝廷帑藏供给，故自开熙河以来，陕西民日困，朝廷财用益耗。"④

正是在这样的背景下，神宗皇帝盯上了蜀茶。而禁榷蜀茶，也的确为北宋政府增加了大笔财政收入。在实行通商法时，"川蜀茶园本是百姓两税田地，不出五谷，只是种茶，赋税一例折科"，因茶园不产五谷，无法施行以农作物的收成采取夏税输绢、秋税纳粮的二税法，所以采取了根据茶叶收入折科的办法来纳税。折科的具体办法是"茶园税每三百文折绢一匹，三百二十文折纳绸一匹，十文折纳绵一两，二文折纳禾草一束"（吕陶《奏具置场买茶旋行出卖远方不便事状》）⑤。北宋田赋基本实行什一税法，茶园税率大概与之相当，即每收入三千文，需缴纳茶园税三百文、折绢一匹。另外，茶商也要缴纳一定的税收，宋代的商税主要有过税（贩运货物沿途所缴之税）和住税（在店铺出售货物缴纳之税）两种，税率分别为货价的2%和3%⑥，据此估算，茶商缴纳的税收约5%左右。园户与茶商相加，政

---

① 李焘. 续资治通鉴长编 [M]. 北京：中华书局，2004：6191.
② 如通远军设置了市易司，"熙宁五年至熙宁七年间'收本息钱五十七万余缗'"，熙宁八年朝廷采纳高遵"岷州铁冶暴发，若增置一监，岁可得钱四十万"的建议，在岷州设置铸钱监。见李焘. 续资治通鉴长编[M]. 北京：中华书局，2004：6093，6562.
③ 朱熹. 宋代名臣言行录[M]//纪昀等编. 文渊阁四库全书. 台北：台湾商务印书馆，1986.
④ 朱熹. 宋代名臣言行录[M]//纪昀等编. 文渊阁四库全书. 台北：台湾商务印书馆，1986.
⑤ 吕陶. 净德集[M]//纪昀等编. 文渊阁四库全书. 台北：台湾商务印书馆，1986.
⑥ 方宝璋. 略论宋代商税[J]. 税务研究，2013（10）：93.

府所收税率约为15%，以蜀茶年产3000万斤、每斤50文计①，其税收约为每年22.5万贯。而实行茶马法后，开始确定每年的税息是30万贯，同年十一月就增加至40万贯，但实际收入远远高于岁额。据贾大泉统计：李杞主管四川茶场的四年（熙宁七年至十年）内，平均每年收课税息30余万贯，李稷主管的五年(元丰元年至五年)内,平均每年90余万贯,元丰七年（1084）陆师闵主管时，已达160万缗②。据吕陶《奏为缴连先知彭州日三次论奏榷买川茶不便并条述今来利害事状》："今（元丰八年）则岁献二百万贯。"③元符三年（1100），时任彰明县令的杨天惠在其《都大茶马司新建签厅架阁记》中提道："茶之入以息计者凡二百万，马之入以尾数者凡若干。而其奇赢、其孳息溢于常数者，不在是焉。"④从"通商法"时期的每年20余万贯，到元丰八年（1085）至元符三年（1100）期间，基本稳定在200万贯以上，可以说，茶马法的实施，使北宋政府的财政收入大幅增加。但这些收入，并不是都用于经营熙河，据吕陶《奏为缴连先知彭州日三次，论奏买川茶不便并条述今来利害事状》："缘李杞立法之初，只认四十万贯应副熙河……今（元丰八年）则岁献二百万贯，亦只以四十万贯应副熙河。"⑤也就是说，从熙宁七年（1074）至元丰八年（1085），每年用于熙河路的茶息钱都是四十万贯，占到了熙河岁常费的九分之一，成了熙河防务财力需要的有效补充。可见，徽宗皇帝"川茶，熙河一路经费所仰"⑥的说法，并不是夸大其词。除供应熙河防务需要外，蜀茶税息还用于资助转运司、储备粮草、支援财力穷尽的陕西经费开支等，如《宋会要辑稿·食货》39之33记载："（元丰五年）二月三日，诏借拨茶场司钱四十万缗，付秦凤路经略司市籴粮草。"⑦

---

① 据吕陶《奏乞罢榷名山等三处茶以广德泽亦不阙备边之费状》原注："川茶贵者每斤三百，贱者三二十文，今总计为五十文。"见吕陶. 净德集：卷三[M]//纪昀等编. 文渊阁四库全书. 台北：台湾商务印书馆，1986.
② 贾大泉，陈一石. 四川茶叶史[M]. 成都：巴蜀书社，1988：55.
③ 吕陶. 净德集[M]//纪昀等编. 文渊阁四库全书. 台北：台湾商务印书馆，1986.
④ 袁说友等编，赵晓兰整理. 成都文类[M]. 北京：中华书局，1983：546，
⑤ 吕陶. 净德集[M]//纪昀等编. 文渊阁四库全书. 台北：台湾商务印书馆，1986.
⑥ 徐松. 宋会要辑稿[M]. 北京：中华书局，1957：533.
⑦ 徐松. 宋会要辑稿[M]. 北京：中华书局，1957：65431.

可以说，川茶既是北宋后期重要的财政来源，也是经营熙河的主要的经费来源。

(二) 保障了熙河防务及对夏作战的战马供应

"用兵不可以无马……有百万之兵，无马以壮军势，而用其胜力于追奔逐北之际，与无兵同。"①（虞允文《请损文黎马额尽力西边之马疏》）充足的战马是古代战争获取胜利的重要保障。仁宗、英宗时期，由于和辽签订了澶渊之盟，与西夏签订了庆历和议，用每年大量的银、绢、茶作为供奉，换来了难得的承平，朝廷上下偃武修文，一派太平景象，对战马的需求不大。但后期，特别是在控制熙河地区以后，既要防止新降之众叛乱，阻止吐蕃收复熙河；又要以熙河为据点，发动对西夏的进攻。因此，这一时期对战马的需求明显超过了仁宗、英时期。宋代后期战马来源，主要有三个途径：一是实行官方监牧制度，由政府设置专门机构饲养马匹；二是保甲养马法，由政府供马给农户饲养并给予一定补助；三是购买少数民族的马匹。监牧制度在当时的情形是"河南北十二监，起熙宁二年至五年，岁出马千六百四十四，可给骑兵者二百六十四，余止堪给邮传"②，而保军养马法实施过程中，"民间杂养以充役，官吏虚文以塞责，而马无复善者"③，效果都不好。真正能解决问题的手段只有购买。在茶马法实施以前，北宋买马的中心是陕西、河东路，交换的钱物主要是绢帛和铜钱，但少数民族对绢帛的兴趣普遍不高，而铜钱流入边疆少数民族地区，他们将之铸成兵器又加重了边患，且铜钱外流也加重了政府财政负担，因此这两种支付方式都存在很大的弊端。

实行茶马法后，市马中心转移到了熙河、秦凤，市马的主要方式也转变为以茶易马。这种方式充分利用双方经济的互补性，因此效果明显。据贾大泉《北宋茶马贸易购买战马表》，熙宁十年（1077）至元祐元年（1086），北宋每年实买战马在 15 000～20 000 匹之间，崇宁四年（1105）至宣和五

---

① 傅增湘. 宋代蜀文辑存[M]. 新文丰出版公司，1974.
② 李焘. 续资治通鉴长编[M]. 北京：中华书局，2004：6412.
③ 脱脱. 宋史[M]. 北京：中华书局，1977：43969-3970.

年（1123），每年在 20 000～23 000 匹之间①。相比监牧制度下河南、河北十二监"岁出马千六百四十匹，可给骑兵者二百六十四"的情况，效果实在是好了很多。北宋后期之所以在军事实力上能与辽、西夏抗衡，甚至能主动发动五路伐夏，永乐城、洪德城、平夏城、横山之战等对夏战争，与这段时期通过蜀茶专卖换来大批战马，极大提高了宋军的战斗力，是有密切关系的。

（三）加强了对西北、西南少数民族的控制

在茶马贸易中所交换的马，可分两类，据《宋史·兵志·马政》"其一曰战马，生于西陲，良健可备行阵，今宕昌、峰贴峡、文州所产是也；其二曰羁縻马，产西南诸蛮，短小不及格，今黎、叙等五州所产是也。"②在宕昌等地市马，不仅使北宋得到了急需的战马，也加强了北宋与吐蕃诸部的合作，使一些吐蕃部族自愿接受北宋王朝的统治。熙河及周边地区自吐蕃王朝解体后，一直散居着各吐蕃部族，呈分离割据局面。吐蕃虽然在生活习惯和风俗上与党项都很相近，但在北宋王朝"联蕃制夏"战略影响下，受经济、政治利益的诱惑，他们往往选择与北宋联合对抗西夏。如吐蕃最实力最强的唃厮啰一系，唃厮啰在天圣年间就被授予"宁远大将、爱州团练使"的封号，其子孙也都由北宋授予封号，甚至在康定年间还与北宋联合出兵攻打西夏。设置熙河路后，这些地区的吐蕃部族就成了北宋的属民，其间虽时有因对汉人统治不满而发生的武力斗争，但北宋王朝能在这样一个以少数民族为主的地区，组建一个类似于内地统治结构的行政区域，并维持一段时间的实际统治，甚至在这期间还不时发生周边吐蕃首领率部族来附的事件③，这与当时多数吐蕃部族及其首领的认同是分不开的。吐蕃部族对北宋王朝的这种认同，虽有来自北宋熙河开边军事威压下的屈从，但

---

① 贾大泉，陈一石. 四川茶叶史[M]. 成都：巴蜀书社，1988：86.
② 脱脱. 宋史[M]. 北京：中华书局，1977：4956.
③ 据李焘《续资治通鉴长编》卷 317："（元丰四年）十月丁巳，种谔既破米脂援军，退攻城，凡五日距阘城，其守将朵铃辖凌结阿约勒率酋长五十余人请降。谔下令入城敢杀人及盗者斩，乃降之，收城中老小万四百二十一口。"卷 495："（元符元年）三月辛亥……有西蕃大首领李额叶将妻男并人户约千人、牛羊孳畜等归附。"

很大程度上也是建立在经济利益的基础上的，正因为北宋政权意识到"非茶马无以招集蕃汉人族"①，对蕃族实行较为宽松的贸易政策，采取了制定优厚的茶马比价体系、调整市马地点以方便蕃族卖马（如熙宁六年六月"徙秦州茶场于熙州，以便新附诸羌市易"②）等措施，方便了吐蕃各部的交易并让他们从中得到实惠，才得到了他们的拥护和支持。杨天惠《都大茶马司新建签厅架阁记》称："故自阶、文、龙、茂并塞之区，以及洮、岷、渾都穷边之徼，凡兵若民，咸指日望赐，待我而后出入食饮。"③茶马贸易对边疆少数民族的重要性由此可见一斑。对于农耕落后、主要靠市马获利的蕃族各部来说，北宋这一庞大卖马市场的得失，直接关系到他们的经济发展，直接决定了他们能否获得茶、盐等生活必需品，这就使贸易合作甚至内附成了吐蕃各部最能得到实惠的选择。

与在宕昌等地相比，在西南黎、叙等州的市马中，北宋朝廷好像更加吃亏，因为"秦州买四岁至十岁四赤四寸大马一匹，用名山茶一百一十二斤，每斤折价钱七百六十九文（原注：疑"七百"乃"一百"之误），比黎州减得茶二百三十八斤，又减省银绢等不少，衮比马价钱止四分之一"，而"黎州见买四岁至十三岁四赤四寸大马，每匹用名山茶三百五十斤，每斤折价钱三十文"④。在黎州与秦州买同样的马，价格却要贵得多，且黎州等地所市之"羁縻马"大多"短小不及格"，无法在战场上使用。那么，北宋为何要花更高的价购买这些不能上战场的马呢？主要是基于政治上的考虑，对少数民族"曲示怀远之恩，亦以是羁縻之"⑤，也就是要发挥经济的作用，安抚西南诸蛮，保持西南边境安全。有宋一代，对西南少数民族始终实行"树其酋长，使自镇抚"⑥、以蛮制蛮的羁縻政策，茶马贸易是其羁縻政策的重要组成部分。据贾大泉《宋代博买羁縻马数量表》：自熙宁七年至崇宁

---

① 徐松. 宋会要辑稿[M]. 北京：中华书局，1957：3367.
② 李焘. 续资治通鉴长编[M]. 北京：中华书局，2004：6529.
③ 袁说友等编，赵晓兰整理. 成都文类[M]. 北京：中华书局，1983：546.
④ 徐松. 宋会要辑稿[M]. 北京：中华书局，1957：3313.
⑤ 脱脱. 宋史[M]. 北京：中华书局，1977：4511.
⑥ 脱脱. 宋史[M]. 北京：中华书局，1977：14172.

三年（1074—1104），朝廷购买黎、叙等州羁縻马在每年 4000~5000 余匹之间，是嘉祐（1056—1063）年间年购买量的 2 倍多[1]，可见，北宋虽有大量来自西北的战马，与西南地区少数民族的茶马交易也是非常兴盛的。整个宋代，西南边疆地区政局基本稳定，以至到绍兴二十六年（1156），黎州知州唐耜还称赞："边民不识兵革垂二百年"[2]，这与朝廷在这一地区实行以茶马贸易为主的经济控制不无关系。

更有意思的是，在与西夏断断续续的贸易中，茶马贸易也是北宋王朝控制对方重要的"经济武器"，有时这个武器的威力甚至超过了真枪真刀的厮杀。五路伐夏大战及其后的议和就是一个有趣的典型例子。元丰四年（1081），神宗皇帝趁西夏国内政乱发动战争，想攻克兴、灵二州，却被西夏水淹营地，又绝粮饷之道，再次遭遇到了军事上的惨败。于是神宗皇帝开始祭出另一件武器，"既绝岁赐，复禁和市"，配合军事行动，"又命沿边将吏，迭行攻讨"，结果造成"羌中穷困，一绢之直至十余千"，"横山一带皆弃不敢耕，穷守沙漠，衣食并竭，老少穷饿不能自存"[3]（苏辙《论西事状》）。这样，在军事上的失败靠经济手段找了回来，西夏政权又再次被迫议和，向宋称臣。

（四）促进了边疆地区交通及经济的发展

北宋后期川陕地区茶马贸易的繁盛也间接促进了边疆地区交通的发展。由于产茶地在四川，产马地在熙、秦及四川黎、雅等地，所以茶、马都需要长途运输。当时茶马运输道路的情形，苏辙《论蜀茶五害状》云："蜀道行于溪山之间，最号崄恶，般茶至陕西，人力最苦……后遂添置递铺，十五里辄立一铺，招兵五十人，起屋六十间。"[4]苏辙虽曰"崄恶"，但这条从四川通往陕西的道路，在宋初已是"岁贡纲运、使命商旅昼夜相继，庐

---

[1] 贾大泉，陈一石. 四川茶叶史[M]. 成都：巴蜀书社，1988：90.
[2] 李心传. 建炎以来系年要录[M]. 北京：中华书局，1985：2026.
[3] 苏辙. 栾城集[M]//纪昀等编. 文渊阁四库全书. 台北：台湾商务印书馆，1986.
[4] 苏辙. 栾城集[M]//纪昀等编. 文渊阁四库全书. 台北：台湾商务印书馆，1986.

舍骈接，犬豕纵横，虎豹群盗悉皆屏迹"①的坦途。从苏辙的描述来看，元丰年间又建成了较完备的茶叶运输系统，北宋王朝完善建设递铺的同时，应该也会对道路进行相应改造。这条道路，也就是学界所称的"秦蜀茶马古道"②，始自成都，经汉、绵、剑、利、兴、成诸州，到达秦州、熙河，是北宋茶马贸易的主干线。由于产茶地不同，也分出了若干支线，据黄庭坚《叔父给事行状》："雅州之名山，自兰州入邈川，至于于阗，兴元之大竹，自阶州入欧家，自河州入木波；洋州之西乡茶，自河州入木波，至于三耶、龙谷。"③黄氏所说的这些贸易线路及熙秦地区的水路交通，在茶马贸易的推动下，也得到了改善。如熙宁六年（1073）"诏熙州城下洮河及南、北阙渡口并置浮桥"④，在"河州安乡城黄河渡口置浮梁"⑤；元丰四年（1081）"修复金城关，系就浮桥"；元符二年（1099）修建把拶桥，"系桥通路，直入邈川，不惟路径平坦兼道里甚近，可以互相照应，兼可以于宗河行船漕运，直入邈川"⑥；元丰五年（1082）"诏熙河路洮河与黄河通接，如可作蒙冲战舰运粮济兵，令李宪计度"⑦。更为重要的是，北宋的这些道路、桥梁、漕运的建设，不仅为茶马贸易打开了方便之路，也带动了牦牛、羊、皮毛等物资的交易，而交易的繁荣又促进了边疆地区经济的发展。据相关文献记载，北宋后期，黎州已是"蛮商越驵，毡裘椎髻，交错于阛阓中（余授《朱缨堂记》）"⑧；雅州则"蕃人时至碉门互市，蜀之富商大贾皆辐辏焉"⑨，商品经济十分繁荣；青唐已富裕到"积六十年宝货不赀，唯真珠、翡翠以柜，金玉、犀、象埋之土中"⑩的程度；而熙河更是"一路数州，皆有田宅、

---

① 黄休复. 茅亭客话[M]//纪昀等编. 文渊阁四库全书. 台北：台湾商务印书馆，1986.
② 罗卫东. 秦蜀茶马古道考述[J]. 天水师范学院学报，2012（3）：2.
③ 黄庭坚. 山谷全书[M]//宋集珍本丛刊. 北京：线装书局，2004：186.
④ 李焘. 续资治通鉴长编[M]. 北京：中华书局，2004：5901.
⑤ 李焘. 续资治通鉴长编[M]. 北京：中华书局，2004：6019.
⑥ 李焘. 续资治通鉴长编[M]. 北京：中华书局，2004：6167.
⑦ 李焘. 续资治通鉴长编[M]. 北京：中华书局，2004：7777.
⑧ 曹学佺. 蜀中广记[M]//纪昀等编. 文渊阁四库全书. 台北：台湾商务印书馆，1986.
⑨ 不著撰人. 两朝纲目备要[M]//纪昀等编. 文渊阁四库全书. 台北：台湾商务印书馆，1986.
⑩ 张舜民. 画墁录[M]//纪昀等编. 文渊阁四库全书. 台北：台湾商务印书馆，1986.

牛马，富盛无少比"①。伴随着茶马贸易，汉地先进的农耕工具和技术也随之传入少数民族地区，进一步加速了这些地区的经济和社会发展。如熙宁八年（1075），郑民宪建议："于熙州南关以南开渠堰引洮水，并东山直北通流下至北关，并自通远军熟羊寨导渭河至军溉田。"②得到了朝廷的支持，随着水利的兴修和屯田的不断扩大，洮水沿岸成了与江南地区一样的良田。以至于史学家刘攽在其《熙州行》诗中感慨道："岂知洮河宜种稻，此去凉州皆白麦。"③

北宋边疆贸易的繁盛和经济的发展，对促进民族融合及民族间文化交流以及今天中国统一多民族国家的形成，都具有不可低估的积极意义。

三、单一经济控制的弊端

茶马法的实施，虽然在北宋后期的治边中发挥了重要的作用，但也存在种种弊端，引起了当时有识之士的反对，如吕陶、苏辙、刘挚等人就纷纷上奏，要求在蜀地废除榷茶，但他们更多站在内部统治的角度，认为榷茶加重了农民负担，不利于政府的统治。其实，从边疆治理的角度来看，北宋王朝以经济手段为主的政策，局限性也很强，由于没有强大的军事实力作为后盾，这种以单一经济利益维系的控制是十分脆弱的。

（一）从内部统治的角度看，常因取息太重、立法太严，致生民怨

茶马法的实施，使北宋政府财政收入大幅提高，也带动了四川茶叶生产和销售，但对于四川百姓来说，茶马法给他们带来的不是财富，而是更多的剥削和沉重的税负。一方面，政府大幅增加园户和茶商的赋税，将园户缴纳的茶税从一分提高到了三分，茶商到茶场买茶"一般是政府收购价

---

① 李焘. 续资治通鉴长编[M]. 北京：中华书局，2004：11607.
② 李焘. 续资治通鉴长编[M]. 北京：中华书局，2004：6434-6435.
③ 刘攽. 彭城集[M]//纪昀等编. 文渊阁四库全书. 台北：台湾商务印书馆，1986.

再加价二分至三分"①，这样就将政府从园户和茶商那里所收茶税的税率从通商法时期的 15%左右提高到了 50%～60%；另一方面以严刑峻法强制推行茶马法，园户生产的茶叶只能"尽卖于官场，更严私交易之令，稍重至徒刑，仍没缘身所有物，以待赏给"②，"园户赍茶往不置场处并用有引茶及空引带私茶"等都要入刑，而且还鼓励揭发私茶交易，告捕者"一斤以上赏钱二贯文，每一斤加三贯，至二十贯止"③，商人与园户"有以钱八百私买茶四十斤者，辄徒一年，出赏三十贯"④（苏辙《论蜀茶五害状》），越界贩茶、贩卖茶籽茶苗、运输不及时及官吏缉私不严等都要入刑。实际上，园户除了向政府缴纳茶税外，还要遭受官吏、茶商、牙人的压榨，如园户每斤本应"卖得七八十文，今来只卖得五十文，除牙子钱，只得钱四十七文"，每袋茶十八斤，"牙子只称作十四五斤，若是薄弱妇女卖时，只称作十三四斤"⑤（吕陶《奏为官场买茶亏损园户致有词诉喧闹事状》）。茶官还常常"每岁秋成籴米，高估米价，强依茶户，谓之茶本，假令米石八百钱，即作一贯支依，仍令出息二分。春茶既发，茶户纳茶，又例抑半价，兼压以大秤，所损又半，谓之'青苗钱'，及至卖茶，本法止许收息二分，今多作名目，如牙钱、打角钱之类，至收五分以上"⑥（苏辙《论蜀茶五害状》）。黄纯艳根据吕陶熙宁年间的奏疏分析，在实行通商法时，四川园户出卖中等茶每斤之利可得 20 文，实行茶马法后，园户在年景较好时每斤可得利 8 文，官府每斤得利为 36 文，是园户得利的 4.5 倍⑦，再加上官府常常压价收购，园户受到的剥削显然更为严重。

沉重的税负与官吏、牙子的层层盘剥，让蜀中百姓民不聊生，"一路之民，遂生怨诽"⑧（吕陶《奏具置场买茶旋行出卖远方不便事状》），刘挚在

---

① 贾大泉、陈一石. 四川茶叶史[M]. 成都：巴蜀书社，1988：90.
② 脱脱. 宋史[M]. 北京：中华书局，1977：4498.
③ 徐松. 宋会要辑稿[M]. 北京：中华书局，6671.
④ 苏辙. 栾城集[M]//纪昀等编. 文渊阁四库全书. 北京：台湾商务印书馆，1986.
⑤ 吕陶. 净德集[M]//纪昀等编. 文渊阁四库全书. 北京：台湾商务印书馆，1986.
⑥ 苏辙. 栾城集[M]//纪昀等编. 文渊阁四库全书. 台北：台湾商务印书馆，1986.
⑦ 黄纯艳. 论宋代茶利的几个问题[J]. 中国史研究，2002（4）：94-95.
⑧ 吕陶. 净德集[M]//纪昀等编. 文渊阁四库全书. 台北：台湾商务印书馆，1986.

其《论川蜀茶法疏》中指出:"于园户名为平市,而实夺之也。园户有逃以免者,有投死以免者,已而其害犹及邻伍,欲伐茶则有禁,欲增植则加市,故其俗论谓'地非生茶也,地实生祸也'。"[1]畸高的赋税和严苛的刑罚也导致北宋中后期私茶盛行,虽然被抓获的私茶贩子遭遇极其悲惨,李新《上皇帝万言书》曾记载:"比年禁其私贩,五木巨械,钳首贯足,考一逮十,考十连百,囹圄常空,刑余半道,而冤痛之声,至不忍闻。"[2]但这也禁止不住一些园户和茶商铤而走险,私自交易,越界贩卖,甚至产生了专门的"茶寇"。一些园户和茶商在逼到绝境后,甚至选择武力反抗。据吕陶上奏的《奏为官场买茶亏损园户致有词诉喧闹事状》:熙宁十年四月十九日,堋口茶场秘书丞尹固、蒙阳主簿薛翼因没准备好现钱,要延期收茶,导致园户不满,"其园户却致打本官手下公人,兼扯破薛翼袍袖,更寻牙人,意要相争。"而吕陶认为,其原因主要在于"官场买茶,取息太重","其园户既被亏损,无可申诉,遂便聚众喧闹,人数颇众,难为约束"[3]。吕陶记录的只是极小的一次骚乱,虽然北宋没有像汉唐一样爆发全国性的农民起义,但根据何竹淇《两宋农民战争史料汇编》的统计,北宋有史料记载且形成一定规模的民变就有近300起,北宋民变的主体主要是流民、饥民、茶(盐)贩等[4]。这些民变也让大臣看到了问题所在,那就是赋税太重。如冯京就曾这样跟宋神宗分析四川王小波起义的原因:"囊时西川因榷买物,致王小波之乱。"[5]王黼给徽宗皇帝总结方腊起义的原因时也说:"腊之起,由茶、盐法也。"[6]而北宋之所以一直实行高赋税,除了官僚机制的臃肿外,一个关键原因就是治边成本太高,每年需要的供奉太多,这些都是要从农民那里盘剥而来的。所以,假使北宋没有亡于金,估计也会在其末期爆发全国性的农民起义。

---

[1] 刘挚. 忠肃集[M]//纪昀等编. 文渊阁四库全书. 台北:台湾商务印书馆,1986.
[2] 李新. 跨鳌集[M]//纪昀等编. 文渊阁四库全书. 台北:台湾商务印书馆,1986.
[3] 吕陶. 净德集[M]//纪昀等编. 文渊阁四库全书. 台北:台湾商务印书馆,1986.
[4] 何竹淇. 两宋农民战争史料汇编:上编:卷一分册[M]. 北京:中华书局,1980:101.
[5] 李焘. 续资治通鉴长编[M]. 北京:中华书局,2004:4756.
[6] 脱脱. 宋史[M]. 北京:中华书局,1977:12389.

（二）从边疆治理的角度看，既失去了主动权，又缺乏威慑力

有学者认为，在茶马贸易等"互市"过程中恩威并施，"既利用禁止互市作为制裁周边民族的手段，又利用互市作为怀柔周边民族的手段"，"这是宋王朝适应商品经济的发展，在民族政策上的重要创新"①。南宋的吴泳在其《互市》也有相似的表达："互市博买之权，当使操之在中国，不当使专之在四夷……使蕃夷仰我之心常重，而汉人藉彼之力常轻，则置场市易以质剂相往来。"②但这种创新，对于军事实力不强的北宋来说（南宋更是如此），也是不得已而为之的。没有强大的军事力量作后盾，单靠经济手段获得的控制权是脆弱的、缺乏威慑力的，而且真正掌握控制主动权的往往不是北宋王朝。

纵观整个北宋与西夏、吐蕃政权的交往史，在处于敌对状态时，战争的主动发起者大多时候是西夏、吐蕃。特别是西夏的侵扰，一直让北宋统治者们惴惴不安，元丰七年（1084），神宗曾感慨："夏羌自祖宗以来，为西方巨患历八十年，朝廷倾天下之力，竭四方财用以供馈饷，尚日夜惴惴然，惟恐其盗边也。"③西夏为什么要频频发动对宋战争，以至成"西方巨患"呢？李元昊年幼时劝其父李德明："不若习练干戈，杜绝朝贡，小则恣行讨掠，大则侵夺封疆，上下俱丰，于我何恤？"④对于元昊及历代西夏统治者来说，让国家富足的最重要手段都是通过战争"恣行讨掠""侵夺封疆"，以获取经济利益，因为"游牧民族与农业民族间，其贸易的成否与交易额数量的大小，是要以他们武力为后盾来决定的，其数量的大小，也会与他们武力强弱成正比的"⑤。西夏强盛时，几乎每一次战争都能从北宋捞到好处，如元昊时期在三川口、好水川、定川寨三次大规模战役后，与宋签订了"庆历和议"，西夏得到宋朝每年供奉银 5 万两、绢 13 万匹、茶 2 万斤

---

① 林文勋. 宋王朝边疆民族政策的创新及其历史地位[J]. 中国边疆史地研究，2008（4）：17.
② 吴泳. 鹤林集[M]//纪昀等编. 文渊阁四库全书. 台北：台湾商务印书馆，1986.
③ 李焘. 续资治通鉴长编[M]. 北京：中华书局，2004：8376.
④ 李焘. 续资治通鉴长编[M]. 北京：中华书局，2004：2576.
⑤ 扎奇斯钦. 游牧民族军事行动的动机[C]//台湾宋史座谈会. 宋史研究集：第九辑. 台北：中华丛书编审委员会，1977：486.

的好处。这一时期，西夏选择战争还是贸易，取决于哪种方式能给自己带来更多的经济利益。熙河开边后，北宋从西夏夺取了横山这一重要的粮食产区，西夏国力衰退，主动发动的战争反而少了，这也从另一个侧面印证了游牧民族以夺取农业物资为目的的战争是要"以他们的武力为后盾的"。西北吐蕃由于实力较弱，在与北宋相处的六十余年里，多数时候与北宋交好，但当他们觉得战争能获取更多经济利益时，也会像西夏一样主动掠夺扰边，当他们觉得投靠西夏更有好处时，就马上背叛北宋。宋王朝给他们的封号、互市的好处以及直接的经济援助等，对他们当然有很大的吸引力，但由于宋王朝军事上的孱弱，这种控制根本不具备威慑力和约束力。如熙河开边后，"其首领青宜结鬼章寇河州踏白城，景思立死焉，帝命边臣招来之，（熙宁）十年，以鬼章及阿里骨皆为刺史"①，但元祐二年（1087），这个鬼章和阿里骨在得到西夏国相梁乙逋的厚礼后，马上又联合西夏发兵攻宋。所以，吐蕃与北宋的交往的动机其实跟西夏是一样的，还是为了经济利益。由于没有强大的军事力量作为后盾，战争和和平选择的主动权并不在北宋王朝的这边。即使是北宋后期最值得炫耀的熙河开边，最后也是以鬼章率军收复失地、北宋完全失败而告终。

相较而言，北宋对西南地区少数民族的羁縻，效果似乎要好得多，达到了"边民不识兵革，垂二百年"的程度。但当这些少数民族为了维护或想要得到更多经济利益时，他们一样会"长啸而起，出则冲突州县，入则负固山林"②，与北宋政府发生武力对抗，而北宋政府在这些军事行动中的表现，更能看出其军队的孱弱和对地方控制的无力。据李新《更生阁记》记载：政和七年（1117），"静涂诸羌叛，火折博市，杀居民千，掠妇数百，屠汶山聚落殆尽，羌媪竞掠财货，辇负而归"，当时守城的杜掌手下戍兵百余人、土丁三百余人，并且已得知"贼纵饮，至漉泽园昭惠祠，朋醉莫能兴"，守城士兵纷纷主动请缨，但杜掌却不许他们出战。后来朝廷从成都派兵四千余名，与"羌贼六百迎战"，结果却是"王师皆陷，凡偏裨将十一人

---

① 脱脱. 宋史[M]. 北京：中华书局，1977：4498.
② 脱脱. 宋史[M]. 北京：中华书局，1977：1687.

不战而死，无一骑一卒逃者"。兵败之时，主将丘永寿"犹卧营中，不知师败。比闻报，乃行至故州基，导以胡部乐，谓之奏凯而还，士皆窃笑"。而另一位将领张永铎"居帐中，股栗不能言"。在这次平叛的过程中，北宋投入兵力4400余名，而叛乱诸部仅600余名，"其胜兵者才七八十人耳"，却如此惨败，以至造成"凡费国用四百万缗，两蜀由是困矣"的后果①。可见，北宋末期，统兵将领已昏庸到了何等地步，宋兵已孱弱到了何等地步。贾大全也认为："北宋王朝用将唯亲，庸人领兵所造成的严重恶果，是北宋军队不能抵抗少数民族军事进攻的最根本原因。"②更让李新惋惜的是，后来孙羲叟带兵平叛后，并没有一鼓作气打垮对方，反而是"即受旺烈等降，反慰安之。奏诸朝，赐守领官月给茶彩"③。可以说，在治边问题上，北宋孱弱的军事实力拖了经济的后腿。

总的说来，北宋后期利用茶马贸易等经济手段，加强中央政府对边疆及少数民族地区的控制的策略，有其积极的一面，也有其局限性。知古鉴今，这些政策及其实施效果对我们今天的政策及执行也具有一定参考价值。

---

① 李新. 跨鳌集[M]//纪昀等编. 文渊阁四库全书. 台北：台湾商务印书馆，1986.
② 贾大泉. 北宋军队不能抵御少数民族政权军事进攻的原因[J]. 西南民族大学学报：人文社科版，1980（3）：37.
③ 李新. 跨鳌集[M]//纪昀等编. 文渊阁四库全书. 台北：台湾商务印书馆，1986.

从蜀中"三俊"作品看宋代都江堰灌区的治水活动

成都地区的水利工程,最著名的莫过于都江堰。都江堰的建成及在此基础上逐渐形成的纵横分布的水网,无疑是成都地区成为富庶的"天府之国"重要基础。据《华阳国志·蜀志》载:"冰乃壅江作堋,穿郫江、检江……于是蜀沃野千里,号为陆海,旱则引水浸润,雨则杜塞水门,故记曰:'水旱从人,不知饥馑。''时无荒年,天下谓之天府也。'"[①]常璩清楚地论述了都江堰的建成对成都的重要意义。成都能成为世界上最富生命力的城市之一,建城二千余年来一直保持勃勃生机并形成独具特色的地域文化,与历代进行的水利建设和维护也是分不开的。成都是宋代重要的粮食生产基地和工商业中心,是十分重要的大都会,经济异常发达,作为农业生产的根本,统治者对水利问题给予了极大的重视,建立了较为完善的水利设施维修制度,进行了大量的水利工程建设,形成了宝贵的治水经验。

---

① 常璩撰,任乃强校注.华阳国志校补图注[M].上海:上海古籍出版社,1983:133.

一、宋代的水利制度及政策

宋代在中央和地方都设置有专门的水利机构,中央主要有工部及下属水部司、都水监,水部设水部郎中一员,主要"掌沟洫、津梁、舟楫、漕运之事"①,元丰改制后,都水监设使者、次官都水监丞二员,主要"掌中外川泽、河渠、津梁、堤堰疏凿浚治之事"②。在地方,州县的水利建设和维护最初由通判、县令或主簿负责,崇宁二年(1103)蔡京上书:"熙宁之初修水土之政、行市易之法、兴山泽之利,皆王政之大,请县并置丞一员以掌其事。"③中央开始在县一级设置专门管理水利等事务的官员。另外,宋代地方诸路还设安抚使司、转运使司、提点刑狱司、提举常平司四司,其中转运使司俗称"漕司",除掌握财赋外,还参与河渠治理方面的决策和监督。

为保障水利设施的建设与维护,朝廷十分重视水利管理法令制度的修订。如熙宁二年(1069),作为王安石变法的一部分,朝廷颁行了《农田水利约束》。据《宋会要辑稿》,其主要内容有:一是凡能提出有关土地耕种方法和某处有应兴建、恢复和扩建农田水利的人,核实后受奖,其建议交付州县实施;二是各县上报境内荒田的开垦方法及境内应修浚的河流、应修扩建的灌溉工程,并做出预算及施工安排;三是一县不能独立完成的水利工程,可由州官差人前往协助,涉及多县的,各县都要提出意见,报送主管官吏;四是各县提出水利施工的计划和办法,报请主管官吏和各路提刑或转运使协商后执行;五是工程太多、事务太繁重的县,可增加辅助官吏;六是私人垦田或兴修水利,财力不足时,可向官府贷款,也可向富裕农户借贷。④为落实这些制度,朝廷还派专人进行督查,如"绍圣二年,诏武进、丹阳、丹徒县界沿河堤岸及石呾、石木沟,并委令佐检察修护,劝

---

① 脱脱. 宋史[M]. 北京:中华书局,1977:3863.
② 脱脱. 宋史[M]. 北京:中华书局,1977:3922.
③ 脱脱. 宋史[M]. 北京:中华书局,1977:4055.
④《宋会要辑稿》食货 11 之 27—28、63 之 18—186,见徐松. 宋会要辑稿[M]. 台北:台湾新文丰出版公司,1965.

诱食利人户修葺。任满，稽其勤惰而赏罚之"①。

宋代朝廷对地方官员的考核中，水利设施的建设和维护也是其中一项重要内容。朝廷还建立了相应的责任追究和奖惩制度，如咸平三年（1000）规定："缘河官吏，虽秩满，须水落受代。知州、通判两月一巡堤，县令、佐迭巡堤防，转运使勿委以他职。"②也就是说，官员任满后改任他职的，须考察其任期内治水情况。很多官员会因为治水政绩得到升迁，如"（咸平三年）会河决郓州王陵口，发数州丁男塞之，命进（张进）董其役，凡月余毕，诏褒之。移并、代副都部署"③。朝廷也会对治水不力导致灾患的官员予以处罚，如"元祐元年，（范）子渊已改司农少卿，御史吕陶劾其'修堤开河，縻费巨万，护堤压埽之人，溺死无数。元丰六年兴役，至七年功用不成。乞行废放'"，于是朝廷马上让他"黜知兖州，寻降知峡州"④。

二、宋代都江堰的岁修制度

修建都江堰，主要采用的是"破竹为笼，圆径三尺，以石实中，累而壅水"⑤的笼石护岸法，唐代称都江堰为"楗尾堰"，所谓楗尾，就是用装着石块的竹笼填补堤岸。这种方法的优点是就地取材，材料易得、简便。但竹笼易破碎、难以持久，随时需要维护、修治。再加上岷江每年带来的大量泥沙沉积在堰渠，需要定期淘浚。遇到地震、洪水或战乱等造成堤堰损坏时也需要进行修复。因此，都江堰自汉代开始，就设置"都水尉""都水掾"⑥等水官负责日常管理和修治。但见于正史的岁修制度，始于《宋

---

① 脱脱. 宋史[M]. 北京：中华书局，1977：3186.
② 脱脱. 宋史[M]. 北京：中华书局，1977：2260.
③ 脱脱. 宋史[M]. 北京：中华书局，1977：9469.
④ 脱脱. 宋史[M]. 北京：中华书局，1977：2316.
⑤ 李吉甫. 元和郡县图志[M]. 北京：中华书局，1983：432.
⑥ 1974年3月3日，在都江堰外江闸下游出土李冰石像，前胸及两袖有题刻隶书文字："故蜀郡李府君讳冰""建宁元年闰月戊申朔二十五日都水掾""尹龙长陈壹造三神石人珍水万世焉"。

史》,《宋史·赵不忌传》:"永康军岁治都江堰,笼石蛇决江遏水,以灌数郡田。"①又据《宋史·河渠志》:

> 皂江支流以北曰都江口,置大堰……凡为堰九:曰李光,曰膺村,曰百丈,曰石门,曰广济,曰颜上,曰弱水,曰济,曰导,皆以堤摄北流,注之东而防其决。离堆之南,实支流故道,以竹笼石为大堤,凡七垒,如象鼻状以捍之。离堆之趾,旧镌石为水则,则盈一尺,至十而止。水及六则,流始足用,过则从侍郎堰减水河泄而归于江。岁作侍郎堰,必以竹为绳,自北引而南,准水则第四以为高下之度。江道既分,水复湍暴,沙石填委,多成滩碛。岁暮水落,筑堤壅水上流,春正月则役工浚治,谓之穿淘。②

证明宋代岁修时间在每年岁末年初的枯水季。修治的主要内容一是对都江堰(大堰)及李光等九堰进行维护,防止决堤;二是在离堆的南面、皂江支流的故道,用笼石护岸之法,将装满石头的竹笼垒成七层形状如象鼻的大堤,以防止洪水冲击;三是以"准水则第四"为标准,对起到分流作用的侍郎堰高度进行增减;四是对长期沙石累积形成的滩碛进行"穿淘"。也就是说岁修内容主要有两项:修筑堤堰和疏浚河道。任悈《堤堰志》提到了"穿淘"的具体做法:"都江口旧有石马埋滩下。凡穿淘,必以离堆石记为准,号曰'水则'。其下淘深二丈二尺,而水则下亦深七八尺。"除了记录依据水则下淘都江口处滩的深度、长度、广度外,任悈还记录了石渠口等渠口的横、纵、深三个维度的具体下淘标准,且"岁以为度,过与不足,其害立见"③,强调每年岁修时穿淘都要以此为标准,过深或不足都会引发祸患。真宗景德年间任永康军知军的冯伉在其《移建离堆山伏龙观铭并序》中记载了岁修的相关情况:"每岁孟春,役徒万亿。太仓为之给粟,长吏为之监工。筑之,绳之,决之,防之;乘时以兴,比月而息。枝分派散,环

---

① 脱脱. 宋史[M]. 北京:中华书局,1977:8758.
② 脱脱. 宋史[M]. 北京:中华书局,1977:2376.
③ 曹学佺. 蜀中广记[M]//纪昀等编. 文渊阁四库全书. 台北:台湾商务印书馆,1986.

绕纠错；连州越郡，膏沐千里。"①其对于岁修时间的记载与《宋史》一致，当时征招修治大堰的农民高达几万人，由政府拨给粮食并派官吏进行监督，整个岁修的时间大约两个月。陆游《十二月十一日视筑堤》诗也形象地记录了修治侍郎堰时编织竹笼、运送石头的忙碌情形："横堤百丈卧霁虹，始谁筑此东平公。今年乐哉适岁丰，吏不相倚勇赴功。西山大竹织万笼，船舸载石来亡穷。"②

宋代不仅制定了都江堰岁修制度，而且朝廷还专门派遣官员对岁修工程进行监督并制定了相应的奖惩措施。据《宋史·河渠志》：

> 元祐年间，差宪臣提举，守臣提督，通判提辖。县各置籍，凡堰高下、阔狭、浅深，以至灌溉顷亩、夫役工料及监临官吏，皆注于籍，岁终计效，赏如格。政和四年，又因臣僚之请，检计修作不能如式以致决坏者，罚亦如之。大观二年七月……自今如敢妄有检计，大为工费，所剩坐赃论，入己准自盗法，许人告。③

由此可知，朝廷曾派员将都江堰的高低深浅等具体情况、灌溉的数量、每年修治所用的人工和材料等情况都详细记载于册，以之为年终考核奖惩的依据，对没有按照标准修治导致灾患的官员进行处罚，并鼓励百姓告发官员偷工减料、坐地分赃等犯罪行为。也有官员因主持岁修、惩治贪官污吏得到了朝廷的奖励和百姓的爱戴，如赵不忒在任成都转运判官期间，面对"吏盗金，减役夫，堰不固而圮，田失水，故岁屡饥"的局面，他"躬视，操板筑，绳吏以法"，并积极赈灾，出台了很多有利于百姓生计的政策，"全活数百万"，其离任之时，"蜀人送者，沿成都至双流，遮道不得行"，而且没多久就"除成都提刑，改江西路转运判官"④。

岁修管理中也存在种种弊端，据任渊《双流昭烈庙碑阴记》记载，在

---

① 此文原有碑刻现已失。此据冯广宏等编. 都江堰文献集成·历史文献卷：先秦至清代[M]. 成都：巴蜀书社，2001.
② 陆游著，钱仲联校注. 剑南诗稿校注[M]. 上海：上海古籍出版社，1985：387.
③ 脱脱. 宋史[M]. 北京：中华书局，1977：2377.
④ 脱脱. 宋史[M]. 北京：中华书局，1977：8759.

双流新开河等堰的岁修中，就出现"调四邑之夫数千人，什伍为队，队各有长。名籍具在，实未尝充数。始至仅十六、七日，就减损；过旬，则零落殆尽。在者，皆癃老羸弱"①的情况，等到工期快到了，便点火夜作，草草收工，主管集合点名下面的人有经常顶包代替。在岁修的过程中，有时也要解决地方的一些矛盾，如王安石《京东提点刑狱陆君墓志铭》记载了当时引水渠道被土豪占据，陆广（曾为导江县令）主持修堰，斥退土豪，还水于民的事迹，其文云："离堆之江，豪右擅焉。君修偃渠，始诎其专，灌田为顷万有七千。"②宋代形成的这套维修和官吏制度，在其后也被明、清所仿效，它既保障了岁修工程的质量，也能有效对官员进行监督，对都江堰的不断发展和长期发挥效益起到了重要的作用。

三、宋代都江堰灌区水利工程的修缮与建设

据魏华仙、徐瑶《宋代四川地区饥荒述论》统计：两宋时期，《宋史》《续资治通鉴长编》中记载的益州路饥荒有 13 次，而在这些饥荒记录中，与水灾、旱灾有关的达 8 次③。也就是说，水旱灾害是引发宋代成都地区饥荒的主要自然灾害。如《续资治通鉴长编》就记载了熙宁七年的一次旱灾："北尽塞表，东被海涯，南逾江淮，西及邛蜀，自去岁秋冬，绝少雨雪，井泉溪涧，往往涸竭，二麦无收，民已绝望，孟夏过半，秋种未入，中户以下，大抵乏食，采木实草根以延朝夕。"④这是一次包含"天府之国"成都在内的范围极广的旱灾，从前一年的秋冬到第二年的夏天，一直干旱无雨，导致大量民众缺乏粮食，只能采摘木实草根充饥。再如"（乾道八年）六月壬寅，四川郡县大雨水，嘉眉邛蜀州、永康军及金堂县尤甚，漂民庐，决

---

① 袁说友等编，赵晓兰整理. 成都文类[M]. 北京：中华书局，2011：884.
② 王安石. 临川文集[M]. 长春：吉林出版集团，2005：768.
③ 魏华仙，徐瑶. 宋代四川地区饥荒述论[J]. 中华文化论坛，2014（6）：59-66.
④ 李焘. 续资治通鉴长编[M]. 北京：中华书局，1995：6181.

田亩"①，直接导致"（乾道九年）春，成都、永康、邛三州饥"②。连都江堰所在的永康军及主要灌区成都府都因为遭遇水灾而导致饥荒，"水旱从人，不知饥馑"的"天府之国"的称号在这时已名不副实了。而造成这样的局面的，其中一个重要的原因就是水利工程年久失修，难以起到雨季防洪和在旱季灌溉的作用。如前文提及的赵不忧任成都转运判官期间见到的"堰不固而圮，田失水"的情况，就是因为"吏盗金，减役夫"造成的。所以说成都地区的灾荒，一半是天灾，另一半却是因官员贪腐、懒政导致的人祸。但总的说来，两宋三百多年间，成都地区发生水旱灾害和饥荒的次数并不算多，频率也不高，而且很少爆发大规模的饥民暴乱事件。宋代是成都城市高速发展的黄金时代，成都是当时最富裕的地区之一，田况《成都遨游诗》（其四）称："惟兹全蜀区，民物繁他州。春宵宝灯燃，锦里香烟浮。连城悉奔骛，千里穷边陬。"③范百禄《成都古今集记序》也曾写道："成都，蜀之都会，厥土沃腴，厥民阜繁，百姓浩丽，见谓天府。缣缕之赋，数路取赡，势严望伟，卓越他郡。"④从中我们不难想见宋代成都的繁华盛况。

如前所述，成都的繁荣和富庶是建立在先进和完善的水利系统基础上的，而富裕的成都也能支撑更多水利工程的修缮和建设，而且宋王朝也将水利工程的修缮与建设作为地方官员考核的重要内容。在此背景下，一些长期在成都地区任职的官员也自然会将治水作为自己的重要职责，如吕陶在《蜀州新堰记》中特别指出："西南虽号沃壤，然赋敛百出于农。耕夫日夜劬劳，而三时有馁色；百亩之家，占名上籍，而歉岁或不免饥。惟是沟畎渠防之务，于政最切。上之人苟置不议，非所以抚惠赤子也。"⑤特别提出了主政者要重视水利工程建设的忠告。两宋时期，王觌、刘熙古等一大批官员在主政成都期间，对都江堰灌区的水利工程加以修缮，并建设一些新的服务于地方农业的水利工程。

---

① 脱脱. 宋史[M]. 北京：中华书局，1977：1325.
② 脱脱. 宋史[M]. 北京：中华书局，1977：1471.
③ 袁说友等编，赵晓兰整理. 成都文类[M]. 北京：中华书局，2011：178.
④ 袁说友等编，赵晓兰整理. 成都文类[M]. 北京：中华书局，2011：480.
⑤ 吕陶. 净德集[M]//纪昀等编. 文渊阁四库全书. 台北：台湾商务印书馆，1986.

绍圣年间以宝文阁直学士知成都府的王觌，面对成都"江水贯城中为渠，岁久湮塞，积苦霖潦而多水灾"的局面，彻底对其进行整治，"疏治复故，民德之，号'王公渠'"①。成都人吴师孟也记录了王觌在成都的治水事迹，其《导水记》云：

> 今宝文王公，勤恤民隐，目睹水事，慨然疚怀，博访耆艾，得老僧宝月大师惟简，言往时水自西北隅入城，累甓为渠，废址尚在。若迹其原，可得故道。遂选委成都令李偲行视，果得西门城之铁窗之石渠故基。循渠而上，仅十里，至曹波堰，接上游溉余之弃水，至大市桥，承以水槽而导之，其水槽即中原之澄槽也。自西门循大逵而东注于众小渠，又西南隅至窑务前闸，南流之水自南铁窗入城。于是二渠既酾，股引而东，派别为四大沟，脉散于居民夹街之渠，而辐凑于米市桥之渎。其委也又东汇于东门，而入于江。众渠皆顺流而驶，有建瓴之势，而无漱啮之虑……凡为澄槽二，木闸三，绝街之渠二，木井百有余所。而民自为者，随宜增减，不可遽数焉。②

这是一项"经始于仲春，迄成于季秋"的大工程，在王觌组织整修之前，"虽有沟渠，壅阏沮洳"，雨大就淹，雨少就旱，一遇火灾，也无水可救，而且居民还常常因此染病，"春夏之交，沈郁湫底之气渐染于居民，淫而为疫疠"。王觌上任后，访问了熟悉情况的老人，派出成都令李偲实地考察，找到了旧渠位置，从曹波堰接引灌溉余水到大石桥，再设水槽，引水至西门，顺着大路向东开渠，分水给各条小渠，在城西又设闸引渠水入城中，使两大干渠恢复通畅，并把水引到了居民街道之中，最后再汇于东门，注入二江。这番整治增加了水槽两处、木闸三处，恢复水井一百多眼，民间工程不计其数。这样，成都的居民用水、消防、防洪等都得到了保障。可以说，这是在宋代成都建设史上较为重大的一次工程。在整修过程中，王觌还能做

---

① 脱脱. 宋史[M]. 北京：中华书局，1977：10943.
② 袁说友等编，赵晓兰整理. 成都文类[M]. 北京：中华书局，2011：511.

到"不妨民田,不劳民力",不枉民众将其修治的沟渠称为"王公渠"。其后,席旦、席益父子又分别对成都的城市水系进行了整治。席益《淘渠记》记述了父亲和自己疏浚城区沟渠和下水道的过程,席旦在大观二年(1108)春带领百姓淘挖沟渠内的淤泥。三十年后,同样任成都知府的席益,在上任之初,就面临因为暴雨和城中沟渠淤塞导致的洪流以及灾后瘟疫流行的局面,上任的第二年,他按照父亲当年的办法开始淘渠和整修,补筑了大西门外的堤防,在引水入城的渠道上设置了三道闸门,又修了积水塘的排水沟和防护矮墙。水道整治后,泥泞清除了,瘟疫也消失了。特别值得一提的是,席益在此次疏浚过程中,专门绘制了地图,方便后世掌握涵道位置,以便及时淘淤。他认为:"刊图以示,后之君子,如有志于民,意诚而令信,于斯图也,将有考焉。"①这无疑是城市疏浚工作中一种进步的举措。

在成都地区水利工程的维护中,作为"两江抱城"重要节点的糜枣堰的修缮,最具有典型意义。据何涉《糜枣堰刘公祠堂记》:"乾德四载秋七月,西山积霖,江水腾涨,溃堰,蹙西闻楼址以入。排故道,漫莽两堨,汹汹趋下垫,庐舍廛闬,浩乎若尾闾横决,傍无厓涘。"刘熙古上任之初,面临的就是水灾导致城区沟渠大量被淹没的局面。"开宝改号之初……刘公熙古帅州,始大修是堰(即糜枣堰),约去讫民害。招置防河健卒,列营便地,伺坏隙辄补,以故连绝水虞"。成都民众"比屋蒙仁,多绘像而拜恩之"②。刘熙古开宝元年(968)所修治的糜枣堰,乃唐末名将高骈修建护城河时所筑的导流堤。通过糜枣堰,郫江北流东行,在城东又折向南行,沿城东向南流,变成了今天的府河。刘熙古不但组织大修糜枣堰,还建立了一支专业的维修队伍,保证一有损坏就立即修补,基本解决了成都城区水患问题。庆历五年(1045),文彦博知成都,再次对糜枣堰进行了大修,据前引何涉文,文彦博"尝从僚吏,诣所谓糜枣堰者",感叹道:"以吾为尹于兹,诚不可遗西人它日戒惧","由是大营工捷,益库附薄,为数十百年计。盘据广袤,罔分坞属,汤汤洪波,演漾徐转" 。文彦博的大修主要是在刘熙古

---

① 袁说友等编,赵晓兰整理. 成都文类[M]. 北京:中华书局,2011:513.
② 袁说友等编,赵晓兰整理. 成都文类[M]. 北京:中华书局,2011:660.

修治的基础上将低凹单薄的堤堰加厚加固，提高堤堰的防水和导流能力。直到淳熙年间，四川制置使兼成都府尹范成大在糜枣堰下修建亭榭，命诸生杨甲作记，杨甲在其《糜枣堰记》中感慨道："糜枣堰……虽肇于唐高骈，然陴陋易圮，不足以埋洪源，折逆流。逮隆崇基以洒沈澹灾，引注灌溉，膏我粱稻，而无氾滥决溢者，宋端明殿学士刘公熙古之力也。自开宝以迄于今，逾二百年，而沃野之利溥矣，享其利而忘其功，不可也。"[①] 刘熙古组织大修之后的糜枣堰，能够在两百年间无溃决，其功劳能在两百年后仍被人铭记，可见其工程之坚固。

　　天圣年间出镇成都的韩亿修复了九升口。韩亿出镇成都时，益州发生了严重的旱灾，韩亿不但"倍数出粟（原来的规矩是岁出官粟六万石），先期予民，民坐是不饥"，而且"疏九升江口，下溉民田数千顷"[②]。阎灏《韩忠宪公祠堂记》对此有更为详尽的记载："骄亢寖久，府江几涸。莳稼将瘁，沟浍填阕。堤封曠然，浇润靡及。公（韩亿）遂遣官行视江流，访故老，得堰曰九升口，未始疏导，即命新酾为渠以注之。水行径便，均溉诸邑。后常修决，倚为滋植，而利甚丰博。"[③] 韩亿组织疏通的九升口是外江的一条支渠口，在今温江、郫县交界，在他下令开挖新渠口，解决了几个县数千顷农田的灌溉问题，其后他还令人随时修补决口，获得了极大的效益，韩亿也因治蜀成绩卓著而被蜀人立祠纪念。

　　李新《成都后溪记》则详细记录了后溪在北宋后期的疏浚过程。由于长时间疏于管理，成都城区北沟渠淤塞，连菜地都无法浇灌，"人多疵疠，天灾流行，万井皆涸，不舒不泄，物无精华"，文彦博主政四川后，"使治水者循大皂之源，得会仁、濯锦二乡，使余之水自曹翁堰导小渠，承以木樋，环武库至西楼"，解决了衙门里的用水问题，"复凿水溪于阅武堂后，入诸部使者之寺，与凡帑藏所在，园无衡官，支分派决，均受漏泉之赐"，将水分配到了各个部门，解决了大家的找水之苦。在文彦博离开四川三十

---

① 杨慎. 全蜀艺文志[M]//纪昀等编. 文渊阁四库全书. 台北：台湾商务印书馆，1986.
② 脱脱. 宋史[M]. 北京：中华书局，1977：10299.
③ 袁说友等编，赵晓兰整理. 成都文类[M]. 北京：中华书局，2011：679.

年后，后溪因缺乏维护又逐渐淤塞，王觌到任后，"咨诹父老，不作新奇，尽循太师鲁公之治，数月而政成，浚开后溪故道，水行如昔"①。花了几个月的时间，使后溪恢复了旧观。

李璆任四川安抚制置使期间修复了通济堰。据《宋史》本传："三江有堰（即通济堰），可以下灌眉田百万顷②，久废弗修，田莱以荒。"李璆率领地方官员"合力修复"，"眉人感之，绘像祠于堰所"③。绍兴二十八年（1158），王刚中以龙图阁待制知成都府、置制四川，当时成都万岁池（今白莲池）"岁久淤淀"，王刚中"集三乡夫共疏之，累土为防，上植榆柳，表以石柱。州人指曰：'王公之甘棠也。'"④。张逸曾四次到蜀为官，深知蜀地民情，仁宗时以枢密直学士知益州，"会岁旱，逸使作堰壅江水，溉民田"⑤。在宋人文集中，也零星记录了都江堰及灌区水利工程的修治活动。如吕陶《朝请大夫知邛州常君墓志铭》记载了常琪在怀安军（今金堂县境）解决三江堰的用水纠纷、修复堤堰的治水事迹："怀安军三江堰，以侵竞致讼，历四十年不能已……君钩索本末，得其情，归所侵田而复其堰，溉润之利凡四千顷。"⑥杨天惠《莫侯画像记》记载了他在崇宁三年（1104）被罢官后寄居郫县时县令莫侯的治水事迹。当时郫县境内也有岁修制度，但以前的官员不大过问水利，以至于"偶一恣雨，水辄蕨涸，故岁多失稔"，而莫侯上任后，经过精心治理，"堰之高厚倍于旧，而沟之深广什之"⑦。杨天惠在《华阳赵侯祠堂记》中还详细记录了华阳县令赵纯祐修沙坎堰的事迹，能够灌溉三万七百九十亩农田的沙坎堰年久失修，农田也因水源断绝而荒芜，赵纯祐上任后，"访遗迹，按故道，参校图录，订以耆旧，遂相地宜，筑堤故处。高二十五尺，长四百四十尺。其址之阔，如高之数。用木五百章，

---

① 李新. 跨鳌集[M]//纪昀等编. 文渊阁四库全书. 台北：台湾商务印书馆，1986.
② 百字疑衍，此处所称之堰即通济堰，灌溉面积不可能如此之大，万顷则较为可信。
③ 脱脱. 宋史[M]. 北京：中华书局，1977：11654.
④ 脱脱. 宋史[M]. 北京：中华书局，1977：12863.
⑤ 脱脱. 宋史[M]. 北京：中华书局，1977：12699.
⑥ 吕陶. 净德集[M]//纪昀等编. 文渊阁四库全书. 台北：台湾商务印书馆，1986.
⑦ 袁说友等编，赵晓兰整理. 成都文类[M]. 北京：中华书局，2011：872.

捷竹二百个，役夫五万指。不浃旬，功告就"①。水进了沟渠，灌溉的需求被满足了，原先的农民又争先恐后地回来落户种田了。吕陶《蜀州新堰记》记述了唐安（北宋蜀州唐安郡治，在今崇州市）新堰的建设情况。该堰建成于"熙宁七年冬十二月朔"，背景是"江之故道日漏且涸，弃失余润，不能浸远，永堨之稼，屡植尽槁，盖八九年矣""时旱甚谷贵，流徙满道"②，蜀州知州黎希声用以工代赈的方式，用新津老人陈汝玉的治理方案，在逃荒灾民中招募了三千人，在要害处布置堤坝，将冲乱的河道恢复原来的路线，经过四个月的建设，建成了灌溉面积达三万九千亩的新堰，使五千户农民避免了洪涝灾害。魏了翁《永康军评事桥免夫役记》记载了修建评事桥的过程："淳化元年，安定梁公楚以大理评事来守此邦，冬仍其旧；夏则为石笼、木栅、竹绳，而属绳于栅，植于笼，跨江而桥焉，民至今赖之，即其官以名桥，示不忘也。"③

四、宋人在都江堰灌区治水的经验

宋人在都江堰灌区岁修和水利建设的长期实践中积累了独具特色的宝贵经验，充分反映了宋代的治水理念和广大劳动人民的智慧。

首先是秉承天人合一、道法自然的治水理念。天人合一、道法自然是人类与自然相依相存的重要原则，人类只有在充分尊重自然规律的基础上，才能利用自然，实现人类社会与自然的和谐发展。李冰"能知天文、地理"④，他充分利用山形和水势，主导修筑了都江堰这一庞大的无坝引水工程，鱼嘴、飞沙堰、宝瓶口科学连接、相互作用，有效地解决了引水、灌溉、防洪等重大问题，这本身就是天人合一、道法自然这一理念指引下的智慧结晶。

---

① 袁说友等编，赵晓兰整理. 成都文类[M]. 北京：中华书局，2011：677.
② 吕陶. 净德集[M]//纪昀等编. 文渊阁四库全书. 台北：台湾商务印书馆，1986.
③ 魏了翁. 鹤山集[M]//纪昀等编. 文渊阁四库全书. 台北：台湾商务印书馆，1986.
④ 常璩撰，任乃强校注. 华阳国志校补图注[M]. 上海：上海古籍出版社 1987：132.

这种理念，也深为宋代治水者所认同。张俞《郫县蜀丛帝新庙碑记》云："大禹，大圣人也。智极于水，用能因天顺地，永生厥民。若丛与冰，道不行于周、秦，而能迹禹之功，厚利三蜀，非有大贤之业，安能至此？"[①]认为李冰与大禹一样，都能充分掌握水的自然特性，因天顺地，在治水方面做出了成绩，成就了他们厚利三蜀的丰功伟绩。王充《论衡·虚道篇》云："夫血脉之藏于身也，犹江河之流于地。"[②]血脉、经络是人体的通道，江河是大地的通道。传统中医学中对经络体系的认识，也常常被应用于宋人的治水方法中。如席益《淘渠记》认为："邑之有沟渠，犹人之有脉络也。一缕不通，举体皆病。按图而治之，则纤毫无敢郁滞者矣。"[③]城市中的大小沟渠枝分根连，就像是人体的经络一样，只要某一条沟渠不通，整个城市就会得病，所以就可以像绘制人体经络血脉图一样，绘制好城区沟渠和下水道的分布图，那样就可以"按图而治之"，"纤毫无敢郁滞者矣"。这无疑是一种十分进步的治水思想，表明宋代成都的城市引水和排水系统已经到了相当高的水平。

其次是坚持因地制宜的治水原则。明代的何乔新在总结孙叔敖、李冰、史起等先贤治水经验时说："然诸君子有声于水利者，岂有他哉？亦惟相地势之崇卑，放沟洫之遗法。"[④]在都江堰灌区的水利建设中，历代主要采用都是筑堰疏导的办法。无坝引水的方式，不仅节省了财力、物力，同时还能解决好防洪、运输、灌溉及生产生活用水问题。前文提到的王觌和席旦、席益父子疏浚成都城市水系，刘熙古、文彦博修治縻枣堰、韩亿修复九升口、李璆修复通济堰、王刚中修复万岁池等，无一不是采用筑堰疏导的办法。范镇《东斋记事》曾记载鲜于惟几违背因地制宜原则筑堰被毁一事，"蜀州江有硬堰，汉州江有软堰，皆唐章仇公兼琼所作也。鲜于惟几蜀州人，为汉州军事判官，更为硬堰。一夕，水暴至，荡然无孑遗者"。他失败

---

① 袁说友等编，赵晓兰整理. 成都文类[M]. 北京：中华书局，2011：630.
② 王充. 论衡[M]. 贵阳：贵州人民出版社，1993：426.
③ 袁说友等编，赵晓兰整理. 成都文类[M]. 北京：中华书局，2011：513.
④ 何乔新. 椒邱文集[M]//纪昀等编. 文渊阁四库全书. 台北：台湾商务印书馆，1986.

的原因是"蜀州江来远,水势缓,故为硬堰。硬堰者,皆巨木大石。汉州江来近,水声湍悍,猛暴难制,故为软堰。软堰者,以粗茭细石。各有所宜也"①,不因地制宜,硬将蜀州的硬堰搬至汉州,结果让洪水冲得荡然无存,这就是不按照自然规律办事的教训。

第三是尊重前人经验,充分利用民间智慧。都江堰是顺应自然规律的水利工程的典范,也是民间智慧的结晶。"深淘滩、低作堰"的治堰准则、"遇弯截角、逢正抽心"的治河原则、"岁必一修"的管理制度,都是劳动人民在长期与水斗争中总结出的治水经验。宋代的成都地方官员在治水活动中,十分重视对前人经验的继承,也能充分听取当地百姓的意见。如王觌在疏浚成都城市水系的过程中,先是"博访耆艾,得老僧宝月大师惟简",在得知"往时水自西北隅入城,累甓为渠,废址尚在。若迹其原,可得故道"之后,再委派成都令李偲实地勘察,经过科学整治,让成都城市水系"疏治复故";在后溪的疏浚过程中,"咨诹父老,不作新奇,尽循太师鲁公(文彦博)之治"。韩亿修复九升口前,先派官员"行视江流",然后"访故老,得堰曰九升口,未始疏导,即命新醻为渠以注之"。赵纯祐修沙坎前,"访遗迹,按故道,参校图录,订以耆旧"。黎希声新筑唐安新堰时,刚好遇到"新津老人陈汝玉亦状本末以献",他实地勘察了要害之处后,"布为巨楗,制导异派,归之旧踪"。而鲜于惟几虽然"名享多学,能棋,又善医,其为人自强,人谓之鲜于第一"②,可算是博学多才之辈,可其在汉州所筑硬堰一遇洪水就"荡然无孑遗",就是因为他改变了唐代益州长史章仇兼琼旧有的做法。

总之,农业是封建社会经济的重要支柱,而水利在农业经济发展的过程中起到了重要的作用。宋代统治者对水利工程的修缮与建设十分重视,形成了完善的水利制度和对官员任职期间的治水业绩进行考核的奖惩制度。在此基础上,宋代的都江堰也形成了较完善的岁修制度,虽然在管理中依旧存在种种问题,但也保障了都江堰的长期运行。同时,在朝廷的相

---

① 范镇. 东斋记事[M]. 北京:中华书局 1984:35.
② 范镇. 东斋记事[M]. 北京:中华书局 1984:35.

关制度的激励下，在四川任职的地方官员也对都江堰灌区的水利工程做了大量修缮和建设工作，保障了成都的繁荣和富庶。他们在治水过程中的一些做法，也为后世提供了可资借鉴的经验。

主要参考书目

[1] 苏轼. 苏轼文集[M]. 孔凡礼,点校. 北京:中华书局,1986.

[2] 黄庭坚. 山谷集[M]//纪昀等. 文渊阁四库全书. 台北:台湾商务印书馆,1986.

[3] 李新. 跨鳌集[M]//纪昀等. 文渊阁四库全书. 台北:台湾商务印书馆,1986.

[4] 李焘. 续资治通鉴长编[M]. 北京:中华书局,2004.

[5] 袁说友等. 成都文类[M]. 赵晓兰整理. 北京:中华书局,2011.

[6] 王象之. 舆地纪胜[M]. 台北:文海出版社有限公司,1971.

[7] 魏齐贤,叶棻. 五百家播芳大全文粹[M]//纪昀,等. 文渊阁四库全书. 台北:台湾商务印书馆,1986.

[8] 晁公武. 郡斋读书志[M]. 孙猛,校证. 上海:上海古籍出版社,1990.

[9] 冯山. 安岳集[M]//纪昀,等. 文渊阁四库全书. 台北:台湾商务印书馆,1986.

[10] 赵与时. 宾退录[M]//纪昀,等. 文渊阁四库全书. 台北:台湾商务印书馆,1986.

[11] 计敏夫. 唐诗纪事[M]. 上海:上海古籍出版社,2008.

[12] 国朝二百家名贤文萃[M]//续修四库全书. 上海:上海古籍出版社,2002.

[13] 魏仲举. 五百家注昌黎文集[M]//纪昀,等. 文渊阁四库全书. 台北:台湾商务印书馆,1986.

[14] 祝穆. 方舆胜览[M]. 祝洙,补订. 上海:上海古籍出版社,1986.

[15] 弥逊. 筠溪集[M]//纪昀,等. 文渊阁四库全书. 台北:台湾商务印书馆,1986.

[16] 员兴宗. 九华集[M]//纪昀,等. 文渊阁四库全书. 台北:台湾商务印书馆,1986.

[17] 尤袤. 遂初堂书目[M]//纪昀,等. 文渊阁四库全书. 台北:台湾商务印

书馆，1986.

[18] 陈起. 前贤小集拾遗[M]. 清初毛氏汲古阁影宋抄本.

[19] 蒲积中. 古今岁时杂咏[M]. 沈阳：辽宁教育出版社，1998.

[20] 楼钥. 攻媿集[M]//纪昀，等. 文渊阁四库全书. 台北：台湾商务印书馆，1986.

[21] 李心传. 建炎以来系年要录[M]. 北京：中华书局，1985.

[22] 费著. 氏族谱[M]//纪昀，等. 文渊阁四库全书. 台北：台湾商务印书馆，1986.

[23] 脱脱. 宋史[M]. 北京：中华书局，1985.

[24] 马端临. 文献通考[M]. 北京：中华书局，1986.

[25] 解缙，姚广孝等. 永乐大典[M]. 北京：中华书局，1986.

[26] 凌迪知. 万姓统谱[M]//纪昀，等. 文渊阁四库全书. 台北：台湾商务印书馆，1986.

[27] 李贤，等. 明一统志[M]//纪昀，等. 文渊阁四库全书. 台北：台湾商务印书馆，1986.

[28] 傅振商. 蜀藻幽胜录[M]. 成都：巴蜀书社，1985.

[29] 曹学佺. 蜀中广记[M]. 上海：上海古籍出版社，1993.

[30] 杨慎. 全蜀艺文志[M]. 北京：线装书局，2003.

[31] 焦竑. 国史经籍志[M]. 清抄本.

[32] 孙能传，张萱，等. 内阁藏书目录[M]. 台北：广文书局，1968.

[33] 杨士奇，等. 历代名臣奏议[M]//纪昀，等. 文渊阁四库全书. 台北：台湾商务印书馆，1986.

[34] 纪昀. 四库全书总目提要[M]. 石家庄：河北人民出版社，2000.

[35] 汪灏. 御定佩文斋广群芳谱[M]//纪昀，等. 文渊阁四库全书. 台北：台湾商务印书馆，1986.

[36] 康熙. 御选宋诗[M]//纪昀，等. 文渊阁四库全书. 台北：台湾商务印书馆，1986.

[37] 黄廷桂，等. 四川通志[M]//纪昀，等. 文渊阁四库全书. 台北：台湾商

务印书馆，1986.

[38] 常明，等. 四川通志[M]. 成都：巴蜀书社，1984.

[39] 厉鹗. 宋诗纪事[M]. 上海：上海古籍出版社，2013.

[40] 邓存咏，等. 龙安府志[M]. 刻本. 道光二十二年.

[41] 李绍祖，等. 温江县志[M]. 刻本. 嘉庆二十二年.

[42] 陈庆熙，等. 郫县志[M]. 刻本. 同治九年.

[43] 何庆恩，等. 彰明县志[M]. 刻本. 同治十三年.

[44] 文棨，董贻清. 直隶绵州志[M]. 刻本. 同治十二年.

[45] 林志茂. 三台县志[M]. 潼川新民印刷公司，1931.

[46] 张松孙. 潼川府志[M]. 刻本. 乾隆五十年.

[47] 阿麟. 新修潼川府志[M]. 刻本. 光绪二十三年.

[48] 何庆恩. 德阳县志[M]. 刻本. 同治十三年.

[49] 徐松. 宋会要辑稿[M]. 北京：中华书局，1957.

[50] 徐乾学. 资治通鉴后编[M]//纪昀，等. 文渊阁四库全书. 台北：台湾商务印书馆，1986.

[51] 陆心源. 宋史翼[M]. 北京：中华书局，1991.

[52] 陈焯. 宋元诗会[M].//纪昀，等. 文渊阁四库全书. 台北：台湾商务印书馆，1986.

[53] 栾贵明. 四库辑本别集拾遗[M]. 北京：中华书局，1983.

[54] 傅增湘. 宋代蜀文辑存 [M]. 台北：新文丰出版公司，1974.

[55] 傅璇琮，等. 全宋诗[M]. 北京：北京大学出版社，1995.

[56] 曾枣庄，等. 全宋文[M]. 上海：上海辞书出版社，合肥：安徽教育出版社，2006.

[57] 唐圭璋. 全宋词[M]. 北京：中华书局，1965.

[58] 钱锺书. 钱锺书手稿集：容安馆札记[M]. 北京：商务印书馆，2003.

[59] 祝尚书. 宋代巴蜀文学通论[M]. 成都：巴蜀书社，2005.

[60] 沈松勤. 北宋文人与党争[M]. 北京：人民出版社，1998.

[61] 贾大泉，陈一石. 四川茶叶史[M]. 成都：巴蜀书社，1988.

后 记

　　巴山蜀水，钟灵毓秀；巴蜀文化，诡谲神秘。自一九九五年入渝同窗求学，我们已在富饶的巴蜀大地生活了二十五年，也被巴蜀旖旎的山水和瑰丽的文化滋养、濡染了二十五年。二十五年的时光，我们一起学习，一起舌耕，一起育儿，哪怕只是因钓于斯游于斯的关系，我们也早已将这个昔日的他乡当作了故乡。"蹴蛩蛩，轔距虚，軼野马，轊陶駼，乘遗风，射游骐""噫吁嚱，危乎高哉！蜀道之难，难于上青天""翳翳桑榆日，照我征衣裳""大江东去，浪淘尽"，每天我们都会与来自全国各地的莘莘学子一道，与这些巴蜀奇才的锦绣文字"耳鬓厮磨"。舌耕多年后，我们决定更深入地走进这些文字，走进写出这些文字的巴蜀才子的世界。于是，我们开始沿着巴蜀文化研究先贤们开创的道路蜗行摸索，尝试性地申报一些小课题，先是完成了四川省教育厅课题"《花间集序》作者欧阳炯生平及词学思想研究"、绵阳社科联课题"《彰明附子记》作者杨天惠生平研究""《杨天惠集》辑佚校注"的研究任务，继而又以"北宋蜀中'三俊'研究"为题目申报了教育部省属高校人文社会科学重点研究基地四川师范大学巴蜀文化研究中心二零一六年度项目，本书就是"北宋蜀中'三俊'研究"的结项成果。如果日益兴盛的巴蜀文化研究是一座不断成长的繁茂森林，我们愿意这本书成为这座森林脚下最不起眼的一株小草，装饰它而不影响到它的美。

　　"三俊"之称来自曹学佺《蜀中广记》卷四十二："郑少微，华阳人，字明举，元祐中进士。是时苏轼知贡举，得少微，与古郫杨天惠、隆州李新，号为'三隽'。" 作为灿若星辰的北宋巴蜀作家中的三个小作家，他们是同声相应、同气相求、志同道合的好友。他们都生于蜀、长于蜀、官于蜀、死于蜀，都受知于苏轼，也都在当时酷烈的党争中随苏轼一起浮沉。他们在生命的早期，都曾有一颗昂扬向上、积极进取的心，有着想要报效朝廷、改革政事的社会责任感；在仕途失意后，又都表现出一种偷安自适、任性逍遥的精神风貌。他们一生久滞下僚，文名亦不显，是北宋蜀地中下层文人的典型代表，虽不能像苏轼这样的文坛巨匠一样光炳千秋，但他们也是那个时代巴蜀文化的亲历者和书写者，凭借着自己的智慧和对人生的书写，与三苏、张商英等文坛名家一道，让巴蜀文学在宋王朝的文化版图上熠熠生辉。把"三俊"作为一个整体研究，除了考虑他们身份、经历的相似，也主要考虑到他们的作品大多表现蜀地政治、经济、教育、水利、宗教、城市建设及边地风光。将他们作为一个整体来研究，更方便我们了解宋代蜀地中下层文人的生存和思想状态，了解宋代巴蜀社会经济政治状况，并能为北宋时期巴蜀其他方面的研究提供可供参考的资料。

郑少微曾经在成都筑一小堂，名之曰"渊乐"，取的是上与陶渊明、白乐天为友的意思。在本课题四年的研究过程中，我们与研究的三位主角——李新、杨天惠、郑少微从初识到相交到相知，也好像变成了知心好友一样。在搜集材料、考证作品、展开论述的时候，我们恍惚觉得，他们也在遥远的九百多年外，注视并关心着研究的进展。所以，尽管教学繁忙、俗务缠身，但研究进程却一直在缓慢推进。今年初，新型冠状病毒肺炎爆发，除夕当夜，我们从湖北一路驱车返蜀，接下来就是漫长的自我隔离，隔离虽有千般不好，却给了我们相对充裕的时间，让我们完成了课题的研究。书稿即将付梓，不久的将来，我们也可以用它来向"三俊"表达我们的千载尚友之意。

由于本课题主要是以专题论文的形式进行的，故而在体例上不按照章节排列，而是先以个案研究的形式来展现"三俊"的人生与创作，再合论他们作品中所展示的渊深的巴蜀文化。其间，《〈容安馆札记〉批评北宋作家李新发微》《北宋蜀中"三俊"眼中的司马相如——兼论北宋后期蜀地文人心态》《蜀茶禁榷在北宋后期治边中的作用及其局限性》《李新生平考》等论文，作为课题的阶段性成果，曾在《中华文化论坛》《西华师范大学学报（哲学社会科学版）》《农业考古》《绵阳师范学院学报》等刊物上发表。这些成果，在此次成书的过程中，我们又做了一些内容上的修订。

从课题的申报到本书的付梓，恩师房锐先生一直关注并推动我们的研究工作。在这本书初稿完成时，她欣然命笔，为之作序。巴蜀文化研究中心邹一清老师、颜信老师在课题开展、结题延期等方面给予了大力的帮助和支持。学校杨达副校长始终关注着本课题的进展情况，也曾指点我们的研究与写作。西南交通大学出版社的罗在伟、居碧娟、何宝华等编辑老师为编审此书，倾注了大量心血，参阅各种古籍版本，纠正了引文上的讹误。在此一并致以最诚挚的谢意！

应该指出，由于材料分散，收集难度较大，加之作者水平有限，书中疏漏、谬误之处在所难免，切望关心巴蜀文化、关心此书的学界贤哲不吝赐教。

李延芳　杨兴涓

2020 年 6 月记于李白故里